# 新闻正义论

A STUDY OF JOURNALISM JUSTICE

何芳明◎著

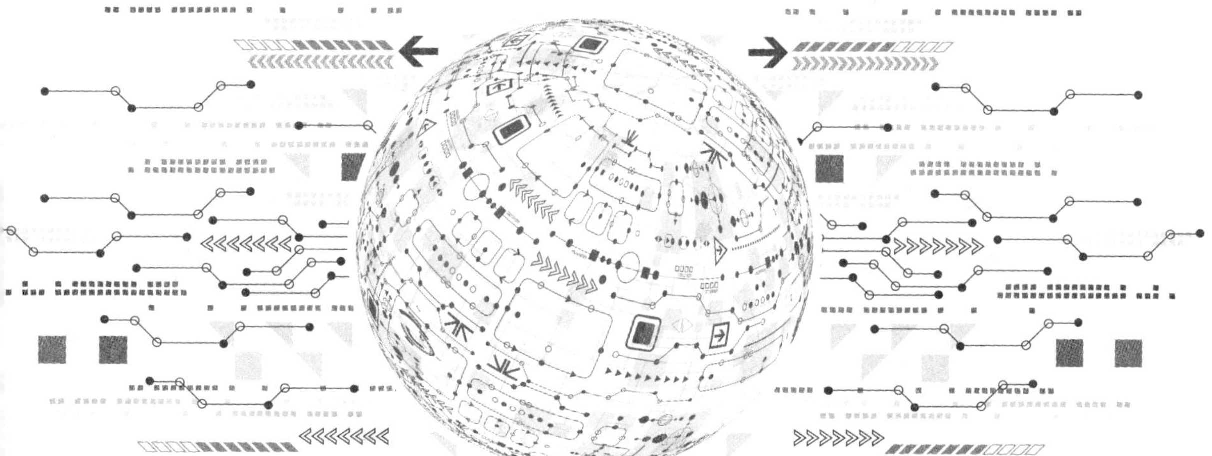

新 华 出 版 社

**图书在版编目（CIP）数据**

新闻正义论 / 何芳明著. -- 北京 : 新华出版社, 2016.10
ISBN 978-7-5166-2838-6

Ⅰ. ①新… Ⅱ. ①何… Ⅲ. ①新闻学 - 正义 - 研究
Ⅳ. ①G210

中国版本图书馆CIP数据核字(2016)第233835号

**新闻正义论**

**作　　者：**何芳明

**选题策划：**赵怀志　　**责任编辑：**徐文贤
**责任印制：**廖成华　　**封面设计：**臻美书装

**出版发行：**新华出版社
**地　　址：**北京石景山区京原路8号　　**邮　　编：**100040
**网　　址：**http：//www.xinhuapub.com　　http：//press.xinhuanet.com
**经　　销：**新华书店
**购书热线：**010 - 63077122　　**中国新闻书店购书热线：**010 - 63072012

**照　　排：**臻美书装
**印　　刷：**北京文林印务有限公司
**成品尺寸：**170mm × 240mm　1/16
**印　　张：**17.25　　**字　　数：**180千字
**版　　次：**2016年10月第一版　　**印　　次：**2016年10月第一次印刷
**书　　号：**ISBN　978-7-5166-2838-6
**定　　价：**36.00元

# 目 录 | CONTENTS

# 摘 要

正义问题始终伴随着新闻实践，而且随着经济、社会和传媒的发展越来越突出，新闻媒体及其从业者常常面临难以调适的冲突，比如：公信与私利、自由与责任、真相与隐私；新闻实践中的不正义行为屡禁不止，比如：虚假新闻、有偿新闻、低俗之风、不良广告。新闻实践的正义问题需要理论研究来回应，既需要新闻学的探讨，更需要伦理学的帮助。

新闻正义作为一个独立概念，与新闻及新闻价值、正义及社会正义紧密相关。新闻正义研究的新闻是一种基于事实的信息传播活动，这种信息具有价值特征。新闻正义作为新闻价值，既是衡量事实是否构成新闻信息的特殊要素，又是评价新闻的社会作用或效果的重要向度。新闻正义研究的正义主要是社会正义，标示着秩序和谐之美和社会制度之德，关涉社会公共利益。新闻正义作为社会正义，要求新闻追求社会正义，在新闻实践中呼吁社会正义、反映社会正义、推动社会正义。

古往今来的伦理思想为新闻正义研究提供了理论依据，儒家伦理、基督教伦理、亚里士多德的德性伦理、康德的责任伦理、罗尔斯的正义理论，以及自由至上主义、功利主义、社群主义等伦理理论，都包含着丰富的正义思想，对此进行福利论、目的论、德性论三种伦理视域的新闻正义分析，可以发现不同伦理理论指导新闻正义的优势与困难。传播学理论为新闻正义研究提供了宝贵的资源，在不同的社会政治、经济结构中呈现出不同的传媒形态。在传媒的威权主义、自由至上主义、社会责任和苏联共产主义等四种理论中考察新闻正义，可以发现新闻正义在不同的传媒形态中显示出不同的内容。

新闻正义的追求过程中要面对不同的关系，这些关系也是考量新闻正义的不同维度。新闻自由与责任相伴而生，新闻正义需要新闻自由和责任相互统一，新闻自由以承担社会责任为前提，完成责任为了更好地保障自由。公共性与自利性相持博弈，新闻正义需要强化公共性和控制自利性，尤其要优先控制自利性。真相追寻与隐私保护相互制约，新闻正义需要既不侵犯隐私又不妨碍追寻真相，为隐私保护划设界限就是在相互制约中力求平衡。

新闻正义对新闻自身与社会正义负有双重职责，新闻达到基本善即实现真实性与客观性是其最低要求；以新闻推动共同善的实现即社会正义的实现是其最终目标。新闻正义的实现是一个程序正义和实质正义统一、目的正义和手段正义统一的过程。现代性和后现代性两种语境影响人们对新闻正义的认识，也会影响新闻为社会正义服务的效果评价。新闻正义的实现依赖两条途径，即自律和他律。新闻自律包括新闻从业者、新闻媒体和新闻行业的自律，新闻的他律包括道德的、制度的和法律的他律。新闻正义也许永远无法完全实现，但是其实现又是无限可能的，因此追求新闻正义才是我们生生不息的信念和孜孜不倦的追求。

第一章

# 导论：新闻正义值得追问

我们身处的时代是信息的时代。信息无孔不入，无处不在，无时不在。我们制造信息，传播信息，接受信息，同时又为信息所包围。现代传播技术、传播手段和传播工具迅速地影响、改变或者塑造我们的社会，把我们赖以生存的星球变成了一个小小的“地球村”。

在这个地球村里，新闻扮演着一个十分重要的角色。新闻，无远弗届，让我们感知的时空产生分离或者凝缩，遥远的感觉就在身边，身边的瞬间传达远处。本地与他乡、我与他者、民族的与世界的，不再是抽象的范畴，而是我们实实在在的生活日用而又感知模糊的范畴。一方面，遥远的地方发生的事件因新闻传播迅即为我们所知，甚至影响我们的生活。比如，日本大地震影响全球车市的产品供应；利比亚战争撤侨可能就有我们这座城市的熟悉的市民。另一方面，我们身边发生的事件因为新闻传播可以迅即传遍地球，甚至影响远处的生活。比如，我们这座城市今天宣布出产的一款新的烟花，可能下个月就在千万里之外的某个欧洲都会美丽绽放，装点遥远他乡的夜空；我们眼前这条河流的重金属污染治理，可能造福百里千里之外的人们。而且，即使在更小的范围，比如城市甚至社区，新闻以不可抗拒的无形力量，在扩大公共领域的疆界，在扩充私人生活的无限可能。比如，食品安全的一幕接一幕的黑幕，是新闻在揭露与监督；捐资助学或扶危济困的善举义行，是新闻在张扬与引导。

可以说，在这个信息时代，新闻正在越来越广泛地影响我们社会生活的方方面面。“依靠几种产品而形成的社会，把这些商品当作社会纽带来接受，很像大城市把新闻当作社会纽带一样。棉花和石油，如同收音机和电视机一样，在人民的整个精神生活中变成了‘固特的电荷（fixed charges）’。这一普遍的事实造成了一切社会的独特文化境观。”[1]的确，新闻已经成为我们这个信息社会的重要纽带，成为我们这个信息社会无处不在的境观。

凡是社会，皆有人伦物理，皆有伦理学。在新闻作为纽带成为境观的社会，新闻的伦理问题相伴而来，新闻伦理学研究应运而生。在新闻的诸多伦理问题中，新闻因其作为社会公器的公共性质，因其对社会广泛而且重大的影响，正义成为其首要的问题。事实上，不管是新闻从业者自觉地意识到，还是不自觉地遭遇过，正义问题在新闻实践中早已存在而且日渐彰显其存在。新闻正义需要实践探讨，需要理论研究，值得实践和理论的追问。

[1][加拿大]马歇尔·麦克卢汉：《理解媒介——论人的延伸》，何道宽译，北京：商务印书馆，2000年版，第50页。

# 第一节　新闻实践中的正义问题

新闻作为新近发生的事实，被报道被传播的是信息。新闻的采编、制作、发布，作为传播信息的活动，是一种社会活动，是一种信息社会的实践活动。新闻传播这种人类实践活动，在信息化程度越来越高、专业化分工越来越细的时代，基本上是一种职业性的活动。在职业主义的背景中，新闻活动时时面对道德的追问，面对行为正义与否的心灵拷问。可以说，在新闻实践活动中，正义问题是普遍面对不可回避的问题。鉴于问题繁杂，这里仅举例分析新闻实践中几种最常见的有关新闻正义的问题，以说明正义问题在新闻实践中的普遍性。

## 一、公信还是私利

新闻媒体向社会公众传播社会异动的信息，表达社会公众关注的观点，关注社会的公共利益，是社会公器的表现，具有明显的公共性或公益性；同时，新闻媒体要维持其运转，必需一定的经济来源作为支撑，经营因此成为新闻媒体自身的一种本能要求，经济利益因此成为媒体追求的目标之一。新闻从业者通过新闻媒体服务社会公众，其工作是社会工作，其工作对象即新闻报道要真实、准确、客观、中立，才能具有社会公信力；同时，新闻从业者是独立的个体的自然人，难以避免作为人的自利性的动机和行为。

无论从新闻机构的角度还是新闻从业者的角度，新闻显然都存在着公与私的冲突。这种冲突在具体的新闻实践中主要体现为私利对公信的贬损，具体而言主要有两种形式：一是有偿新闻或有偿不闻。新闻记者收受当事人的钱财或其他好处，采写发布当事人需要传播的新闻信息，甚至夸大传播当事人需要传播的新闻信息，或者隐蔽压制当事人不希望传播的新闻信息。比如，一些集资案，就是因为有偿新闻为当事人推波助澜；一些矿难，就是因为有偿不闻而导致隐瞒不报或缓报。二是广告影响新闻或利益集团引导舆论。新闻媒体因为广告商的意见，对某些与广告商有关联的新闻做出放大、缩小或者不发的安排。比如，有一种品牌的快速消费品发生质量事故，这样的事故可能导致企业的市场危机，企业公关部门就会出面与新闻媒体协商，提出不予报道或者低调报道的要求，甚至以撤销广告投放或者增加广告投放给新闻媒体施加压力。或者，新闻媒体屈从于相关利益集团的压力，对某一新闻事件的报道，做出有利于利益集团的事实选择、表达方式和观点引导。比如，某地发生镉污染事故，地方政府害怕激起民愤，宣传部门就会以稳定为由要求媒体不予报道，结果民众得到的消息都是从境外媒体道听途说的。

人无信不立，媒体无公信不立。正义要求平等相待、得所当得。新闻正义要求平等地对待所有的消息来源和报道对象，让报道的各方发言，要求勇于担当，担当起公益性的社会责任。因此，公信还是私利，这是新闻实践中的现实困扰，也是新闻媒体和新闻从业者必须做出的道德选择。

## 二、自由还是隐私

人生而是自由的，新闻自由是现代社会政治自由的基石，是保持新闻独立性和履行社会监督职能的前提。保护个人隐私是人的尊严的需要，隐私权是随着人类文明进步而被广泛认同的个人基本权利。在新闻实践中，对隐私的关注特别是对名人隐私的关注，似乎是公众长久的兴趣，新闻媒体与新闻从业者把公众对隐私的兴趣视为知情需要，以自由之名，行侵权之实，是经常发生的事。

自由还是隐私？这可能是新闻伦理学最难解的问题之一，在新闻史上反复出现这方面的案例不断提醒我们思考。电影明星阮玲玉可以说是无声片时代拥有观众最多的女演员，因为一些小报对她的婚姻、家庭情况进行漫无边际的渲染报道甚至造谣中伤，她不堪其扰，最终于 1935 年 3 月 8 日留下“人言可畏”的遗言服毒自杀，这是旧上海滩上最轰动一时的新闻事件之一。英国王妃戴安娜，因为“王子与灰姑娘”式的爱情与婚姻轰动世界，但她更令世界轰动的是 1997 年 8 月 31 日遭遇车祸身亡。这起交通意外，在很大程度上是因为她与男友躲避狗仔队的围追拍摄而导致的，这是上世纪末最震惊世界的新闻案例之一。最新的具有轰动性影响的案例是，新闻集团旗下的英国通俗小报《世界新闻报》由于曝出非法截取、窃听私人电话信息的丑闻，传媒大亨鲁帕特·默多克（Rupert Murdoch）及其传媒王国由此陷入窃听风暴，这家报业百年老店也于 2011 年 7 月被迫关停。

这些案例都涉及新闻媒体及新闻从业者侵犯隐私的问题，也涉及新闻自由的问题。事实上，在具体的新闻报道行为中，经常会涉及一些个人情况，对这些个人情况过度挖掘、过度追踪，可能造成对当事人隐私权的侵犯，比如隐蔽拍摄报道、卧底采访、狗仔队的穷追恶逐；而对新闻行为过分限制，又会影响公众知情权，影响新闻自由的实现，比如对突发事件隐瞒不报、刊前对新闻的检查、刊后对新闻机构的训诫。那么，在新闻实践中，如何把握自由？如何避免侵犯隐私？怎么行为才正当呢？自由还是隐私，这是新闻媒体和新闻从业者经常面临的选择，也是经常面临的无奈。

## 三、事实还是真相

真实是新闻的生命，这是新闻实践中的伦理底线。新闻的真实性要求新闻报道必须真实、准确，但是新闻失实的现象可以说几乎伴随新闻传播活动的全过程，在新闻实践中前后相继，不断现身。同时，真相是新闻的使命，新闻被人们称为追寻真相的职业，是因为人们不仅有权知道新闻事实，而且有权知道事实背后的真相。但是，真实的事实并不一定就是事实的真相，真实地报道事实并不意味着就能客观地表现真相。新闻对真相的追求，就像科学对真理的追求一样孜孜不倦。

新闻真实性面临的主要挑战是新闻失实。新闻失实的一种典型表现是夸大、歪曲甚至虚构、捏造事实，制造新闻。一个著名的案例是，美国《华盛顿邮报》女记者珍妮特·库克（Janet Cooke）杜撰《吉米的遭遇》，描述一个贫民窟里的8岁黑人女孩，被她母亲的姘夫注射海洛因之后染上毒瘾的遭遇。这篇报道因为生动感人竟然获得了当年（1980年）普利策新闻特写奖。这则新闻特写最后被查实纯属虚构，记者因此辞职并向读者致歉。[1]这成了普利策奖自1917年颁奖以来在整个20世纪最为人们熟知的两个污点事件之一。另一个污点是在20世纪40年代到50年代，极右翼的麦卡锡主义猖獗之际，普利策奖表现怯懦。新闻真实性面临的另一种挑战是真实并不代表真相。真实准确地报道了事实，真实准确地表达了当事各方的意见，却不能还原真相或者忽略了真相，甚至背离了真相。比如，战争新闻报道常见的形式是某地方某时间发生武装冲突，反政府武装称这是政府军在滥杀无辜，政府军称这是武装暴徒制造事端，而事实的真相却不得而知。新闻在这里

[1] 参见陈桂兰：《新闻职业道德案例评析》，北京：高等教育出版社，2001年版，第130—131页。

已经成为战争的武器，而把真相留给了历史。

前一种有违新闻真实性的情况，可以说是一个新闻从业者的职业道德问题，但首先是一个新闻正义的问题：新闻只有完全真实的才是正当的吗？后一种情况可以有更多的关于新闻正义的追问：真实准确地报道了事实，就是公正的吗？事实真实就能披露真相吗？报道事实与追求真相如何才能达到一致？新闻正义要求新闻从业者更应该对事实负责还是对真相负责？事实还是真相，这是新闻媒体和新闻从业者不能回避而且常常难以回答的追问。

新闻实践中存在的新闻正义的问题，远不止以上归结的三类。新闻炒作得当与否、舆论监督的是与非等等，可以说新闻实践中的各种伦理问题，往往可以首先归结为新闻正义的问题。长期以来，我们新闻事业的基本价值观是真实、客观，如果正义成为我们新闻事业基本的价值观，那么新闻实践中的困扰就会多一条解惑之道。

## 第二节　正义在新闻实践中的衍变

正义是人类永恒的追求，也应该是新闻事业永恒的追求。人们对于正义的理解是随着历史演进而发展的，对于新闻正义的理解也是伴随着新闻实践的发展而发展的。在中外不同的文化背景中，在新闻史上的不同时期，对于新闻正义的理解和认知也是不断变化发展的。新闻正义作为新闻伦理关注的首要问题，它内生于新闻实践的母体，经历了与中外新闻史同步的衍变过程。

## 一、正义在中国新闻史上的衍变

严格意义上的新闻活动从近代报纸的出现才开始，但是传播活动的历史几乎与人类活动的历史一样悠久。这里，根据中国新闻业发展的历史分期，对古代、近代和现代新闻史等不同时期的新闻实践中有关正义的认识做一个简略分析。当代新闻实践中对正义的追求和对新闻正义理论的研究，在下一节的文献综述中再做梳理。

**中国古代新闻史上的正义。**经历了漫长的口头传播、手书文字传播之后，印刷传播逐渐发展。始于唐代的“邸报”作为发布官方信息的媒介，已经显示了报纸的雏形。北宋中期开始出现的民间小报，虽受到当局的严厉查禁，却屡禁不止，愈禁愈盛。到了明代中叶开始出现专门的办报组织和机构，不仅有概称“邸报”的官报，还有当局默许民间自设的报房，报房公开编辑印行“京报”。京报是脱离朝廷邸报传报组织系统的京城民间小报的概称，前后存在了400多年，一直到民国成立以后才陆续停刊。

纵观中国古代新闻史，新闻传播实践中对于正义的追求，主要体现在两个方面：一方面是在文风上追求正直。追求秉笔直书是与古代中国的社会道德标准特别是“文德”一致的。孔子曰：“董狐，古之良史也，书法不隐。”《左传·宣公二年》记载晋董狐其行其事，后世史官以董狐作为秉笔直书的榜样，秉笔直书成为“文德”的重要内容之一。《班固·艺文志》也有“不虚美，不隐恶”的论述，提倡文风的直与实，这是从文艺批评的角度提出客观公正的标准。[1]邸报本身继承了这些传统，而且指责民间小报的不失之言。另一方面是在内容

[1] 参见蓝鸿文、郑保卫：《新闻伦理学简明教程》，北京：中国人民大学出版社，2001年版，第11页。

上揭露社会不公。明末有一小报曾刊登一则“兽官董其昌，枭孽董其常”的新闻，谴责董其昌鱼肉乡里，号召大家群起而攻之。[1] 这样的内容，从流传下来的文献中还依稀可见。

**中国近代新闻史上的正义。**在古代的新闻传播实践中，对于正义的追求，是与社会对于正义的追求交相融合的，是一种社会普通道德，而不是一种特定的新闻伦理。中国近代新闻史，通常是从 1815 年第一份中文杂志《察世俗每月统记传》创刊算起，至 1915 年《青年杂志》（后改为《新青年》）创刊止。[2] 随着近代报纸的诞生与发展，一批近代中国的有识之士开始从道德层面上关注新闻，并有一些行文论及新闻正义。

洪仁玕在《资政新篇》中对新闻的职责与功能进行了比较全面的论述，其中提到“昭法律，别善恶”，显示了他的新闻伦理意识，但没有论及新闻正义。真正提出新闻正义问题的是王韬，这位有着“中国历史上首位报刊政论家”之称的报人，在对英国《泰晤士报》进行分析后提出“英国之泰晤士，人仰之如泰山北斗，国家有大事，皆视其所言以为准则，盖主笔之所持，人心之所趋向也。”他提出“其立论一秉公平，其居心务期诚正。”这里的“公平”与“诚正”，是从新闻本身和新闻从业者两个方面对新闻正义的明确表述，也意味着近代报人在新闻实践中追求新闻正义的意识开始走向自觉。

此外，郑观应、梁启超等智识之士也对新闻正义多有论述。郑观应认为，报道“流离失所困苦情形”，社会各界可以“施衣捐赈，源源挹注，得保遗，此有功于救荒”；报刊通过揭露“作奸犯科者明正

[1] 参见周鸿书：《新闻伦理学论纲》，北京：新华出版社，1995 年版，第 45 页。

[2] 参见刘家林：《中国新闻通史（上）》，武汉：武汉大学出版社，1995 年版，第 43 页、第 46 页。

刑典”，“有功于除暴”。梁启超提出：“记事，以直为主。凡事关大局者，必忠实报闻，无所隐讳。记事，以正为主。凡攻评他人隐私，或轻薄排挤，借报复之言，概严屏绝，以全报馆之德义。”梁启超还提出报纸要“以国民最多数之公益为目的”。前者“有功于救荒”，“有功于除暴”，是从张扬社会正义的角度论述新闻正义；后者“以直为主、以正为主”和“以国民最多数之公益为目的”，是从新闻真实性、客观性和新闻的公共性方面论述新闻正义。

**中国现代新闻史上的正义。**中国近代新闻史上对新闻正义的追求和理解，是从各个具体方面展开的，还没有上升到系统地进行新闻伦理思想的探讨。这个任务，落到了现代新闻史的实践者和研究者身上。现代新闻史通常指从五四运动时期到中华人民共和国成立的这一段新闻事业史。在现代新闻史上，一批知名报人与新闻学者，开始以专题、专文甚至专著的形式比较系统地论述新闻伦理道德问题，新闻正义作为新闻伦理关注的问题和新闻伦理一同进入了新闻学的研究范畴。

中国对新闻学进行专门化、系统化的研究，始于1918年北京大学新闻学研究会的成立。新闻正义问题从此与新闻伦理道德诸问题进入新闻学术的研究视野。新闻学研究会主任徐宝璜的《新闻学》（1919年）是我国第一本新闻学专著，其中论述了新闻纸的道德职责，把“提倡道德”作为报纸的六大职责之一。著名记者邵飘萍的《实际应用新闻学》（1923年）是我国第一本新闻采访学专著，其中论述了新闻记者的道德素质要求，把“品性”作为记者资格的第一要素。特别值得一提的是，新闻学者任白涛的《综合新闻学》（1941年），以“新闻事业道德”为题，专章阐述新闻伦理。这些论著和这一时期发表的一些关于新闻职业道德的文章，把新闻正义的问题提升到了理论认识的高度。

学术研究推动了新闻正义的实践。这一时期，美国一些著名新闻学者提出并由新闻团体制定的《记者守则》、《报业信条》被转译过来，其中就有汪英宾的《记者守则》译文被刊登在1932年燕京大学新闻系编的《新闻学研究》上。国内的一些新闻团体也开始制定规范的道德自律文本，比如，抗日战争时期的中国青年新闻记者协会制定了《记者公约》，这是中国新闻史上最早的正式成文的新闻职业道德规范。因为类似的成文的职业道德规范的施行，所以新闻伦理建设在新闻实践中大步推进，从新闻从业者的个人道德意识上升到行业的集体伦理意识。这样，对新闻正义的追求，就有了理论上和实践上的系统提升。

综上所述，在当代的新闻实践对新闻正义的认识之前，在中国新闻实践的历史上，对于正义的认识经历了这样一条衍变路径：就事说事（古代：文风上的正直、内容上的揭丑）——意识觉醒（近代：公平、诚正的新闻伦理意识）——系统提升（现代：新闻媒体的道德品性、新闻从业者的职业道德）。

## 二、正义在西方新闻史上的发展

世界新闻史上第一家真正意义的报纸，是“德国报业之父”爱格诺尔佛·莫尔1615年创办的《法兰克福新闻》。[1]此后，近代报纸在西方社会迅速发展。从报纸的诞生到现代传媒的发展，西方一直占据着世界新闻史上的主导地位。对于新闻正义的追求，在西方新闻史上有着更鲜明的斗争和更复杂的发展轨迹。这里以英美为代表，对新闻正义的认识在西方新闻实践中的发展做一个简明梳理。其中，当代西方新闻正义的实践与理论研究状况，在文献综述中另行阐述。

**西方新闻追求正义的传统。**根据英美社会新闻业发展的历史，真

[1] 张昆：《简明世界新闻通史》，武汉：武汉大学出版社，1994年版，第25页。

正意义上的新闻业出现在17世纪中后期。西方新闻业从一开始就有追求正义的传统，这种传统主要体现在对新闻客观性的坚持、对社会公益的追求、对社会责任的担当、公允正派的独立精神、争取新闻自由的斗争。

第一，对新闻客观性的坚持。诞生于1702年的英国首家日报《每日新闻》，创办人马力特（E·Mallet）在首期告白中说："本报创办之目的，在迅速、正确而公正地报道国外新闻，不加评论，相信读者的智慧，对刊载消息的确切含义一定有正确判断。……报纸的义务在于将事实叙述出来，结论应由读者来作。"[1]中国当代新闻传播学者陈力丹认为这个论述是新闻报道客观性原则的最早论述。而迈克尔·埃默里（Michael Emery）等则将这份报纸的成功归功于塞缪尔·巴克利（Samuel Bucley），因为马力特创办的报纸只维持了几天时间。后来巴克利将其复刊并坚持了一条前所未有的新闻标准，"即这是一张新闻纸，而不是谣言作坊。巴克利坚持事实性新闻，而不是报道见解。在报道事实中，他做到了不偏不倚……"[2]他是这样倡导的，也是这样实践的。本杰明·富兰克林（Benjamin Franklin）在成为美国著名的政治家之前，是一位精明的印刷商人和杰出的新闻从业者，他1729年在费城接管了《宾夕法尼亚公报》。他说："当人们各持己见的时候，双方均应享有让公众倾听各自意见的平等机会，而当真理与谬误得到公平待遇的时候，前者总是盖过后者。"[3]正是他使得美国的新闻业成了受人尊敬

[1] 陈力丹：《世界新闻传播史》，上海：上海交通大学出版社，2003年版，第36—37页。

[2][美]迈克尔·埃默里、埃德温·埃默里、南希·L·罗伯茨：《美国新闻史》，展江译，北京：中国人民大学出版社，2004年版，第17页。

[3][美]迈克尔·埃默里、埃德温·埃默里、南希·L·罗伯茨：《美国新闻史》，展江译，北京：中国人民大学出版社，2004年版，第38页。

的行业。

第二，对社会公益的追求。1665年创办的英国《牛津公报》（后改名为《伦敦公报》，一直发行到20世纪）被认为是第一份符合真正报纸全部要素的出版物。这份报纸在早期就表现了追求公益性的典型特点：为社会服务。如，1666年伦敦发生特大火灾，《伦敦公报》不仅刊载了火灾的消息，还登载包括寻人启事、供亲人寻找搬迁地址等内容的广告，并为无家可归的人暂时提供食宿。1721年詹姆斯·富兰克林（James Franklin）创办了《新英格兰新闻报》，迈克尔·埃默里等在《美国新闻史》一书中高度评价了他的功绩，“他向人们表明，当一张报纸在为公共利益服务中敢作敢为，且又不失其可读性时，它就可以获得足够的支持，能在强大的敌人面前保护自己。”[1]

第三，对社会责任的担当。西方新闻服务和维护公共利益的传统，逐渐发展为对社会责任的担当。一个著名的现象是“耙粪运动”。20世纪初，美国一批新闻记者发起了一场揭露社会黑暗、唤醒社会良知、促进社会改革的黑幕揭发运动，新闻媒体上出现了一批经典的黑幕揭发报道。这场运动形成了广泛的社会舆论，改善了美国当时日渐腐化的社会风气。这种不畏强权的正义之举让时任美国总统的西奥多·罗斯福（Theodore Roosevelt）甚为尴尬，他严厉指责那些揭发丑闻的新闻记者是一些不谙世事、只注意“地上的污秽”而从不仰望“头上的皇冠”的“耙粪者”，“耙粪”这一贬称却被新闻媒体当作荣誉，光荣地戴在了头上。正是新闻的社会责任意识推动了美国社会诸多弊端的解决，成为促进社会正义的重要推动力。另一个著名的现象是“公共新闻运

[1][美]迈克尔·埃默里、埃德温·埃默里、南希·L·罗伯茨：《美国新闻史》，展江译，北京：中国人民大学出版社，2004年版，第36页。

动”。20世纪90年代，美国出现了一种新的新闻报道方式——公共新闻。这项运动始于《维奇塔雄鹰报》在1990年当地州长的竞选报道中进行的一次尝试，该报把候选人的施政纲领与当时的社会问题联系起来，设置话题，发起讨论。随后多家媒体跟进，最后演变成新闻界的一次社会运动。公共新闻运动不仅关注社区生活中的公共问题，而且让公众作为公共议题的建构者，其目的在于通过报道带动公众讨论和促成社区问题的解决。“作为报纸为履行其公共性责任的尝试，公共新闻应该还会继续存在。”[1]

第四，公允正派的独立精神。这里有两个最具代表性的新闻媒体，都是历史悠久且出版至今、最负盛名的大报。一个是英国的《泰晤士报》，创办者约翰·沃尔特（John Walter）1785年在创刊词中满怀豪情地写道：“一份新闻纸，应该是时代的记录和对各种信息的忠实记录者……在政治上，本报将不属于任何党派。”[2]这份报纸在辉煌了200多年以后，如今虽然隶属于默多克新闻国际集团，但依旧秉承着它当初的独立精神。另一个是美国的《纽约时报》，这份报纸1851年创办时正是便士报的煽情手法大行其道的时候，而该报却以相当正派的态度开创了独立负责的办报传统。150多年以后的今天它已是“美国人心目中最伟大的报纸，也是美国社会公认的历史记录性报纸”。[3]除了公正的事实报道，这两家报纸都以政治倾向上的独立和言论的公允，承担媒体作为社会公器的责任，赢得社会公众的尊敬。

第五，争取新闻自由的斗争。即使在西方社会，新闻自由也不是

[1] 张军芳：《报纸是“谁”——美国报纸社会史》，北京：中国传媒大学出版社，2008年版，第243页。

[2] 唐亚明：《走进英国大报》，广州：南方日报出版社，2004年版，第5页。

[3] 辜晓进：《走进美国大报》，广州：南方日报出版社，2004年版，第29页。

与生俱来的。近代报业诞生以来，特许出版制度、新闻检查制度，还有寓禁于征的知识税和津贴制度，都是政府控制报业的手段，都是限制新闻自由的制度。新闻自由是人类思想史上的有识之士在不断地反抗中争取而来的。英国资产阶级革命的理论家、诗人和政治家约翰·弥尔顿（John Milton）1644 年出版了《论出版自由》，开创了近代自由主义报业理论的基础。而争取新闻自由最成功的斗争，应该从美国新闻史上著名的曾格案件和汉密尔顿的伟大抗辩开始。1733 年，出版商约翰彼得·曾格（John Peter Zenger）创办《纽约新闻周报》并在报纸上发表抨击殖民当局的文章，因此于1734 年 11 月以“煽动闹事”的罪名被捕。安德鲁· 汉密尔顿（Andrew Hamilton）作为其辩护律师，提出了他的观点：每个公民都有陈述无可非议的事实真相的自由。他呼吁陪审团以公正清廉的裁决来保证“大自然和我们国家的法律赋予我们应有的权利：自由——就是把事实真相说出来和写下来，用以揭露和反抗（至少在世界上的这些地区）专断权力的自由。”[1] 汉密尔顿的抗辩使曾格胜诉，也为新闻自由的历史写下了光辉一页。而美国新闻自由传统的最终确立，得益于托马斯·杰弗逊（Thomas Lefferson），他促成通过了 1789 年美国宪法的十条修正案，第一条明确规定：“国会将不得制订任何法律……剥夺言论或新闻出版自由。”“同时，作为美国第三任总统，对于报界表示了前所未有的宽容，从而确立了报界独立于政府的特殊地位。”[2]

**西方新闻史上的正义逆流。**伴随着追求正义的传统，西方新闻史上也不时出现过一些正义的逆流。政党报纸时代、黄色新闻泛滥时代

---

[1][美] 迈克尔·埃默里、埃德温·埃默里、南希·L·罗伯茨：《美国新闻史》，展江译，北京：中国人民大学出版社，2004 年版，第 48 页。

[2] 张昆：《简明世界新闻通史》，武汉：武汉大学出版社，1994 年版，第 59 页。

以及两次世界大战期间的新闻传播，是这种逆流疯狂涌动的时期。

英国、美国在经过资产阶级革命后，都经历过政党报纸时期。英国 1648 年革命后，报纸刚刚进入初创阶段，政府通过煽动诽谤法、知识税和津贴制度，限制新闻出版自由。政党报纸如保守党的机关报《调查者报》和辉格党的机关报《每日公报》，因此居于统治地位，成为政治活动的工具。美国独立战争后，围绕争夺对政府的控制权，形成了联邦党人和反联邦党人两派政治势力的争夺，报纸成为两派相互攻击的阵地。联邦党派的报纸《合众国公报》及主编约翰·芬诺（John Fenno）和反联邦派的报纸《国民公报》及其主编菲利普·弗雷诺（Philip Freneau），二者之间还只是口诛笔伐；而前者与反联邦派的另一份报纸《费城综合广告报》（又名《曙光女神报》）创办人本杰明·富兰克林·贝奇（Benjamin Franklin Bache）不仅在报纸上谩骂，甚至在大街上殴斗。这一时期被称为“新闻事业的黑暗时代”。[1]深受党派辱骂之苦的杰弗逊说：“我国的报纸造假无度，已经比波拿巴所发明的锁链更有效地败坏了新闻界的作用。”[2]这一时期，报纸的最高目标是为了党派事业服务，对新闻正义的追求变成了为政党利益代言。

随着大众化报刊的勃兴，到 19 世纪末期，首先是美国，随后是英国等西方社会相继出现了一股黄色新闻的潮流。在美国，约瑟夫·普利策（Joseph Pulitzer）和他的《纽约世界报》是黄色新闻的开路先锋；威廉·伦道夫·赫斯特 (William Randolph Hearst) 和他的《纽约新闻报》

---

[1][美]迈克尔·埃默里、埃德温·埃默里、南希·L·罗伯茨：《美国新闻史》，展江译，北京：中国人民大学出版社，2004 年版，第 89 页。

[2][美]迈克尔·埃默里、埃德温·埃默里、南希·L·罗伯茨：《美国新闻史》，展江译，北京：中国人民大学出版社，2004 年版，第 100 页。

是黄色新闻的集大成者。他们都以极度夸张、捏造情节的手法，极力渲染色情、暴力、犯罪方面的新闻，其煽情和虚假到了耸人听闻的程度。双方的竞争于1897年开始达到白热化的程度，引起了全国报纸的效仿。“据1900年关于美国21个城市的调查，约有1/3的报纸是明显的黄色报纸。”[1] 在人类追求正义的新闻史上，黄色新闻大大降低了新闻事业的水准，践踏了新闻的基本准则——真实性原则。

两次世界大战中，新闻宣传成了交战各国的隐蔽战场。政府一方面对新闻严格管控，另一方面千方百计利用新闻舆论工具为战争服务。比如，一战时期著名的尸体榨油厂（1918年）的新闻，说物质极度缺乏的德国用尸体榨油，用人油制造肥皂。这是英国启动宣传机器制造的对德国的宣传攻击，让全世界信以为真。二战时期著名的“诺顿广播”（始于1942年），就是美国战时宣传的一种发明，被称为灰色宣传。这种发明采用含混不清的暧昧手法，以冒名组织和个人出现，在广播中用一个“诺顿海军中校”的假名，利用机密情报给人一种无所不知的印象，吸引了德国士兵，也摧毁了德国士兵的士气。[2] 战时新闻传播，往往对新闻从业者提出了更多的伦理拷问：忠于正义还是忠于祖国？服从统制还是维护自由？生命第一还是事业第一？但是往往无从选择。服从战争需要，明目张胆的虚构，名存实亡的自由。在战争的名义下，新闻正义的追求成为镜花水月的幻境。

综上所述，对于正义的认识，在西方新闻实践史上是一个交替上升、曲折发展的过程：一方面是坚持客观公正、服务社会公益、担当社会责任、奉行独立精神、追求新闻自由等新闻正义的张扬；另一方面是

---

[1] 张昆：《简明世界新闻通史》，武汉：武汉大学出版社，1994年版，第144页。

[2] 参见张昆：《简明世界新闻通史》，武汉：武汉大学出版社，1994年版，第241—242页。

为了党派利益、为了媚俗媚众、为了战争需要而钳制新闻自由、践踏新闻真实性、放弃客观立场的不正义行为大行其道。

## 第三节　新闻正义研究的文献综述

虽然新闻正义是新闻实践中不可回避的现实问题，但是关于新闻正义的理论研究远不如新闻实践的历史那样长；虽然新闻正义与伦理学的理论联系也很普遍，但是关于新闻正义理论的专门研究似乎并不普遍，通常的情况是把新闻正义纳入新闻伦理学的一个问题或者是主要问题进行研究。

### 一、以英美为代表的西方研究

现代意义上的新闻是资本主义经济发展的产物，最早的近代报纸、最早的广播、最早的电视和现代互联网都首先诞生在西方社会，西方社会有新闻事业率先发展的历史，更有新闻事业充分发育的土壤，因此也更有新闻正义研究的现实要求和优越条件。特别是美国，虽然不是西方现代新闻事业的发源之地，却是现代新闻发展最充分、新闻影响力最大的地方。这里仍然以英美的研究特别是美国的研究为例，对西方的新闻正义研究进行简要综述。

**新闻伦理学的初步建构。**关于新闻正义的最初研究是寓于新闻伦理学建构的框架之中的。W・S・利莉 (W.S Lilly) 1889 年所写的一篇文章《新闻业的伦理》，是“伦理”一词第一次出现在有关报业批评的文章中。事实上，新闻伦理作为专门的学术问题研究已有近百年历史，美国著名的新闻学者卡斯柏·约斯特（Cass Parker Jost）在《新闻学原理》（1924年）中就专章论述了新闻伦理问题；美国学者尼尔森·克劳福德 (NelSon Crawford) 的《新闻业的伦理学》（1924年）作为第一本新闻伦理学的教科书，通过大学新闻教育中的道德培养，对于新闻专业伦理规范起到了开创性的作用，标志着新闻伦理学在20世纪20年代的美国初步形成。实际上，20世纪20—30年代被视为美国新闻伦理学著作多产的十年。堪萨斯州立大学新闻系主任利昂·纳尔逊·弗林特 (Leon Nelson Flint) 出版的另一本新闻伦理学著作《报纸的良知：新闻事业的原则和问题案例讲义》（1925年），被称为美国新闻伦理学和新闻学案例研究的早期经典著作之一。在近距离观察和体验报社新闻业务的基础上，以丰富的第一手资料加上高屋建瓴式的审视，紧密联系实践进行新闻伦理学研究，既具有史料性和职业伦理学意义，又具有切合实践的可操作性。威廉·F·吉本斯 (William F.Gibbons) 出版的《报纸伦理学：新闻工作者优良实践讨论》(1926年)，保罗·道格拉斯 (Paul Douglas) 出版的《报纸与责任》(1929年)，艾伯特·亨宁 (Albert Henning) 出版的《新闻业的伦理与实践》(1932年)，分别对完善包括新闻正义在内的新闻伦理学的建构做出了积极的贡献。

**新闻正义研究的展开。**自1932年艾伯特·亨宁的《新闻业的伦理与实践》出版以后，新闻伦理学的系统性著作开始了将近40年的沉寂，而专注的新闻正义研究开始出现。20世纪40—50年代，随着美国新闻自由委员会（或称哈钦斯委员会）提交的报告以及一系列书籍和论文的出版，新闻伦理学研究开始聚焦于正义的视角，研究责任、自由、公正等新闻正义的基本范畴和基本问题。其中《一个自由而负责的新闻界》(1947年) 认为当时美国的新闻自由处在危险之中并首次提出媒体责任问题，探讨建立一个自由而负责的新闻界，对新闻正义研究影响至深。“1947 年，美国哈钦斯委员会发表了其报告。20 世纪 60 年代，人们越来越注意到媒体的‘社会责任’。”[1] 威尔伯·施拉姆（Wilbur Schramm）的《大众传播媒介与国家发展》(1957 年 ) 在考察了大众传播与经济社会发展关系的基础上提出了大众传播的社会责任。在其与弗雷德里克·S·西伯特（Frederick S. Siebert）、西奥多·彼得森（Theodore Peterson）合作出版的《传媒的四种理论》（旧译为《报刊的四种理论》，1956 年）中，试图对世界上所有不同种类传媒背后的哲学和政治的原理或理论进行研究，并在此基础上总结出报刊的威权主义理论、自由至上主义理论、社会责任理论和苏联共产主义理论。出版 50 多年来，该书被广泛地提及、评述或援引其中的观点。此后自 60 年代起，美国新闻学界开展了一场传播与社会正义的运动，社会正义逐渐成为新闻与传播学的核心关注。美国路易斯安那州立大学新闻学教授约翰·梅里尔 (John.C.Merrill) 出版了他的著作《自由必须履行的责任》（1974 年），这是新闻社会责任理论最重要的代表作，从探讨新闻业的责任开始对自由至上主义传媒理论进行修正。加州大学的雅克·蒂洛（Jacpues P.Thiroux）和伊利诺州杜佩奇学院的基思·克拉斯曼 (Keith W.Krasermann) 两位哲学教授合作出版了《伦理学与生活》（旧译《伦理学与实践》，1977 年），作为伦理学教科书，它构建了以生命价值、善良、公正、说实话和个人自由五条基本原则为架构的人道主义伦理学。该书到 2007 年已出了 9 版，影响长盛不衰 30 多年，为广泛的社会伦理问题提供了应对之道，也推动了新闻正义对于具体问题的研究。总之，始于美国新闻自由委员会，止于雅克·蒂活和基思·克

[1][ 法 ] 克劳德—让·贝特朗：《媒体职业道德规范与责任体系》，宋建新译，北京：商务印书馆，2006 年版，第 25 页。

拉斯曼，30 年的卓越研究成果，确立了新闻正义研究的基本范畴，研究了新闻正义的基本问题，促进了传播与社会正义运动的发展。

**新闻正义研究的深入。**新闻实践进一步激发了人们对新闻伦理的关注。1983 年底，《纽约时报》以"控告媒体：它的罪状是什么？"为主题做了一期封面报道，引发了新闻学对伦理问题的再度关注。此时，正逢实用哲学在美国兴起，应用与职业伦理学因此快速发展，从教师职业伦理学开始延伸到各行各业，包括新闻伦理学，新闻伦理学研究从 80 年代后开始进入繁盛时期。约翰·赫尔顿 (John L. Hulteng) 出版了他的著作《信使的动机——新闻媒介的道德问题》（1985 年），他认为，在新闻领域里面，没有哪个问题比新闻伦理问题更重要，更难以捉摸，更带有普遍性了。而约翰·梅里尔 (John C.Merrill) 出版的《新闻辩证法》（1989 年）和埃德蒙·兰贝思（Edmund Lambeth）出版的《新闻工作者应具备的道德观》（1993 年）都试图探索新闻伦理规范性的原则，由此开始，关于新闻正义的探讨涉及政治、经济、文化、社会等各个领域。目前这种探讨仍在进行中，如战争、性别歧视、种族歧视、信息高速公路、弱者保护、隐私权等新闻实践中的现实问题都被用于新闻伦理与正义理论的研究。特别是，公共关系作为一种特殊的传播活动，与大众传媒形成了一种共生关系，开始对新闻正义逐渐产生影响，也因此成为传播伦理与新闻正义关注的新问题。[1]

作为一项研究性的实践活动，传播与社会正义运动 20 世纪 90 年代开始持续深入发展，直到今天。克利福德·G·克里斯蒂安（Clifford G.Christians）等明确提出社会正义的新闻学，他的深有影响的著作《媒

---

[1] 参见 Scott M. Cutlip， Allen H. Center， Glen M. Broom. Effective Public Relations， $6^{th}$ ed. Englewood Cliffs N. J.: Prentice Hall， 1985:429.

介公正——道德伦理问题真的不证自明吗？》（Media Ethics:Cases and Moral Reasoning，国内有学者直译为《媒介伦理学：案例与道德论据》），对每一个道德推理模式都提出了忠于对象的问题即对谁承担道德责任的问题，都强调要推导出正义的结论，“在整个这本书里，从事媒介的人对社会的道义责任得到了特殊的强调。”[1] 杰克·鲁尔（Jack Lule）在此基础上进一步提出了新闻社会正义观的尺度，主张让沉默者发声和为穷人伸张正义，呼吁在新闻价值判断中“为社会正义的价值观寻找一个空间”。[2] 社会正义的新闻学认为新闻实践只有为社会正义服务、促成解决现实的正义问题、影响现实政治的正义与社会进步，才是担当与“第四权力”匹配的义务。新闻学研究转向专注于社会正义并致力于提升社会正义，涌现了一些开创性的成果。“有两项研究在这一学科转向过程中具有重要的开创、引领价值。一是 90 年代波士顿大学的媒体研究与行动项目（Media Research and Action Project），用框架理论分析当地媒体报道是否公正、准确及如何表现特定政治议题，促进新闻媒体主动与边缘群体结合。并通过实践性研究帮助边缘群体获得身份认同能力，挑战阻碍媒体接近权的障碍，提高其政治议题诉求策略，以帮助他们获得有效的集体发声能力。二是集中于美国传播与社会正义研究的旗帜——应用传播研究杂志（Journal of Applied Communication Research）1998 年第 2 期特辑‘传播与社会正义研究’上的系列研究报告，体现了这一研究中的多项开拓性成果：关于女性及其他边缘弱势群体受歧视问题的媒介研究；基于跨文化参与的发展传播学开展相互赋权、

[1] 克利福德·G·克里斯蒂安、马克·法克勒、金·B·罗特佐尔等著：《媒介公正——道德伦理问题真的不证自明吗？》，蔡文美等译，北京：华夏出版社，2000 年版，第 21 页。

[2]Lule Jack. “News Values and Social Justice: U.S. News and the Brazilian Street Children”. Howard Journal of Communications,1998, Vol.9.

媒介素养提升、社区互动等实践研究；少数族裔如何开展社会政治讨论的政治传播研究。”[1]

进入21世纪，社会正义仍然是新闻与传播研究的核心关注之一。英国设菲尔德大学社会学系讲师尼克·史蒂文森（Nick Stevenson）在其著作《媒介的转型——全球化、道德与伦理》中，将现代传播的本质与它对公共道德和伦理生活产生的影响联系在一起，对媒介与社会公正进行社会学研究，为新闻正义研究提供了一个批判的视角。“2006—2007年，传播与社会正义研究领域出版了3本标志性著作：奥马尔·斯瓦茨（Omar Swartz）主编的《社会正义和传播学科》，弗雷（Lawrence R.Frey）和克雷格（Kevin M. Carragee）主编的《传播的行动主义第1卷：为了社会变迁的传播》和《传播的行动主义第2卷：媒介和行动主义的行动》，集中体现了传播与社会正义研究的相关理论、案例、历史、评论、研究方法等重要成果。”[2] 新闻正义研究持续深入。

## 二、国内新闻正义研究及关注热点

1949年以前还没有一本中国的新闻伦理学专著出现，而且由于众所周知的原因，新闻伦理问题的研究与许多领域的理论研究一样，在中国大陆地区有几十年几乎处于空白的状态。和以英美为代表的西方国家对新闻伦理学研究的成熟条件、优越环境和卓越成果相比，国内的新闻伦理学研究直到今天还处于初步发展阶段，相对系统的新闻伦理学科直到世纪之交才基本形成，新闻正义的理论研究最近10年才开始活跃。

---

[1] 袁靖华：《媒介正义论：走向正义的传播理论与实践》，《国际新闻界》，2011年第2期，第27页。

[2] 袁靖华：《媒介正义论：走向正义的传播理论与实践》，《国际新闻界》，2011年第2期，第27页。

**新闻伦理学的创立和形成。**改革开放以后，新闻业界面临的伦理问题在经济发展过程中日渐突出，特别是思想解放使学术研究环境相对宽松，新闻伦理学的建设因此成为可能。1981 年第一个全国性的新闻道德规范《记者守则》和 1991 年《中国新闻工作者职业道德准则》相继颁发实施，虽然其目的在于规范新闻从业者的职业道德行为，但实际上体现了新闻伦理的基本精神和新闻正义的基本主张。周鸿书的《新闻伦理学论纲》（1995 年）出版，是中国大陆首次对该学科的范围、任务和研究方法进行探讨，迈出了中国新闻伦理学作为独立学科研究的第一步。[1] 此后，陈桂兰主编的《新闻职业道德教程》（1997 年）、戴元光著的《传播道德论》（2000 年）、陈超南著的《彩色的天平——传播伦理新探》（2001 年）、黄瑚著的《新闻伦理学》（2001 年）、蓝鸿文主编的《新闻伦理学简明教程》（2001 年）相继出版。新闻伦理学作为整体研究的同时，分项研究也相继展开。杨启的《记者的道德自律》（1998 年）、严耕等的《网络道德》（1998 年）、李伦的《鼠标下的德性》（2002 年）等专著陆续问世。这些研究成果各有千秋，但正是这些努力促成了新闻伦理学在中国作为一门较为系统相对独立的学科的创立和形成。新闻正义的理论研究，作为新闻伦理学学科建设的一部分被淹没其中，还只是试水的一个个波纹。

**近十年新闻正义研究的关注热点。**虽然新闻伦理研究如今已经成为全球性的重要研究领域，但在中国语境中其实还是新的研究领域，只有几十年的研究历史。新闻正义的理论研究真正活跃起来，还只是最近 10 年的事情。大量的新闻伦理学著作面世，比如，陈绚的《新闻

[1] 台湾地区早在 20 世纪 80 年代就有专门的新闻伦理学著作出版，参见李瞻：《新闻道德》，台北，三民书局，1988 年版。

道德与法规——对媒介行为规范的思考》（2005年）、邓明瑛的《传播与伦理——大众传播中的伦理问题研究》（2007年）、杨保军的《新闻道德论》（2010年）、孟威的《媒介伦理的道德论据》（2012年），为完善中国语境中的新闻伦理学体系建设贡献了积极的成果，也为新闻正义研究开掘了更宽的视域。有关新闻正义的研究成果也不断面世，比如，王梅芳的《舆论监督与社会正义》（2005年）、吴飞的《传媒批判力》（2005年）、洪伟的《大众传媒与人格保护》（2005年）、杨保军的《新闻事实论》（2006年）、陈力丹的《自由与责任：国际社会新闻自律研究》（2006年）、商娜红的《制度视野中的媒介伦理——职业主义与英美新闻自律》（2006年）、邱戈的《媒介身份论——中国媒体的身份危机和重建》（2008年）、樊葵的《媒介崇拜论——现代人与大众媒介的异态关系》（2008年），等等，这些著作都从不同的角度深入研究了关于新闻正义的具体问题或者关于新闻与正义的问题，引发了关于新闻正义的理论研究的热切关注。但是，以新闻正义作为一项专门研究，似乎尚未见到专门成果（比如专著）。

近十年新闻正义研究的活跃主要体现在以下四个方面：一是关于新闻不正义行为及其防范的研究。这里的不正义是对于新闻实践中的失范行为而言的，主要是针对虚假报道、有偿新闻、低俗之风、不良广告以及新闻炒作等新闻业界屡禁不止的道德失范现象。有研究者指出，现代新闻媒体不顾社会效果而因为经济利益发布新闻，不仅本身陷于不义，而且误导了有违社会正义的行为。新闻真实性问题也引起学者较多关注，如新闻学者郑保卫指出，对新闻真实的认识经历了一个在党性原则框架内对其强调又回归到新闻自身层面来认识和探讨的发展变化过程。对新闻失范行为的防治和新闻正义的实现路径，有学者在媒体管理制度的设计方面提出了建议；有学者从公共信息管理的角度出发，认为需要从厘清信息的公共传播渠道、重构新闻媒体的社会身份，以及面向全社会大力开展媒介素养教育等方面入手。

二是新闻程序正义与实质正义的冲突探讨。动机的良好并不等于手段的正确，而手段的合法有时也可能会造成正义的损害。新闻的程序正义和实质正义往往并不是总能达成一致的正义指向，最直接地体现在隐性采访、匿名消息源使用以及非法取得新闻素材等已经被广泛使用却在行业内外受到争议的新闻获取和新闻处理方式。关于新闻暗访，有学者研究指出，记者在暗访工作过程中经受着职业伦理和社会伦理之间矛盾的煎熬。还有研究专门分析了美国新闻界对于匿名消息源的使用规范与伦理选择。

三是关于灾难报道中如何实现新闻正义的研究。一个不能回避的伦理追问是：摄影摄像记者面对突发、灾难性事件时，选择拍摄第一还是施救第一？最近10年灾害频发，其中最大的自然灾害是2008年“5·12”汶川大地震。灾害引发了关于新闻实践在灾难事件中的行为选择、价值标准、职业精神与人性关怀的思考。新闻正义作为社会正义，新闻媒体作为重要的社会主体，面对灾难，如何争取实现正义，不同角度有不同理解，也提供了不同的研究参照。

四是关于新闻媒介角色与社会责任认知的探讨。对于新闻媒介的社会功能与角色的认识，直接关系到新闻从业者对自身角色期望的认知以及新闻实践中的行为取向。最近10年正处于新闻传媒生态剧烈变动的社会转型期，新闻媒介的角色认知因此引起新闻正义理论研究的广泛关注。新闻传播学者喻国明从社会结构功能的角度出发，指出传媒人对于社会最重要的职业承诺可以概括为“环境守望、社会良知”。也有研究者从角色扮演的角度，对比我国转型前和转型时期不同社会背景中新闻媒体和新闻从业者的角色期望的差别后，认为我国新闻规范体系中仍然存在喉舌的角色期望，而在实践中有限地默许新闻媒体的市场竞争主体的角色期望，忽视社会公器的角色期望，这种模糊的格局直接影响了新闻媒体和新闻从业者根据当前的政治和经济环境进行功利性的选择，以保证政治上的最大安全和经济上的最大利益，形成新闻从业者角色领悟的暧昧状态。还有研究者对“媒介审判”的内涵和特征进行了梳理，进而从研究“媒介审判”深入到研究媒体角色的错位与越位。

### 三、中国与西方新闻正义研究比较

对比以英美为代表的西方新闻正义理论研究和中国的新闻正义理论研究，不难发现，中国的研究起步太晚，尽管当前的研究开始活跃，但无论从广度还是深度上，与西方的研究还存在着较大的差距。

从学科建设及研究的系统性来看，西方的新闻伦理研究在 20 世纪 30 年代前后进入空前活跃的时期，并逐步建立了较为完善的独立的新闻伦理学学科，新闻正义由此开始进入系统研究，新闻正义的一些基本范畴和基本问题，比如责任、自由、真实、客观等，都有专门研究和卓越成果。国内关于新闻伦理的研究从 20 世纪 80 年代的改革开放以后才开始起步，21 世纪初才初步形成独立的新闻伦理学科，新闻正义研究进入 21 世纪以后的最近十年才开始活跃，对新闻正义基本范畴和基本问题的研究还处于借鉴、吸收西方成果的阶段。

从具体问题研究的深度来看，由于西方新闻事业的发展更充分，理论研究更全面系统，因此西方新闻正义研究对具体问题的探讨更为深入，对现实问题的探讨更为广泛细致，不仅研究新闻实践过程中各种行为的正义性，而且更深入地研究整个社会系统中各种因素如何影响新闻正义的实现，比如，战争、性别歧视、种族歧视、信息高速公路、弱者保护、隐私权、公共关系等与新闻正义的关系及其对新闻正义的影响。国内对于新闻正义的具体问题，主要研究还停留在新闻职业道德的层面，主要关注当前新闻实践中日益突出的失范行为和现象，比如，研究虚假报道、有偿新闻、低俗之风、不良广告等行为和现象的成因、表现、影响、防范，还拘泥于具体的新闻实践过程。

从研究方法上看，西方关于新闻正义的研究多从广泛的社会实践中的问题出发，多具有实证主义色彩，有原则更有方法论，有伦理抉择更有具体案例，而且相辅相成，既有理论深度，又有现实意义。国内新闻正义研究中存在着一种较为普遍的执着于伦理原则与道德规范的建构倾向，面对当前新闻正义缺失的问题，试图通过构建相应的伦理原则与道德规范体系来解决问题，而这样的建构基本上不可能与现实的政治、经济、社会紧密相连，不能落实到新闻传播的具体制度和具体行为中去。当然，这可能是某种现实环境的无奈和困扰，本研究也可能仍然无法摆脱这种无奈和困扰。

## 第四节　新闻正义研究的意义、思路与方法

新闻正义研究的最终目的是为了推动新闻实践实现正义，从这个意义上说，新闻正义研究的终极意义是为了实现正义。所以，本研究开篇就提出新闻实践中的正义问题，从现实出发，追问意义，展开思路，追寻办法。

### 一、新闻正义研究的意义

实现正义是一种努力向善的理想，是一种无限追求的过程，不是

一项具体研究能够完成或达到的。但是新闻正义研究作为一种具体的理论研究，有它具体的意义：一是新闻实践中的正义问题日渐突出，需要理论研究呼应。二是作为一项新闻学与伦理学的交叉研究，新闻正义值得理论追问。

**回应新闻实践的需要。**即使是在新闻事业发达的西方社会，新闻的伦理问题也是一个既常在又常新的问题，新闻实践中也常常伴随着正义的追问。在国内新闻界，新闻正义的问题在高度统制的社会中虽然依旧存在，但没有引起社会的足够关注。直到20世纪70年代末80年代初，改革开放促进了思想解放和经济社会发展，新闻媒体的角色也在思想解放和经济社会发展中发生某些转变，既扮演着党的喉舌角色，又扮演着市场经营主体的角色，新闻正义问题开始在新闻实践中逐渐凸现，主要表现为两个方面：一方面是新闻媒体和新闻从业者自身的困扰，他们常常面临不知所措的选择，比如：经营压力与公益追求、宣传纪律与真相追寻、敬业精神与人性追问等等；另一方面是新闻实践中的不正义行为与现象层出不穷，屡禁不止，比如：虚假新闻、有偿新闻、低俗之风、不良广告等等。这些不正义行为与现象，降低了整个行业的道德水准，影响到新闻媒体和新闻从业者的声誉以及新闻行业的健康发展，进而影响到社会正义的维护与实现。新闻实践的正义问题，迫切需要新闻正义的理论研究成果去指导。

**追求新闻正义的价值。**新闻有“学”还是“无学”？新闻学是“学”还是“非学”？现在不再是新闻学界的问题。但是，国内对新闻学的研究长期以来难以摆脱庸俗实践的层面，认为新闻只是一种单纯的社会分工的结果，新闻传播行为只是一种社会实践活动。这种观念影响至深，成为国内新闻理论研究难以契合到与实践相融的理论深度的一个重要原因，当然还与新闻理论研究者没有深入实践的经验，而新闻实践者缺少理论素养疏于理论研究有关。新闻正义，作为一个新闻实践中不可回避的问题，不是单纯的新闻学能解答的问题，更需要伦理学的帮助来解答。因此，新闻正义作为学术研究是一种交叉的研究，是一种有价值的学术探讨，于伦理学的正义研究有益，于新闻学的基本原理研究有益。正义问题应该作为新闻的核心问题，如何实现新闻正义，是新闻学和伦理学都值得的追问。

## 二、新闻正义研究的思路

研究思路因课题而异、因研究目的而异、因研究者而异。这里所做的新闻正义研究，希望借助新闻实践的思考与正义理论的思辨，对新闻正义的问题、概念、范畴及其实现等各方面进行深刻地剖析和系统的阐释。这里所做的新闻正义研究，是按照提出问题、分析问题和解决问题的思路进行的。

首先，提出新闻实践中普遍存在的正义问题以及何为新闻正义的问题。通过对新闻实践中的一些案例分析和新闻业界一些现象与行为的思考，提出新闻的正义问题。因为新闻实践作为一种社会实践活动，面临的伦理抉择问题很广泛，几乎涉及个人美德、职业道德、社会公德甚至人类道义等各个方面，这些问题并不都是正义的问题，但主要问题往往涉及正义的问题。这里不仅把事关新闻的真实、准确、客观、公正之类的问题归结为新闻正义问题，而且把自由、平等、博爱、责任、民主、法治等社会正义主要关注的问题也列为新闻正义问题。实际上，从直观的理解出发，新闻的真实、准确、客观、公正，与正义的朴素的本义“一视同仁”、“得所当得”、“恰如其分”相符合。从更深入的思考出发，自由和平等是社会正义最核心的内容，也是新闻正义更核心的关注。由此，自然而然需要提出什么是新闻正义的问题。这里的新闻正义之“新闻”，包括但不仅限于新闻报道，还涵盖新闻从业者、新闻机构或组织即新闻媒体、甚至新闻政策，相当于新闻传播活动或新闻传播行为的整个过程；这里的新闻正义之“正义”应当主要属于社会正义的范畴。

其次，分析新闻正义的基本概念、理论源流以及主要的关系范畴。新闻正义的概念，依据新闻实践，基于正义理论而来。正义研究在约翰·罗尔斯（John Rawls,1921—2002 年）之后成为哲学领域的显学，研究充分深入，成果众多，此前也是源远流长，前后相继。吸收这些理论营养，才能构建一个尽可能科学的新闻正义概念。此外，新闻事实、新闻价值作为影响新闻传播过程或行为的核心要素，与新闻正义紧密相连，对于新闻正义的概念而言，至为重要。新闻正义的理论源流主要来自不同的伦理思想，这里从传统的儒家伦理、亚里士多德的德性伦理思想到当代的自由主义、社群主义，逐个分析了八种主要的伦理思想与新闻正义的关联，从中寻找新闻正义的伦理学依据，并按照福利论、义务论和德性论三种视域对新闻正义进行伦理学分析。与此相联系，这里还特别分析了四种主要的传媒理论对于新闻正义的主张，寻找新闻正义的传媒理论根据。新闻正义的基本范畴，是指新闻实践中契合正义基本含义的一些概念或关系，这里主要从自由与责任、公共性与自利性、真相追寻与隐私保护等不同角度和不同关系，分析新闻正义。

第三，提出新闻正义的实现路径。新闻正义究竟在多大程度上能够实现？新闻的程序正义和实质正义、新闻的目的正义与手段正义，可以帮助我们从不同的角度描述新闻正义的实现程度。而现代性语境和后现代性语境对新闻正义有不同的理解和不同的关注，可以帮助我们更全面更准确地分析和判断新闻正义的实现。新闻正义如何才能实现？依照伦理抉择做出新闻正义行为，这是理论指导的自觉的实践，这样的新闻正义实现只是新闻从业者的个体自觉所致。实际上，影响新闻正义实现的因素至少还要包括新闻媒体和新闻行业的自觉。这种自觉的养成，是内外兼修才能达到的效果。内修指自律，包括新闻从业者自律、新闻媒体自律和新闻行业自律；外修指他律，包括道德他律、制度他律和法律他律。新闻正义的实现无外乎自律和他律这两条路径。

## 三、新闻正义的研究方法

任何一种研究方法都不是孤立进行的，任何一种研究都是多种研究方法的综合运用。新闻正义研究也不例外。本研究主要运用了以下方法：

**基本方法：跨学科交叉分析法。**新闻正义研究是一项跨学科研究，主要跨越新闻学与伦理学两个学科领域，还要涉及政治学、社会学和法学等相关学科的内容。所以，本研究运用的最基本的方法就是跨学科交叉分析法。从新闻实践的案例中归纳整理关于正义的问题，从新闻事业发展的历史中梳理正义在新闻史上的不同理解、不同追求及其发展脉络，从新闻理论的基本概念、基本问题（比如新闻价值）中探寻正义与新闻的联系。在伦理学的正义理论中找出新闻正义的根据，用正义的基本概念推演新闻正义的基本概念，用伦理学的基础理论分析新闻正义的关系范畴（比如自由与责任）以及新闻正义的实现路径。可以说，本研究所有的概念、范畴、关系、案例的分析，都体现了跨学科交叉研究法的特征。

**两种具体研究方法：文献研究法和历史研究法。**文献研究法是这样一种研究方法，即通过搜集、查阅涉及相关理论、实践的文献资料特别是原始的文献资料，并对相关的文献资料进行分析、整理和研究，从中选取信息、利用信息、吸收信息，为我所用，以达到某种研究目的。这种研究方法要求在文献群中选取适用于课题的资料，并对这些资料做出恰当分析和使用。本研究以中国知网（CNKI）检索论文和与新闻、伦理、正义相关的主要研究著作为依据，从伦理学的视角进行整理，形成研究的文献资料和理论素材。

历史研究法是以过去为中心的研究方法，它通过对已有历史资料的研究，寻找事实或信息，然后利用这些事实或信息去描述、分析和解释事物发展的过程。其中，历史考据作为最基本的历史研究法被广泛采用。为了加深对新闻正义的理解，本研究对于新闻正义在新闻史的不同发展阶段的认识进行了较为详细的历史梳理，对于新闻和新闻价值的认识、正义和社会正义的认识也进行了历史梳理，这里运用的研究方法就是历史研究法。

**两种道德推理模式：波特图式和博克模式。**道德推理模式作为研究方法主要用于对新闻实践中的案例分析。所谓道德推理是指运用已有的道德概念和道德认识，对道德现象进行分析、评价、推断和选择的心理过程。正义本身就是伦理的范畴，关于新闻正义的道德推理，就是运用已有的正义理论和认知，对新闻实践中有关正义的问题和行为进行分析、评价、推理和选择。

道德推理模式中有一个著名的波特图式。波特图式是美国哈佛神学院的拉尔夫·波特（Ralph Potter）设计的，是一种分析人们做出道德判断和行动的过程的模式。这个过程有四个步骤：1. 定义，即对事件或情境的事实的认识；2. 价值， 即当事人的价值观；3. 原则，即当事人处理事情的原则；4. 忠诚，即当事人所选择忠诚的对象。这一模式最初被提出主要是用于伦理学分析，判断一个人面对道德困境时所做的决定是基于什么价值观或者何种原则。[1] 后来，美国新闻学者克利福德·G·克里斯蒂安（Clifford G. Christians）运用该模式对新闻实践案例进行伦理分析，并将其运用到新闻伦理学的研究领域。其分析图式如下：

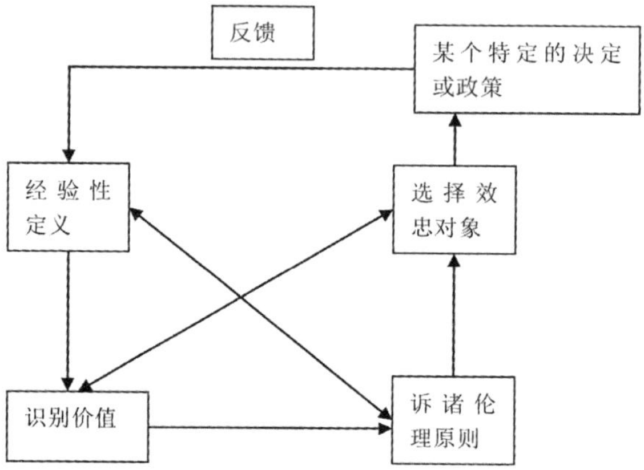


波特图式是一种社会伦理模式，在这个循环的整体中，通过定义、价值、原则、忠诚四个步骤的选择寻找社会行为的道德答案，其中选择效忠对象是最重要的一步，正义的行为选择往往直到这里才出现。[2]

美国学者菲利普·帕特森（Philip Patterson）和李·威尔金斯（Lee Wilkins）在《媒介伦理学：问题与案例》中介绍了另外一种道德推理模式：博克模式。博克模式是美国哲学家西塞拉·博克（Sissela Bok）提出来的，她一直关注包括新闻从业者在内的职场人士面临的伦理抉择。博克模式对伦理问题分三步进行分析：一是问问自己的良心，行

[1] 参见高学巍：《波特图式视域中的新闻伦理冲突研究》，河北大学学位论文，2008年，第5页。

[2] 参见［美］克利福德·G·克里斯蒂安、马克·法克勒、金·B·罗特佐尔等著：《媒介公正——道德伦理问题真的不证自明吗？》，蔡文美译，北京：华夏出版社，2000年版，第3—8页。

为是否正确或者应该；二是问专家是否有其他方法达到目标而不造成伦理问题，这里的专家可以是身边信赖的人，也可以是已故的哲人；三是假设进行公开的讨论：我的行为将怎样影响他人。[1] 这个三步法不失为一种日常可用的伦理抉择方法。在新闻伦理的应用研究中，博克模式的影响确实不如波特图式那么大，但是在现实生活的道德推理中，博克模式显然更简便易行。

尽管在我们关于新闻正义的研究中，新闻实践案例的具体分析并不是主要的内容，但新闻实践中充满了模棱两可的情景和相互冲突的效忠对象，新闻正义的研究需要对新闻实践中的伦理问题做出推理、选择和回答。因此，波特图式和博克模式在道德推理中的运用，对于本研究而言是两种有效的辅助研究方法。

[1] 参见 [ 美 ] 菲利普·帕特森、李·威尔金斯 :《媒介伦理学：问题与案例》，李青藜译，北京：中国人民大学出版社，2006 年版，第 4 页。

# 第二章 新闻正义的基本内涵

新闻正义的核心概念是正义，新闻是正义的对象或范围。对于新闻正义的认识，应该是以正义作为根本，以新闻作为前提，是正义在新闻领域的观念存在和实践追求。把新闻正义作为一个独立的概念提出，研究其特定的意义、关系、范畴，是本研究的目的。本章从分析正义与社会正义、新闻与新闻价值两方面入手，分析新闻正义相关概念的基本含义及其相互关系。

## 第一节　作为新闻正义研究的新闻

新闻是一个日常生活中被广泛使用的概念，是一个外延宽泛的概念。新闻正义顾名思义是关于新闻的正义，新闻是新闻正义的前缀，用以限定正义的对象或者范围。因此，界定新闻正义之“新闻”是新闻正义研究的一个重要前提。

### 一、信息论的新闻定义

新闻一词，是新闻学的基本概念，更是人们日常生活中常用的概念。新闻是什么？或者什么是新闻？对这个问题的探究，最迟从1919年以徐宝璜《新闻学》的出版为标志的中国新闻学创立起，无数新闻学者穷其精力苦苦寻觅，企盼求得新闻的真义。

**词源里的本义。**乔长阜在1997年11月24日《扬子晚报》撰文《“新”“闻”与“新闻”》，认为“新闻”这个词在古白话中出现的时间，不会迟于明末清初。不过，它与新闻学中的“新闻”挂上钩，则已是晚清之事。我们姑且不论他的判断是否确切，至少可以借鉴他采用的词源分析方法。在现代汉语中“新闻”是一个词，但在古代汉语中却是“新”和“闻”两个词。

“新”，即薪，就是伐木、砍柴的意思，引申为万事万物的开始，即事物的初始阶段。“取木也。取木者，新之本义。引申之为凡始基之称。”[1]所以有“新年”、“新月”之类说法。在此基础上，“新”字又发展了两个主要含义：（1）首次出现的。与“旧”相对，引申为新鲜之意。如，“吐故纳新”（《庄子·刻意》）。还引申为才、刚。如，“新浴者振其衣，新沐者弹其冠，人之情也”（《荀子·不苟》）。（2）改旧；更新。如，“苟日新，日日新，又日新”（《礼记·大学》）。

“闻”，知声也，就是听到、知道的意思。甲骨文里的“闻”字画的就是一个人跪坐并以手掩面倾耳以听。后来，“闻”字发展了这样一些含义：（1）听见，知道。一是有耳闻目睹一说，即听见的意思。二是可作知道来理解和使用。如“朝闻道，夕死可矣”（《论语·里仁》）即用此意。（2）知识，见闻。“多闻阙疑，慎言其余，则寡尤”（《论语·为政》）、“友直，友谅，友多闻”（《论语·季氏》）用的就是这个意思。

“新”与“闻”连在一起构成“新闻”一词，就是“新近所闻”，即“新近听说或新近知道的”或者“新鲜的或新近的见闻”，这就是新闻在词源里的本义。这一本义用法在唐代就已出现，“如《新唐·隐逸》、《南楚新闻》中都出现过‘新闻’一词，但是当时的‘新闻’是指传闻、传说、故事、奇闻轶事。”[2]明清小说中这种意思的用法就更多了，比如《桃花扇》“设朝”一节中有“打听新闻来”之句，也是取此意；《红楼梦》第一回，甄士隐跟着疯道人飘飘而去，“当下哄动街坊，众人当作一件新闻传说”，所用“新闻”就更加明白表达这个本义了。此时的“新闻”有时候通“新文”，就有了“新近发生的事实的报道”的意思。

**生活中的理解。**人们在日常生活中对“新闻”一词的理解和使用是多种多样的。在不同的情况、不同的场合，新闻表示的意思不同。

[1] 段玉裁：《说文解字注》，上海：上海古籍出版社，1988年版，第717页。
[2] 胡正荣：《新闻理论教程》，北京：中国广播电视出版社，2001年版，第28页。

就一般情况而言，新闻一词通常表示以下几种意思：（1）媒体报道的消息。比如，“中国与菲律宾在黄岩岛对峙，报纸、电视、网上都有新闻。”（2）新闻媒体报道事实（信息）采用的文本形式，即新闻体裁或新闻报道形式。狭义的新闻则专指消息，是指用概括的叙述方式，比较简明扼要的文字，迅速及时地报道国内外新近发生的、有价值的事实（信息）；广义的新闻，是新闻机构常用文本的总称，包括消息、通讯、特写等等，有时候也包括言论。比如，“拿起报纸，先看头版的新闻。”（3）引人关注的新鲜、新奇、异常的事件（信息）。在这里，不一定是被报道的事实（信息）。比如，“茶楼里多的是社区新闻。”

除此而外，生活中有时还以新闻指代报纸、新闻媒体、新闻事业、新闻活动。比如，“这样的大事要上新闻头条”，这里的“新闻”指的是报纸或者其他新闻媒体。实际上，早在南宋时期就用“新闻”指称有别于正式官报的“小报”。“‘小报’……是当时人们对这类报纸的概称，有时也称之为‘新闻’。”[1]用“新闻”指代新闻媒体，在世界新闻史上也很常见，“1621年……创办了英国第一家定期刊物《每周新闻》，英文News作为新闻之意，第一次用于刊名，从此流行于世界。”[2]当今世界不少知名的新闻媒体，也是用新闻来指代并命名的，比如《读卖新闻》、《朝日新闻》等等。

**学理上的定义。**给新闻下定义，就是要对新闻的本质特征进行归纳和说明，这是新闻理论最基础的任务。现有的新闻定义五花八门，大致上可以归纳为三种类型：（1）报道论，即把新闻认定为一种报道或传播活动。最著名的是，陆定一给出的定义：“新闻是新近发生的

[1] 刘家林：《中国新闻通史（上）》，武汉：武汉大学出版社，1995年版，第22页。
[2] 张昆：《简明世界新闻通史》，武汉：武汉大学出版社，1994年版，第25—26页。

事实的报道。”1943 年 9 月 1 日，延安《解放日报》发表总编辑陆定一的文章《我们对于新闻学的基本观点》，认为新闻的本源乃是物质的东西，乃是事实。新闻工作者，应该坚持唯物论的新闻观，尊重事实，坚持每一条新闻都以可靠、准确的事实为依据，在采访、写作、编辑中，都要力求符合客观事物的本来面目。他关于新闻的定义当时在学界影响甚大，并且对此后中国新闻事业的发展影响巨大。王中对新闻也作了类似的界定："新闻是新近变动的事实的传布。"[1]

（2）事实论，即把新闻认定为一种事实。持这种观点的学者不在少数，最早是徐宝璜在 1919 年出版的著作《新闻学》中给出的定义："新闻者，乃多数阅者所注意之最近事实也。" 范长江给出的定义也属这种类型："新闻就是广大群众欲知、应知而未知的重要事实。"[2] 国外也有不少学者持类似观点，美国威斯康星新闻学院教授布莱尔（Willard C.Bleyor）认为："新闻是最近发生的，能引人兴味的事实。能引起最大多数读者的最大兴趣的就是最好的新闻。"[3]

（3）信息论，即把新闻认定为一种信息。这其中以宁树藩先生为代表，他 1887 年在《复旦大学学报》的论文《新闻定义新探》给新闻下了一个定义："新闻是经报道 ( 或传播 ) 的新近事实的信息。"这个定义从认识论上把新闻从事实认定上升为信息认定。李卓钧依照这个思路，完善了这个定义："新闻是新近发生的、为受众所关注的事实的信息。"[4]

从信息的角度定义新闻，是因为随着人文社会科学的发展，特别

---

[1] 王中：《论新闻》，见复旦大学 1981 年 5 月《新闻大学》第 1 期。

[2] 范长江：《记者工作随想》，见《通讯与论文》，北京：新华出版社，1981 年版，第 317 页。

[3] 郝雨、王艳玲：《新闻学概论》，上海 : 上海大学出版社，2003 年版，第 34 页。

[4] 李卓钧：《新闻理论纲要》，武汉大学出版社，1995 年版，第 27 页。

是信息论和控制论的发展而开拓了对新闻的认识。信息论的新闻概念在新闻学界影响日渐广泛，现在已成为中国新闻界普遍接受的新闻定义。本研究认同信息论的新闻定义，并以此作为新闻正义研究的新闻，因为信息论的新闻定义更符合新闻的本质意义，接下来对于新闻的本质问题的探讨将会说明这一点。

## 二、新闻正义研究的新闻是信息传播活动

从新闻词源上的本义到生活中的理解，是从不同层次不同角度对新闻的不同认识。而新闻学理论上的各类定义，则各从不同的侧面对新闻本质进行了把握。人们对新闻本质的认识，是在新闻实践和新闻理论研究中发展的。新闻到底是什么？如何从本质上去把握新闻？这就需要从哲学层面上进行探讨。

**哲学意义上的本源与本质。**哲学意义上的“本源”，又名“本原”或“本元”，在希腊文中原译“开始”和“始基”的意思，后被用于对世界的来源和存在的根据的抽象定义。关于本源问题的探讨，是传统哲学特别是西方古典哲学的核心问题。古希腊米利都学派首先提出和探讨了世界本源这个重要的哲学问题，开创了哲学本体论的研究。后来的希腊哲学家围绕这一问题提出了各种不同的看法：或认为世界的本源是物质性的元素，如水（泰勒斯 Thales，公元前 624？—前 546？年）、气（阿那克西米尼 Anaximenes，其鼎盛年约在公元前 546/545 年）、火（赫拉克利特 Heraclitus，公元前 544？—前 484？年）、原子（德谟克利特 Democritus，其鼎盛年约在公元前 535 年）等；或认为世界本源是抽象的原则，如数（毕达哥拉斯学派）、存在（爱利亚学派）、理念（柏拉图 Plato，公元前 427—前 347 年）等。近代哲学从勒内·笛卡尔（Rene Descartes,1596—1650 年）开始，世界本源问题已经不是哲学的核心问题，

哲学的核心问题逐渐转为关注人如何能认识世界的问题。本源一词为现代哲学家所沿用，不再局限于世界本源的追溯，而是扩展到对事物本源的辨别，着力于对世界进行更为精准的描述。

哲学意义上的“本质”，被用于对事物成其为自己区别于他物的属性的抽象认识，本质包含在事物的定义之中，给事物下定义，就要揭示了该事物的本质。“本质”存在几个方面具体的含义：首先，本质决定“你之所以为你”，本质是事物特有的属性，是事物成为自己的原因，具有内在的客观性；其次，本质决定“你之所以为你，而不是你的表面”，本质是区别于一般特征的属性，是事物最重要的那个或那些属性；第三，本质决定“你之所以为你，而不是他人”，本质是事物区别于其他事物的特征，不能脱离与其他事物的比较而存在。理念主义本质观和经验主义本质观遵循两条不同的认识路径：理念主义通过探求事物“是什么”而知道事物“怎么样”，是一种在内部探究中认识事物的超验方法，因为理念主义认为本质是事物特有的内在属性，不以与其他事物的比较关系而存在或改变，因此本质是客观的。经验主义通过认识事物在具体现实中“怎么样”而知道事物“是什么”，是一种在事物的联系中认识事物的经验方法，因为经验主义认为本质是事物在与其他事物的对比中表现的特殊属性，是以具体的对比关系的改变而改变的，因此本质是可变的。

**新闻的本源与本质。**按照哲学意义的“本源”含义，新闻的本源应该是新闻的来源和新闻存在的根据。新闻从哪里来？新闻从事实中来。新闻为什么存在？新闻因为事实而存在。在事实论的新闻定义中，新闻是多数学者注意之事实，是欲知、应知而未知的事实，是能引人兴味的事实，是新近发生的事实，总之新闻就是事实；在报道论的新闻定义中，新闻是新近发生的事实的报道，是新近变动的事实的传播，总之新闻所报道、传播的就是事实；在信息论的新闻定义中，新闻是经报道（或传播）的新近事实的信息，新闻是新近发生的、为受众所关注的事实的信息，总之新闻即使是信息，也是事实的信息。在这里，来源和根据都是事实，事实在先，新闻在后。有了事实的发生、变动和受到关注，才有新闻；没有事实，就没有新闻，就只有传闻和谎言。所以，本研究认为，新闻的本源是事实。

事物的本质包含在定义中，给事物下定义，就是要揭示事物的本质。对新闻的本质有不同的认识，就有不同的新闻定义。不同的新闻定义，也从不同的角度揭示了新闻的本质。事实论的新闻定义认为，新闻的本质是事实；报道论的新闻定义认为，新闻的本质是报道；信息论的新闻定义认为，新闻的本质是信息。那么，事实，报道，信息，到底哪一个是新闻的本质或者更接近新闻的本质呢？首先，新闻不是报道，新闻成其为新闻，不是因为报道；相反，报道是因为新闻的价值，才成为新闻报道。新闻是报道的对象，而报道是采集、处理、传播新闻的活动或活动的表现形式。其次，新闻不是一种事实，事实是新闻活动的本源，新闻源于事实，但不是事实本身。事实是包含物质、能量和信息三位一体的存在，新闻只是事实中显示其特征而且可以传播的部分。第三，信息是不是新闻的本质？因为信息是新闻本身固有的属性，使新闻成其为新闻的不是事实，而是事实所显示的信息；信息是新闻最普遍的特征，区别于新闻时效特征（新近的）、价值特征（受人关注的）等其他特征，时效、价值都依存于事实的信息之中；信息作为新闻，区别于其他信息的特点，在于满足人们对事实的新近变动的关注。因此，本研究认同新闻在本质上是一种信息。

**新闻作为信息传播的活动。**新闻源于事实，但事实本身不是新闻。新闻成其为新闻，是由其本质属性决定的。新闻本质上是一种信息，一种新近发生的、能引起广泛关注的事实的信息。这种信息是事实本身显示的信息，是新闻内在的客观实在性。这种客观实在性表现在两个方面：一方面，作为新闻之源的事实是客观存在的事实，不是虚以实之、无中生有的虚构的故事；另一方面，作为本质的事实的信息具有传播的必然性，不是因为被传播才成为新闻，而是因为具有新闻价值被传播，这种必然性与新闻媒体是否报道无关。因为是事实的信息而不只是事实本身，才可能被传播；因为是具有传播价值的事实的信息，才必然被传播。这种被传播的必然性，可以称之为新闻的传播属性。

事实上，新闻正是一种张扬传播属性的社会活动。新闻传播活动大致要经过这样一个流程：新闻事实——新闻采集（采访收集信息）——新闻建构（编辑制作新闻）——新闻发布（纸质媒体的印刷投递、电子媒体的电子传输）——新闻接受（受众收看收听）。在这个流程中，新闻的事实信息是以符号为物质形式的，并且通过符号及符号的不同组合诉诸受众的感官，从而使受众获取外部世界发生、变动的事实信息。这些符号包括文字、声音、图像，但不仅限于文字、声音、图像，比如还有二维码，随着新技术新媒体的出现，不知道将来还会出现什么样的新符号。符号或符号组合的选择取决于不同媒体介质的性质，比如报纸主要采用文字符号，广播主要采用声音符号，而电视则主要采用图像与声音的组合，互联网则是三种符号兼而用之。

新闻作为信息的传播活动，不仅仅是符号形式的活动过程，更主要的是人的活动过程。新闻传播活动中涉及新闻从业者、新闻媒体、新闻受众，还涉及新闻当事人，即新闻事实中的利害关系人，由于媒体立场具有人格立场类似的特征，所以可以把以上四个方面的因素都归类为新闻传播活动中的人的因素。因为人具有主观能动性，人的行为在新闻采集、新闻建构、新闻发布、新闻接受的过程中，会因为不同的价值选择而体现出不同的主观倾向；同样，不同的行为选择也会体现出传播的不同价值观。因为人是有限的理性存在物，所以不能保证新闻传播过程中的行为选择合乎社会共同善的目的，合乎增进公共福利的愿望，合乎社会正义的要求。因此，新闻正义的问题就在新闻传播活动过程中产生。

**作为新闻正义研究的新闻。**综上所述，新闻的本源是事实，在本质上是一种信息，是一种关于事实的信息。这种信息具有时效的特征，它是新近发生的；还具有价值的特征，它是能够引起受众广泛关注的，必然为人们所传播的。从新闻包含必然的传播属性而言，新闻可以说是一种事实信息的传播活动。新闻传播活动既体现为以符号组合方式呈现的事实信息的获取、建构、传达过程，更体现为人的行为选择过程。

通常情况下，本研究提到“新闻正义”一词所指称的“新闻”，就是作为信息传播活动的新闻，为了表达的方便，有时称之为新闻实践活动，或新闻实践，或新闻活动。当然，由于新闻概念本身的丰富性，特别是“新闻”在日常生活中具有更丰富的含义，难免会有新闻与新闻报道等相邻概念没有严格区分的情况。因为，只有在新闻传播活动过程中，在人的因素作用下，才有权利与义务、责任与自由、公益与私利等关系的权衡，才有价值判断和行为选择，新闻才面临正义与否的追问。

## 第二节　作为新闻正义研究的正义

人类的历史就是人类对正义追求的历史，因为正义是人类社会普遍的、永恒的价值追求。自古以来，正义就是西方法学、社会学、伦理学等人文社会科学领域的重要概念和重要的研究课题，更是伦理学的核心范畴。人们对于正义的认识和正义观念在不同历史时期有不同的理解，但是，正义的内涵始终有着共同的指向，有着稳定的、持久的、相同的基本含义。因为人与社会的关系，正义可以相对地区分为个人正义与社会正义。社会正义的核心是制度美德，相对于个人正义而言，社会正义更是一种理想境界和理想追求。

## 一、正义是实践准则又是理想追求

古希腊神话中的正义女神狄克（Dike）掌管法律、秩序和正义，她的造型是一位手执宝剑的美少女。罗马人接受了希腊诸神之后，将正义女神取名为朱斯蒂提亚（Justitia），她蒙着眼睛，一手持天平，一手执宝剑。“正义”的拉丁语是“Justice”，即来源于古罗马的正义女神朱丝蒂提亚（Justitia），她代表正义、正直、无私、公平、公道，是正义的守护神。在英文中，“justice”就表示“正义、公正”。在古代汉语里，正义包含平均、平等、正确、正当的意思。“公，平分也。”[1]“正，是也。”[2]“义是事之‘宜’，即‘应该’。它是绝对命令。”[3]神话里的正义形象和词源学的正义本意，表达了原始的正义观念，这种正义观念就包含了对法的遵从、秩序的维护和无私、公平、正直等美德的推崇。

实际上，正义的观念是随着不同的社会形态的变化而有所变化的。在古希腊的先哲们那里，正义是城邦公民的人人平等，是智慧、勇敢、节制的个人美德，是百德的总称，是神人同守的秩序和对自

[1] [汉] 许慎：《说文解字》，北京：中华书局，1963 年版，第 46 页。
[2] [汉] 许慎：《说文解字》，北京：中华书局，1963 年版，第 46 页。
[3] 冯友兰：《中国哲学简史》，涂又光译，北京：北京大学出版社，1996 年版，第 37 页。

然法则的尊重。在罗马法时代，正义是永恒的理性精神，是每个人各得其所的愿望。在中世纪，正义是合乎神的意志，是对法的服从，最终体现为对上帝的服从。在近代西方社会，正义是自由、平等、博爱的人权理念，是一种对公共利益的追求。而到了现代西方社会，正义被越来越多地作为社会政治制度的一种道德标准，是对公民基本权利和义务公平合理地分配。尽管正义观念因时而变，不同时代对于正义有不同的说法和理解，但是正义的内涵却有着共同的指向，这些共同指向构成正义的基本含义：个人道德之善、秩序和谐之美、社会制度之德。

**个人道德之善。**古代希腊神话除了塑造了正义之神，其他诸神及其传说的英雄也都表现出某种高尚品格，比如，雅典娜的智慧、阿喀琉斯的勇敢；中国民间神话传说中同样表达了对个人美德的褒奖，比如，愚公的勤劳、孙悟空的机智。这些神话和英雄传说，寄托了人类美德的理想，是人类自身塑造的个人美德的向度，以此为追求，人类历史上涌现了无数追求个人人格理想、践行正义精神甚至不惜牺牲生命的可歌可泣的故事。柏拉图在《理想国》中认为，正义包括个人正义和国家正义（城邦正义）。个人正义就是理性及其美德智慧、意志及其美德勇敢、欲望及其美德节制，灵魂的三个组成部分各守其分，“我们每一个人如果自身内的各种品质在自身内各起各的作用，那他就也是正义的，即也是做他本分的事情的。”[1] 亚里士多德 (Aristotle，公元前 384/3—前 322 年 ) 明确指出，正义是一种美德，“所有的人在说公正时都是指一种品质，这种品质使一个人倾向于做正确的事件，

[1] [古希腊] 柏拉图：《理想国》，郭斌和、张竹明译，北京：商务印书馆，1986 年版，第 169 页。

使他做事公正，并愿意做公正的事。”[1] 在中国的传统儒家伦理中，孔子的“仁”“义”“忠”“恕”强调的都是个人的人格修养，是个人道德之善。

即使是在近现代思想家的正义观念中，正义首先体现的也是一种个人美德。大卫·休谟（David Hume,1771—1776 年）认为正义是一种人为美德，人性中不仅有同情心，还有自私心，它影响我们自然地践行美德，于是需要正义等美德人为地对此因素加以约束。阿拉斯泰尔·麦金太尔（Alasdair Macintyre，1929—）认为约翰·罗尔斯的制度正义对个人道德不够重视，提出只有那些具有正义美德的人才有可能知道怎样运用正义原则。可以这样说，古往今来，无论从实践层面还是从观念层面去理解，正义的基本含义之一是指个人道德之善。

**秩序和谐之美。**考察正义观念的形成和演变，可以发现其起点是自然法则。神人同行是古希腊神话的重要特征，奥林匹斯山上众神各司其职，各守其序，是神的社会的合理关系与和谐秩序，也是人类社会的合理关系与和谐秩序，如何建立、维护、遵循这种关系与秩序，就是正义观最初的基本内容。古希腊先哲们的正义观点，也因此多从秩序和谐出发。毕达哥拉斯（Pythagoras，公元前 570？—？年）认为万物根源于“数”，事物的发展就是由点而线、由线而面、由平面而立体、由立体而物质、由物质而灵性和理性的“数”的发展，正义源于“数”的和谐，源于不同要素的调和、融合而达致的适当比例，公正是同次相等的“数”。赫拉克利特认为一切皆流，万物皆变，事物是相对的，正义是看不见的和谐，和谐来自相对立的事物结合在一

[1] [古希腊] 亚里士多德：《尼各马可伦理学》，廖申白译，北京：商务印书馆，2005 年版，第 126—127 页。

起。柏拉图认为，正义对于个人而言，就是灵魂的三个组成部分即理性、意志、欲望达到和谐；对于国家（城邦）而言，正义就是各个等级各司其职，统治者、武士、劳动者各有其智慧、勇敢、节制的美德，三个等级达到和谐。正义在亚里士多德看来其实也是一种恰如其分的秩序，他认为正义是各种德性的总称，中道即德性，也就是说德性是适度。

在近现代的正义观中，这种源于自然法则的和谐观念发展成为理性的精神和普遍的价值追求。伊曼努尔·康德（Immanuel Kant，1724—1804 年）认为，正义是一个力求达到而永远不能达到的目标，现实世界的正义只能在依德性分配幸福的精确比例中实现。休谟认为，“公共的效用是正义的唯一起源”，[1] 社会利益是个人私利的前提，只有克服人性中的自私心才能形成有秩序的社会。实际上，自然法有一个假设的前提：在人类社会之前，世界处于一种自在的平衡与和谐之中，是人类社会本身的种种不正义行为破坏了这种和谐秩序。所以现实社会中人们对于正义的追求，就是追求人与人、人与社会、人与自然的更合理的关系和更和谐的秩序，追求更良善有序的社会状态。因此，秩序的和谐之美，是正义基本含义的应有之义。

**社会制度之德。**正义的基本含义还应该包含社会制度层面的意义，标示着自由、平等、博爱、民主、法治等社会制度的美德。正义的这种含义在希腊的奴隶主民主时代就有所体现，当时的政治领袖梭伦（Solon，生卒年不详）和伯里克利（Pericles，公元前？—前 429 年）通过他们的政治实践提出了城邦正义观，这是基于公民本位的包括自由、平等、法治在内的民主政治原则，实际上是一种制度美德。柏拉图的“理想

[1] [英] 休谟：《道德原则研究》，曾晓平译，北京：商务印书馆，2001 年版，第 35 页。

国”，孔子的“大同世界”都是对理想的社会制度的正义追求。当然，正义作为一种制度美德主要体现在近现代的正义观念中。让·雅克·卢梭（Jean Jacques Rousseau,1712—1778 年 ）的社会契约正义观认为，国家只能是自由的人民自由协议的产物，体现的是人民的共同意志和公共利益即公意，“公意永远是公正的，而且永远以公共利益为依归。”[1] 国家的主权在人民，最好的政体是民主共和国。

最著名的正义理论当属罗尔斯的正义论，在他的正义理论体系中，“正义的对象是社会的基本结构——即用来分配公民的基本权利和义务、划分由社会合作产生的利益和负担的主要制度。”[2]“对制度的道德评价和选择优先于对个人的道德评价和选择，原初状态的人首先选择用于制度的根本道德原则，然后才选择用于个人的道德原则。”[3] 正如他自己所说的，“正义是社会制度的首要价值，正像真理是思想体系的首要价值一样。”[4] 他的正义论是作为一种社会政治制度的道德标准提出和论证的，其越来越广泛和深刻的影响，也反映了现代社会的正义观念里越来越多地关注社会制度的美德。

概括地说，正义是“对政治、经济、法律等领域中的是非、善恶的一种道德认识和道德评价。作为道德范畴，既指符合一定社会道德规范的行为，又主要指处理人际关系和利益分配的一种原则，即一视

[1] [ 法 ] 卢梭：《社会契约论》，何兆武译，北京：商务印书馆，2003 年版，第 35 页。

[2] [ 美 ] 约翰·罗尔斯：《正义论》，何怀宏、何包钢、廖申白译，北京：中国社会科学出版社，1988 年版，译者前言第 5 页。

[3] [ 美 ] 约翰·罗尔斯：《正义论》，何怀宏、何包钢、廖申白译，北京：中国社会科学出版社，1988 年版，译者前言第 22 页。

[4] [ 美 ] 约翰·罗尔斯：《正义论》，何怀宏、何包钢、廖申白译，北京：中国社会科学出版社，1988 年版，第 3 页。

同仁和得所当得。”[1]虽然，在人类思想发展史上和现实社会生活中，正义观念和正义的具体内容是因时因地而变，甚至因人而异的，但是正义作为普遍的实践准则和永恒的理想追求，包含相对稳定和持久的基本含义：一是指个人道德之善，包括勤劳、勇敢、智慧、节制、忠诚、公平、正直等优秀的个人道德品质；二是指秩序和谐之美，包括合理、和谐、恰如其分等美好的人际关系和社会秩序；三是指社会制度之德，包括自由、平等、民主、博爱等评价社会制度的美德。这三个方面的含义不是截然分开、层次分明的，而是包含在正义既有区别又相联系的统一属性之中。所以，正义是历史的，也是具体的；是理想的，也是现实的；是可能的，也是有限的。“只有这样看，我们才能恰如其分地估价正义：不论作为个人德行，还是社会制度，正义都是十分可观的道德成就，但同时也是相当脆弱的道德成就。”[2]

## 二、社会正义标示秩序之美和制度之德

正义作为一种道德认识和道德评价，既是实践准则，又是理想追求。作为实践准则，它的具体内容是人的是非观念，亦即我们通常所说的正义感，是人们社会生活中如何行为的道德抉择标准；作为理想追求，现实的正义行为是相对的，而人类普遍的正义是绝对的，是超越现实的理想准则，是正义的可能性。因此，在某种意义上可以说，正义是人们对于实践行为、社会现象和社会关系的道德选择和道德理想，这种选择过程和理想向往的实质，是人们对于自身生存方式及其社会关系的是非、善恶的追问，自然而然离不开价值判断。价值判断标准基

[1] 朱贻庭：《伦理学小辞典》，上海：上海辞书出版社，2004年版，第94页。
[2] 慈继伟：《正义的两面性》，北京：生活·读书·新知三联书店，2001年版，第9页。

于一定的价值认识和价值评价，它的对象就是人们的生存方式及其社会关系，人和社会既是主体又是客体，这种个人与社会互为主体和客体的认识、评价，形成个人正义和社会正义。

**个人正义与社会正义。**个人正义主要关涉个人行为的道德选择，也关涉社会对个人行为的评价。在这里，社会是主体，是个人正义与否的评价者；个人是客体，是被社会认识和评价的对象。个人正义关注的是个人道德之善，即个体善，追问的是个人如何行为才是合乎道德的？如何行为才能维护或促进社会关系合理和社会秩序和谐？如何行为才能增进人生幸福和社会利益？社会正义主要关涉社会关系和社会制度的善恶，也关涉到个人行为选择的条件。在这里，个人是主体，是社会正义与否的评价者；社会包括社会秩序、社会关系和社会制度都是客体，是被个人认知的对象。社会正义包含秩序和谐之美和社会制度之德，其核心是制度正义，追问的是社会基本结构、基本制度如何安排才是合乎道德的？如何安排更能决定社会成员基本权利和义务、利益和负担的公平正义的分配？如何安排更能促使人类向完美的理想境界发展？“个人正义问题关注的是个人是否合乎社会秩序的要求，意义在于规范个人行为、维持社会秩序，社会利益和社会秩序是追问个人正义与否的尺度。社会正义问题关注的是社会体系是否合乎人性的要求，意义在于变革、建构社会合作体系，为人的幸福生活提供条件和保证，即以人为主体的社会价值追求。”[1]

因为个人与社会互为主客体的相互关系，我们把正义划分为个人正义和社会正义，而且区别了二者之间的不同关涉、不同追问和不同的价值尺度。但是，无论在实践准则还是理想追求中，个人正义与社

[1] 王梅芳：《舆论监督与社会正义》，武汉：武汉大学出版社，2005 年版，第 24 页。

会正义都是不能截然分开的，甚至是不能严格区分的。究其根本原因在于，人和社会是密不可分的。人是社会存在，在本质上是社会关系的总和，人不能生活在神殿里，也不能生活在动物世界里，更不能生活在真空中，人只能是生活于社会之中的社会人；而社会是人的社会，在本质上是人的共同体，是人与人集合而成的关系与制度形态，没有人的社会不成其为社会，只是洪荒时代或者混沌世界。在这个意义上，任何正义问题都是人的正义问题，都是人的正义性；同时，任何正义问题都具有社会性，都是社会正义问题。因此，个人正义和社会正义是既相区别又相联系的统一体，是不能严格区分的。

**社会正义对个体善的优先。**不同时代不同社会背景有不同的正义观念和正义追求。当思想的触角从神灵世界转向人类社会，正义的内涵开始从个人逐渐延伸到社会，延伸到人与人、人与社会、人与自然之间的关系。在这种关系中正义对个人的要求是恰如其分，也就是要求社会成员各司其职、各守其序、各安其分，各得其所，享有恰如其分的权利，履行恰如其分的义务，由此得以维持社会的合理关系与和谐秩序。可以说，社会正义是以人的主体意识的觉醒为前提的，只有人的觉醒，才使得个人追求美好生活的愿景和选择好的生存方式成为可能，才使得个人更关注置身其中的社会关系和社会秩序对自身的影响，更关注社会制度的选择与安排对个人理想生活的增益或损害，也才能从以人为主体的意义上提出社会是否正义的追问。

既然社会正义是随着人的主体意识的觉醒演化而来，那么社会正义与个人正义在价值认识、评价与选择中何者更优先？因为个人正义是个人美德之一或者是主要的个人美德，个人美德即个人道德之善，可以称之为个体善。进而可以追问：社会正义与个体善何者更有价值优先性？实际上，这样的追问一直是伦理学争论的问题之一。对此的不同理解，形成东西方伦理文化传统的区别。西方伦理文化的传统，自希腊城邦民主政治以来更重视社会制度的美德，更关注社会正义的理想和追求；而中国伦理文化的传统，以儒家文化为代表更重视个体心性修养，更关注个体的人格理想和追求。这种不同传统的区别何谈价值高低或先后呢？显然，回答争论是困难的。事实上，一方面，社会正义的实现离不开社会成员个体美德的发扬，同时，社会的正义状态又影响个体美德的发扬；另一方面，一个社会正义严重缺失的社会，仍然可能出现个别伟大的道德人格，而一个社会正义普遍张扬的社会，也有可能出现严重的道德之恶。我们以辩证法的观点来看，社会正义和个体善是相互依存、相互促进的关系。社会正义的核心是制度正义，社会基本结构和基本制度决定社会成员的基本权利和义务以及其他利益与负担的分配方式；个体善是在一定社会条件下形成的，只有在合乎人性的要求和以人为主体的社会价值中才能得到张扬。从这个意义上可以说，社会正义优先于个体善。

**社会正义是一种共同善的理想。**正义是一种实践准则，更是一种理想追求，无论对于个人而言还是对于社会而言。从西方柏拉图的“理想国”到东方孔子的“大同世界”，人类社会从来没有停止过对理想社会的向往。理想的社会是一个良序的社会，是一个好的社会。而“衡量一个社会的好坏，有许多不同的标准，如稳定性、生产力、和谐的程度以及公正等。我们可以分别地用每一项标准来评判一个社会的好坏。就某一项标准而言，如果一个社会达到了某一种水准，我们可以说该社会具备了某种优点或美德。社会理想是所有社会美德的总和，一个理想的社会，是对所有或大部分的社会美德在某种程度上的实现。”[1] 各种社会美德之中，

[1] 石元康：《罗尔斯》，桂林：广西师范大学出版社，2004 年版，第 6—7 页。

社会正义是最优先的美德，因为社会正义本身包含着人类不断追寻社会和谐与制度完美的精神，是理想社会的价值向度。

既然社会理想是所有社会美德的总和，而社会正义是其中最优先的社会美德，那么社会正义是一种什么样的理想呢？社会正义主要关涉社会秩序、社会关系和社会制度的善恶，关注的是社会基本结构、基本制度如何合理安排更能促进社会成员得到公平、合理的对待，更能增进社会公共利益。自由和平等是正义在制度层面包含的基本意义，是社会所有成员或大多数成员共同认可的道德之善，也是社会成员共同追求的道德理想。“在某种意义上说，因为人是自由和平等的，所以自由和平等才是最重要的政治价值。人是自由的，意味着人是自主的，他（或她）是行为的主体，既能够自由地选择做什么和不做什么，也应该为这种自由选择承担责任。人是平等的，意味着以同样的方式来对待每一个人，尊重每一个人，任何人都不应该受到歧视。就社会正义而言，自由和平等具有更具体的意义。”[1] 相对于个人美德或个人的道德之善被称为个体善而言，社会共同认可的道德之善可称为共同善。显然，共同善包含但不仅限于公共利益，也包含但不仅限于罗尔斯的所谓“基本善”。“为简化起见，假定这些社会掌握的基本善是权利和自由、权力和机会、收入和财富（……自尊……）。这些善是基本的社会善。”[2] 共同善不是完全达到或大部分达到的道德水准，更多的是基于社会基本结构和社会制度的一种理性构想。可以说，共同善是社会的道德理想，而社会正义所赋予的、所体现的正是这样一种理想。

[1] 姚大志：《何为正义：当代西方政治哲学研究》，北京：人民出版社，2007 年版，第 14 页。

[2] [ 美 ] 约翰·罗尔斯：《正义论》，何怀宏、何包钢、廖申白译，北京：中国社会科学出版社，1988 年版，第 62 页。

**作为新闻正义研究的正义。**社会正义与个人正义是密不可分的，相对于个人正义而言，社会正义包含着秩序和谐之美和社会制度之德，其意义在于建构正义的社会体系，为人的幸福生活提供条件和保证。从以人为主体的社会价值追求出发，社会正义优先于个体善，对社会正义的追求包含着人类无限向善的价值向度。社会正义比个人正义具有更浓厚的理想色彩，是一个力求达到而永远不能达到的目标。人类生生不息地为社会理想而奋斗，也是为追寻社会正义而奋斗。

如前所述，新闻的本质是信息，作为新闻正义研究的新闻是信息的传播活动，这里的信息传播活动是以大众传媒为载体面向广大社会公众的信息传播活动，是一种广泛参与社会、深刻影响社会的实践活动，是人的社会实践活动。这样的社会实践活动追求以人为主体的社会价值，追求共同善的社会理想，而正义关涉的主要是社会关系、社会秩序、社会制度的善恶，正义指向的主要是社会公共利益。所以可以说，作为新闻正义研究的正义主要是指社会正义。

## 第三节　作为新闻价值的正义

把新闻的本源认定为事实，就认定了新闻的客观实在性。客观事实是新闻的来源和新闻存在的依据，新闻必须用事实说话，任何杜撰的、虚构的、篡改的事实都不能作为新闻信息的来源和依据。这是从本体论的角度对于新闻客观性的把握。

新闻的本源是事实，但是客观事实本身不是新闻，新闻在本质上是一种信息，是对客观事实进行报道和传播而形成的、以符号组合为物质形式的信息。这种信息是在大千世界无穷无尽的事实中选择出来的、能满足受众对外部世界不断变动的关注需求的信息。事实的信息形成新闻被报道或传播，是一个对客观事实进行主观反映的过程。换言之，新闻作为信息传播活动具有主观倾向性，新闻并不只是事实信息的自动生成，而是经过主体的筛选、加工、概括、归纳过程的主动生成，这个过程中必然会带有主体的情感寄托、价值取向、道德评判。

那么，拿什么作为尺度去度量哪些事实能作为新闻信息的事实？哪些事实的信息可以报道或传播？以什么作为标准去确定应该报道？应该怎样报道？这是新闻价值关注的问题，也是正义关注的问题，属于价值探讨的范畴。

## 一、价值反映客体对主体的积极意义

价值是一个简单而又深刻的话题，也是一个古老而又常新的话题。在日常生活中，价值最简单直接的含义就是好的、有用处的、有积极作用的、珍贵的东西；在经济意义上，指具体某物的价值时，实际上是指交换价值；在新闻实践中，价值约定俗成地变成了某一事实是否算得上新闻的衡量标准。而当价值被延伸到哲学研究更为广泛的领域时，其含义就不仅仅是善、美德、意义等可以表达清楚的。揭示价值最本质的属性，是价值哲学一直探究不止的问题。

**对价值的不同认识及其缺陷。**对于价值的本质认识，存在多种不同观点。西方学者更倾向于把价值当作先验的意义、主体的选择、感情的产物等；或认为价值是抽象的信念、理想，评价某一事物就是源于并反映抽象的理想价值；或认为价值是天生的，是人类本性固有的，是本能的而非后天获得的；或认为价值是主体根据自己的需要自觉地赋予客体的属性；或认为价值的源泉在于情感等等。中国学者更倾向于认为价值是客观的，而不是主观的，这是我国价值哲学的一个重要特点。但具体到如何界定价值，仍然存在着分歧。

我们学术界对价值本质认识的各种不同观点，大体上可以用以下三类看法作为主要代表：一是“属性说”，认为价值是事物的某种属性，最主要的是事物的“有用性”。二是“需要说”或“关系说”，以人的主体需要为纽带说明价值的关系范畴，认为价值是客体对主体需要的满足，需要与想要的欲求不同，需要是客观的。三是“意义说”，认为价值就是事物向主体呈现的意义，是客体对主体生存和发展的意义。用意义指称价值，正如西方学者把价值视为好或善，贴近价值的通俗本义，是最容易被认同的观点。

这三种类型的观点各从不同角度、不同程度上反映出价值的某些外部或内部特性，深化了对价值的哲学本质的认识，但都有不可克服的缺陷。一是“属性说”，这类观点强调有用的属性，但是物的有用性使物成为使用价值，以有用性界定价值，就是用使用价值界定哲学价值，用特殊价值界定一般价值，实际上是将哲学的一般价值实用化，这将导致无法理解精神或文化方面的价值，比如真理、道德、审美等价值。二是“需要说”或“关系说”，这类观点虽然将价值的客观性与主观性有机地结合起来，但同样面临自身的困境：首先，远离人们的日常经验，把现实的价值抽象化了。虽然价值无法脱离主体和客体的关系，但在人们的经验中很难将价值仅仅看作是一种关系，而不是一种独立存在的范畴。实际上，即使某一主体与客体的直接联系不存在，该事物的“价值”仍然存在。其次，对价值的说明建立在主体需要的基础上，而主体需要并非就是天然合理的，比如，需要有健康的与不健康的之分。价值的本义是好、善，而满足不健康需要是不好、不善，那这种满足就无价值，也就是说满足有时有价值，有时无价值，这就自相矛盾了。三是“意义说”，这类观点认为事物的价值体现在主体是否直接感受到或者承认事物的某种意义，这就揭示并肯定了价值所包含的主观性或主体色彩。但价值和意义是不能完全等同的，意义更强调一种主观的感受，是由个体引发的，是可以脱离个体或客观对象而存在的，而价值则蕴含于或依附于客观对象；关于意义的感受可以是瞬时的，也可以是持续的，但瞬时显现的意义则不能用价值来衡量，比如一时之乐在长远来看对人生是没有价值的。

**价值的本质内涵。**从哲学意义上揭示价值的本质，至少应该把握价值这几个方面的基本内涵：价值是总体概念上的、抽象意义上的一般价值，不能用特殊价值或实体价值去界定；价值不是实体，是在世界的普遍联系中体现的，是在关系中显示出来的；价值要能确证自身的客观性，并能解释特殊价值和实体价值。

从以上各种观点可以大致归纳出价值几个方面的属性。首先，从构成上看，价值是由主体的需要和客体的属性两个因素构成的。人的需要或者价值物本身，任何单一因素都不能构成价值范畴。其次，从关系上看，价值包含主体（人）与满足其某种需要的客体（事物）之间的一种关系，表达的是一种人与物之间的需要与满足的对应关系，即客体（事物）能够满足主体（人）的一定需要。具有某种属性的客体（事物）只有在满足了主体（人）的某种需要时，这种客观事物的价值才会表现出来。主体的需要是产生价值的源泉，客体的属性是形成价值的基础。如果没有主体对客体的属性的需要，或者客体不具有满足主体需要的属性和功能，或者客体即使具备满足主体需要的属性和功能但并没有满足主体需要，三种情况都不能形成价值关系。再次，从作用上看，价值体现的是客体对主体的积极意义，这主要表现在主体和客体相互作用的两个方面：一是主体对客体的作用，二是客体对主体的作用。这其中，主体对客体的作用不是价值。例如，人穿衣服，人把衣服穿破了，人对衣服的这种作用，就无所谓价值。衣服给人带来温暖，衣服这种满足人御寒的作用，才是价值。客体对主体的作用也并不都体现价值，从人的需要出发区别两种情况，一种是客体能满足主体的需要，对主体有积极作用；另一种是客体不能满足主体的需要，对主体起消极作用。而价值只能是客体对主体需要的满足，是对主体的积极意义。例如，一个病人需要吃药，药治病满足病人需要的积极作用，才称为价值；药有副作用，造成了另一种病，这种消极作用，就不能称为价值。

所以，本研究认为从哲学意义上可以这样认定价值：价值建立在客体属性基础上，是满足主体需要且反映客体对主体的积极意义。这样，就在肯定事物的客观存在即价值客观性的同时，又较为充分显示了主体的价值取向，而且又表达了主体与客体的相互关系。

**价值的主观超越性。**价值是标志着人与事物关系的一个范畴，包含着两个互相联系的方面：一是事物的存在对人的作用或意义；二是人对事物的有用性的评价。换言之，价值是客观事物对人的积极作用和意义，从本质上说价值是客观的，其客观性在于事物的客观实在性。同时，事物的这种积极作用和意义是对人而言的，包含着人对事物的这种作用和意义的评价，又有其主观的反映形式。辩证唯物主义在这里的分析是充分而有效的，如果价值只是客观的，或者说价值只有其客观的存在形式而没有主观的反映形式，那么价值不能被人类所认知，就会陷入不可知论的泥潭；如果价值不是客观的，或者说价值只有其主观的反映形式而没有客观的存在形式，那么价值认识是完全主观自生的，这就会陷入唯心主义的泥潭。

事实上，价值观就是价值的主观反映形式，是人对于价值本身、对于世界或具体事物的价值的总体看法或基本观点。价值观决定着人的价值倾向、价值判断和行为选择。价值判断是人们日常生活中经常面对的认识活动，人对现实生活中的各种事物和现象持有什么态度，做出什么反应，采取什么行动都是以价值判断为前提的。正是因为人的价值观，因为人具有价值判断的能力，人才能在与物的对应关系中体现价值的主观性，才能超越具体事物的价值而追求精神的价值，才能追求真理，追求美德，追求正义。

## 二、新闻价值标示新闻事实的选择和新闻的社会评价

新闻价值是人的价值观的一部分，或者说是人对新闻的价值属性的总体看法和基本观点。在新闻实践中，新闻价值是新闻从业者选择新闻事实的依据和衡量标准。对新闻价值从本质上进一步把握，有助于新闻从业者发挥主观能动性，更自觉地在新闻实践中求索意义、追求正义。

**新闻实践中的新闻价值。**对于什么是新闻价值的认识，在新闻理论界也是智者见智，仁者见仁。一种观点认为，新闻价值是新闻的传播效果或新闻的影响力。比较有代表性的说法是“新闻价值是我们发布的新闻在群众中所发生影响的程度”，“一则新闻所产生的社会效应强烈，其新闻价值就越大；社会效应小，其新闻价值就小”（甘惜分：《新闻学大辞典》）。这种观点实际上是把新闻价值看作是新闻的价值。另一种观点认为，新闻价值是新闻客体对新闻主体的效应，是一种关系范畴说。比较有代表性的说法是“新闻价值就是新闻客体的属性、功能对新闻主体的效应”（杨保军：《新闻价值论》）。这种观点更接近新闻价值的本质认识，是最近几年提出的，并得到越来越多的认同。但是，在新闻实践中对新闻价值有一种约定俗成的理解：

新闻价值是指衡量某一事实是否算得上新闻的标准。比较有代表性的说法是“新闻价值是事实所包含的足以构成为新闻的种种特殊素质的总和”（李卓钧：《新闻理论纲要》）。这也是新闻实践中最普遍认同的观点，这种观点把新闻价值看成是选择新闻事实的依据和衡量标准，这个标准被归纳为一些基本要素，比如时新性、接近性、趣味性、显著性，重要性等等。

**价值本质上的新闻价值。**杨保军在《新闻价值论》中，从新闻价值主体、新闻价值客观以及新闻价值中介三要素对新闻价值进行了结构上的分析，表达了新闻主客体的关系及客观对主体的效应。但是对于新闻价值的本质认识而言，这还是不够的。因为，新闻活动中的主体与客体，在大多数情况下并不是一种既定的关系，而是呈现一种动态的关系或者说角色不断转换的模式。

依据哲学意义上的价值的基本内涵，我们从新闻活动中、从新闻信息的传播过程中来阐述新闻价值。

首先，新闻的本源乃是新闻事实，事实是构成新闻的根本因素。新闻总是来源于既有的客观事实，这是新闻价值的系统结构中最基本的客观性因素，没有新闻事实，新闻价值就无从发生。但是客观事实本身并不完全能够构成新闻价值，如前所述，价值体现的是主体对客体属性的一种需要，那么新闻价值体现的是人们对于新闻事实信息的不同需要。人们之所以需要新闻，就是要通过新闻的接收和利用，来减少或消除自己对周围世界最新变动状态的不确定性。这样，事实的新闻价值的认定就要考虑两个方面的因素：一方面，新闻价值指的是关于某一事实的信息对于满足人们认知世界变动状况的需要的价值；另一方面，新闻事实不会自动地跑去满足人们的新闻需要而成为新闻价值关系中的对象性客体，它必须经过某些中介及信息形态的转换才能达到接受者。因此，新闻事实的价值，对于满足接受者需要的意义是潜在状态的，有待于去发掘和利用。这是新闻传播者的作用范畴。

其次，新闻传播者是新闻价值的发现者和表现者。传播者在新闻事实与接受者之间具有举足轻重的作用，正是由于传播者的能动性工作，使新闻事实的自在的价值被发掘，转变为自为的新闻信息。传播者通过对新闻事实信息的加工整理，转化为具有符号形式的新闻作品，并努力再现新闻事实的信息，以其传真性、时效性、吸引性的特点来满足人们的新闻需要。在这个转换加工过程中，必然蕴含了传播者的情感要素和价值判断。

最后，新闻价值的实现源于对接受者新闻需要的契合。新闻价值的实现还依赖于接受者对新闻信息的选择性接收和选择性理解，还必须与接受者的新闻需要相契合，因为只有接受者根据自己的需要对新闻信息作积极的扬弃，新闻信息才成为实际满足其需要的“为我之物”。正如美国新闻学者利昂·纳尔逊·弗林特解释的一样，报纸的影响力取决于它的两个未知品质和两个变量，“一个是力量的源泉——报纸本身，一个是它的对象、接受者，即读者。影响力的本质、量和方向都是由接受方决定的。它取决于读者的情况，他的知识、脾气、理想、哲学、生活条件，以及其他许多条件。”[1]

可见，新闻价值不仅是内生于新闻事实的价值属性，而且是新闻事实、传播者对新闻的选择、接受者对新闻的理解这三者的对应和契合。新闻价值建立在新闻事实的客观性的基础之上，经过新闻传播者的判断和选择，意味着新闻对事实的选择；再经过新闻接受者的过滤和扬弃，

[1] [美] 利昂·纳尔逊·弗林特：《报纸的良知：新闻事业的原则和问题案例讲义》，萧严译，北京：中国人民大学出版社，2005 年版，第 288 页。

意味着社会对新闻的评价；最后才显示新闻信息的作用和影响，显示客体（新闻信息）对主体（传播者和接受者）的意义。

### 三、正义是新闻价值的向度

如前所述，根据对新闻传播过程的分析，按照哲学意义上对价值内涵的认识，本研究认为，新闻价值是建立在新闻客观性基础上、满足公众兴趣与需要的作用和意义。新闻价值不仅体现在新闻事实本身的价值中，即新闻价值是事实本身具有的足以构成新闻的各种素质的总和，是衡量和选择新闻事实的标准；新闻价值还体现在新闻信息传播者（新闻从业者）和接受者（公众）的主观能动反映中，即传播者（新闻从业者）对新闻信息的筛选加工和接受者（公众）的新闻需要的满足之中。

正是因为新闻价值体现在新闻从业者和公众的主观能动反映中，新闻价值也就具有主观超越性的意义，具有超越具体的新闻事实衡量标准而追求精神的价值的可能性。而正义是实践的准则，也是理想的追求，作为绝对的道德命令，它无条件地服从于对现实的超越和对理想的追求，是人类宝贵的精神价值。从这个意义上说，正义是新闻的重要价值，也是重要的新闻价值。

**正义是选择事实信息的特殊要素。**作为新闻的价值，正义体现在新闻对社会的作用和影响上，通过新闻的作用和影响促进正义的实现或对正义的追求。而作为新闻价值，正义虽然最终体现在新闻对社会正义的作用和影响之中，但首先体现在衡量新闻事实的标准之中。换言之，作为新闻价值的正义，不仅要成为评价新闻的社会影响的标准，而且要成为选择事实信息的标准。更具体地说，正义首先要作为衡量事实是否能够成为新闻的种种特殊素质之一，而且应该是重要的特殊素质之一。

在新闻实践中，新闻价值约定俗成的理解为某一事实是否能够成为新闻的标准，是指事实所包含的足以构成新闻的种种特殊素质的总和，这种种特殊素质就是新闻价值的要素，这些要素的共同特征是能引起受众的共同兴趣、引起受众普遍关注。新闻价值的要素包括时新性、接近性、趣味性、显著性，重要性等等，对于一个能够成为新闻的事实而言，时新性指时间上的新近发生和内容上的新鲜新奇，是必需要素，其他要素可多可少。而正义本质上是一种观念存在，是一种理想抉择，并列于诸要素之中是不恰当的，也是不必要的。正义只能是一种特殊要素，观念地存在于新闻从业者大脑中，使新闻从业者在获取（采访）、建构（编辑制作）新闻信息的过程中，对事实信息做出是否正义的价值判断和选择。换言之，在新闻实践活动中，报道什么？何时报道？怎么报道？新闻从业者都要进行正义的考量。

**正义是新闻价值的重要向度。**正义作为一种实践准则，用于衡量事实信息是否能够成为新闻。当这种事实的信息加入了正义的考量之后成为新闻，经过传播，到达受众，最终会对社会产生作用和影响。所以，作为新闻价值，正义最终要体现在新闻对社会正义的作用与影响之中。在这里，新闻价值和新闻的价值是等同的。

新闻活动是一种广泛的社会活动，通过传播信息、传播新知、引导舆论而作用于社会，具有广泛的社会影响，或者说具有强大的社会功能。如果这种功能有利于促进社会进步发展，那么，新闻之于社会就显示它的积极效应，新闻就显示了它的价值；如果这种功能在某种程度上增进了社会成员的共同利益、促进了社会良序和谐、促进了社会公平合理，也就是推动了社会正义在一定程度的实现，那么这种新闻价值就是正义。新闻推动社会正义近年来最著名的案例是 2003 年的孙志刚事件。把孙志刚被收容殴打致死的事件，引导并形成对“收容遣送制度”批判的强大社会舆论，最终促成救助管理制度的决策出台，正是新闻的力量张扬了社会正义。“孙志刚案的意义在于，它终结了我国实施了 20 多年的收容遣送制度，启动了违宪审查的先例，在很大程度上促进了民权意识的觉醒。”[1]

正义是一种理想，正义是一种精神，正义是人类无限向善的追求。新闻价值作为衡量事实是否能够成为新闻信息的标准，要加入正义观念的要素，应该有正义与否的考量；新闻价值作为评价新闻的社会作用或者社会效果的标准，同样要加入正义观念的要素，同样应该有正义与否的考量。只有在新闻信息传播的整个过程中加入正义的追问，才能让新闻处于不断的正义追求之中，才能让新闻不断地张扬正义的精神。新闻应该怎样？新闻应该不断地追求正义！正义，是重要的新闻价值；正义，也是新闻价值的重要向度。

## 第四节　作为社会正义的新闻正义

正义是重要的新闻价值，是选择新闻事实信息的特殊价值要素，是衡量新闻事实是否构成新闻的重要因素；正义也是新闻价值的重要向度，是评价新闻社会作用和影响的重要尺度，是新闻生生不息的追求目标。所以，新闻正义是基于新闻价值判断的新闻正义。因为社会正义关注社

[1] 王梅芳：《舆论监督与社会正义》，武汉：武汉大学出版社，2005 年版，第 293 页。

会关系、社会秩序和社会制度，关涉社会公共利益或者共同善，而新闻是社会公器，具有天然的公共属性，社会责任是其公共属性的必然要求。所以，作为社会正义的新闻正义，主要是从后者也就是从价值向度方面的意义考量的，要求新闻追求社会正义，要求新闻实践中呼吁社会正义、反映社会正义、推动社会正义。那么，怎样理解作为社会正义的新闻正义？下面将从新闻特有的话语功能出发，从三个方面渐次展开论述。

## 一、新闻正义是新闻说话的正义

新闻正义基于新闻价值，所以考察作为社会正义的新闻正义，有一个问题首先必须明确：新闻价值作为一种独立的价值形态，其价值是建立在新闻的何种功能之上的？

**新闻特有的话语功能。**新闻源于事实，源于丰富多彩的社会生活，社会生活的方方面面影响着新闻实践活动的全过程，实际上这是社会对新闻的作用。而新闻对社会的作用和影响是同样广泛而深刻的，特别是传播技术和传播手段高度发达的今天，新闻的影响渗透到社会生活的方方面面，可谓无孔不入、无处不在。新闻对社会的这种作用和影响，也就是新闻发挥的社会功能。因为这种作用和影响是广泛的，新闻的功能因此是多种多样的，这些多种多样的功能从不同的角度有不同的分类表达，比如，可以分为政治功能、经济功能、教育功能等等；还比如，把新闻的功能直接理解为新闻媒体的功能，分为观察环境、保证社会信息沟通、了解世界真相、传播文化、提供娱乐、销售等六大类，“每一种功能的失调，就是媒体职业道德规范要打击的靶子”。[1]中国

---

[1] [法] 克劳德·让·贝特朗：《媒体职业道德规范与责任体系》，宋建新译，北京：商务印书馆，2006 年版，第 10 页。

的新闻理论界对新闻的功能的认识有着更直观的表达，这种表达大体上可以归纳为报道新闻传播信息、表达意见引导舆论、传授知识普及教育、提供服务及娱乐等四个方面。因为新闻实践的内容和对象有别，这些功能实现有程度和范围上的区别。

对应于新闻的不同功能，形成的价值关系也不相同，比如：经济价值、鼓动价值、宣传价值、史学价值等等。新闻价值作为新闻独有的、区别于任何其他具体价值的价值，也应当建立在新闻的独有功能上。新闻具有的四个主要方面的社会功能中，报道新闻传播信息的功能，新闻诞生以前的人际传播和口头传播也能实现；传授知识普及教育的功能，学校完成得更专业；提供服务及娱乐的功能，文艺院团及不同的艺术形式也具备。对比分析，只有舆论引导功能是其他社会组织或机构所不具备的功能，是新闻特有的功能。

在新闻实践过程中，舆论引导一方面包含这样的意思：通过对事实信息的报道和评论，引起人们对某一事件的重视，形成普遍的关注，从而影响和引导社会舆情；另一方面的意思是：通过对新闻信息的选择和建构（编辑处理），控制报道和评论的量与度，扩大新闻媒体认为正义的或有利的、符合需要的那类舆情，抑制不正义的或不利的、不符合需要的舆情。所以，舆论引导是新闻媒体在表达意见，是新闻媒体在说话，或者说舆论引导是新闻媒体的控制人即新闻从业者在表达意见，是新闻从业者说话。简言之，舆论引导的功能实现，是新闻媒体说话的效果显现，新闻的舆论引导功能更直观地表述就是新闻的话语功能。事实上，新闻其他社会功能的实现，都是通过新闻媒体、新闻从业者说话而实现的，通过事实说话，通过新闻媒体、新闻从业者说话；通过说话引导舆论，通过舆论控制说话。从这个意义上说，新闻的话语功能是新闻特有的功能，新闻价值作为独立的价值形态是建立在新闻特有的话语功能之上的。

**新闻话语的强大力量。**新闻特有的话语功能意味着新闻媒体、新闻从业者掌握着话语的引导权，通过对公众心理的把握和媒介工具的运用而控制舆论走向，这就是话语功能的力量。这种力量有多大？或者说对社会的影响力有多大？这是大众传播效果研究的问题，也是新闻作为信息传播在实践中不能回避的问题。

“传播学者至今尚未能得出一个统一理论，足以解释大众传播的各种效果。不过，我们已经有了很多的理论，每一个理论均试图解释大众传播效果的某一特别方面。”[1] 关于传播效果的不同理论方法，多是西方的研究成果，威尔伯·施拉姆在美国传播学的奠基之作《传播学概论》中列举了七种主要模型并逐一介绍分析：魔弹论、有限传播论、使用和满足论、采用——扩散论、说服论、一致论、信息论。“这些模型（魔弹论模型除外）可以说是大同小异。在时间流逝过程中，它们表现出一个稳步的趋势：起初考虑的是传播者如何影响受传者，现在逐渐转化为考虑受传者在传播过程中主动做什么。”[2] 而中国最新的高校传播学教材则把这些不同的理论模式归为三类：一是枪弹论（盛行于 1920 年—20 世纪 40 年代前期），是凭直觉感到传媒作用很大，认为媒介对于人的作用就像枪弹打在靶子上一样，显然夸大了大众传播效果。二是有限效果论（盛行于 20 世纪 40 年代中期—20 世纪 60 年代中期），认为大众传播媒介的影响是有限的、间接的和有选择的，它往往受到传播媒介的性质、个人差异、社会类别和社会关系等诸多

---

[1] [美] 沃纳·赛佛林、小詹姆斯·坦卡德：《传播理论——起源、方法与应用》，郭镇之等译，北京：华夏出版社，2000 年版，第 314 页。

[2] [美] 威尔伯·施拉姆、威廉·波特：《传播学概论》，何道宽译，北京：中国人民大学出版社，2010 年版，第 230 页。

因素的影响与制约，否定大众传媒威力无比的观点。三是适度效果论（盛行于20世纪60年代后—现在），在一定程度上这是一种回归强大效果论，包括沉默的螺旋、涵化理论、知识沟理论、议程设置等不同理论模型，整体上认为大众媒介的影响没有想象中的强大，但也不是我们看到的那么小。[1]

正如威尔伯·施拉姆所说："在传播效果的研究中，我们不能期望找到一个无所不包的模型；在传播研究中，宛若自然科学中那种普遍适用的模型是找不到的。"[2]实际上，大众传播效果不是任何理论模型可以精准测算的，新闻传媒的影响力同样不是任何理论模型可以精准测算的。通过对传播效果的不同理论模型进行对比分析，本研究倾向于支持现在盛行的回归强大效果论，更相信新闻传媒对社会的影响力是强大的（当然没有强大到枪弹射中应声倒地威力无比的程度），也更坚定这样的观点：新闻的话语功能是强大的。正是因为新闻话语功能的强大力量，新闻媒体才被称为独立于行政、立法、司法三种权力之外的"第四种权力"。

**新闻控制社会的方式。**沃尔特·李普曼（Walter Lippmann）是美国知名的政治学者和新闻工作者，在他的《公众舆论》和《自由与新闻》等著作中，对新闻的性质、新闻的传播过程、传播效果、新闻的运作与管理都进行了深刻的分析。他认为，现代社会越来越巨大化和复杂化，人们由于实际活动的范围、精力和注意力有限，不可能对与他们有关的整个外部环境和众多的事情都保持经验性接触，对超出自己亲身感

---

[1] 参见谭昆智、林炜双、杨丹丹等：《传播学》，北京：清华大学出版社，2012年版，第113—146页。

[2] [美]威尔伯·施拉姆、威廉·波特：《传播学概论》，何道宽译，北京：中国人民大学出版社，2010年版，第188页。

知以外的事物，只能通过各种新闻供给机构去了解认知。我们可以据此认为，社会公众了解世界的需求给予了新闻影响社会的可能，也赋予新闻影响社会的力量。

那么这种力量体现在哪里？显然，新闻的力量体现在对社会的作用和影响之中，体现为传播的社会效果。新闻通过掌握话语权去引导舆论，进而控制社会，因此引导舆论是新闻控制社会的方式。舆论是如何引导的？沃尔特·李普曼是较早地探讨大众传播宏观效果的学者之一，他的答案是：营造“拟态环境”和“刻板成见”。“拟态环境”和“刻板成见”是他提出的两个重要的传播研究的概念。所谓“拟态环境”，就是信息环境，并不是现实客观环境的虚拟，而是传媒通过对新闻信息进行选择和加工处理之后，重新向人们提示的环境。所谓“刻板成见”，是指人们对事物所持有的固定化、简单化的观念和印象，通常表现为对事物的感情和评价，而且“刻板成见”不是个体特有的现象，一个社会也有社会成员广泛接受的和普遍通行的“刻板成见”。现实社会中，人们常常意识不到这两种情况对自身和社会的影响，这种影响并不因为人们意识到而存在，也不会因为人们没有意识到而消解。实际上，“拟态环境”常常影响人的认知和行为，进而影响现实环境；“刻板成见”常常直接成为人们认识事物的参考，因而直接起到了社会控制的作用。大众传播“不仅是‘拟态环境’的主要营造者，而且在形成、维护和改变一个社会的‘刻板成见’方面也拥有强大的影响力。”[1] 由此可见，通过营造和利用“拟态环境”和“刻板成见”，新闻在无形中引导了舆论，更充分有效地发挥其特有的话语功能。

---

[1] 谭昆智、林炜双、杨丹丹等：《传播学》，北京：清华大学出版社，2012 年版，第 9 页。

总而言之，“拟态环境”和“刻板成见”的营造和利用正是引导舆论的有效方式，引导舆论是新闻控制社会的方式，实现对社会的控制是新闻话语功能的力量，新闻特有的话语功能正是新闻价值的基础，而新闻正义是基于新闻价值的正义。所以，从这个意义上我们可以直观地说，新闻正义是新闻说话的正义。

## 二、新闻正义是新闻为社会说话的正义

新闻正义是基于新闻价值的正义，考察作为社会正义的新闻正义，需要回答的第二问题是：新闻价值关系中的主体需要是谁的需要，是新闻信息的传播者还是接受者？新闻正义作为一种建立在新闻特有功能之上的话语力量，第一个问题回答了谁说话的问题，第二个问题就是要回答为谁说话的问题。

**社会是新闻价值的最终主体。**新闻是事实信息的大众传播活动，我们在分析新闻及其本质的过程中分析了新闻传播活动要经过这样一个过程：新闻事实——新闻采集（采访收集信息）——新闻建构（编辑制作新闻）——新闻发布（纸质媒体的印刷投递、电子媒体的电子传输）——新闻接受（受众收看收听）。这个过程实际上是从事到人、从人到事再到人的两次传达过程，即：新闻事实——传播者——新闻——接受者。在这个过程中，分别以传播者和接受者为中心，形成两个价值体系：从新闻事实到传播者，传播者是主体，新闻事实是客体，新闻价值是新闻事实对传播者显示的意义；从新闻到接受者，新闻是客体，接受者是主体，新闻价值是新闻对接受者显示的意义，也就是新闻对社会产生的作用和影响。这样分析，价值关系就非常清楚了，前者意味的新闻价值实际上是新闻事实的价值，它关涉的是新闻从业者衡量事实是否能够成为新闻；后者意味的新闻价值是新闻的

价值，它关涉的是接受者评价新闻的效果，也就是新闻对社会的作用和影响。

在一个完整的传播过程中，“新闻媒介就是联系这两个体系的中介。当然，这两个体系并不是互不相干的，恰恰相反，它们是互相联系的。割断了这种联系，那么就没有新闻的传播过程了。”[1]从这个意义上说，新闻事实的价值、新闻的价值都是新闻价值。在我们对新闻价值的分析中，正义作为新闻价值的特殊要素和新闻价值的尺度，体现在衡量新闻事实的标准之中，也体现在新闻对社会正义的作用与影响之中。但是，正义作为新闻价值，最终要体现在新闻对于社会的意义之中，最终是对于社会的意义和价值，社会才是最终的价值主体。

**新闻是社会公器。**马克思在论述报纸的性质时指出，报刊按其使命来说，是社会的捍卫者，是针对当权者的孜孜不倦的揭露者，是无处不在的眼睛，是热情维护自己自由的人民精神的无处不在的喉舌。这是中国新闻界最有影响也是新闻从业者最熟悉的耳目喉舌论的理论源流，这里的“喉舌”是指代报纸的话语功能，但这里表述的主要是报纸的社会属性。现代法兰克福学派学者尤尔根·哈贝马斯（Juergen Habermas，1929 —）认为大众媒体是社会公共领域的重要组成部分，他说：“人们把国家机构或用来沟通公众的传媒，如报刊也算作‘公共机构’。”[2]他在公共领域的结构转型研究中，专门研究了从私人的新闻写作到大众传媒的公共服务，他引用了一段概述的话来说明这种公共性功能的变化，“对于发行人来说，这意味着他从一个贩卖消息

[1] 吴高福：《新闻学基本原理》，武汉：武汉大学出版社，1993 年版，第 167 页。

[2] [ 德 ] 哈贝马斯：《公共领域的结构转型》，曹卫东、王晓珏、刘北城等译，上海：学林出版社，1999 年版，第 2 页。

的商人变成了一个公众舆论的掮客。”[1]在我们的新闻理论和实践中，自徐宝璜开创新闻学研究起，就把新闻媒体视为“社会公器”。实际上，这是指新闻媒体的社会属性而言，新闻媒体是受公众委托而被使用的公共资源，公共性是新闻媒体的基本特征。

新闻的社会属性还表现在新闻内容上，新闻源于事实，也就是新闻的内容源于纷繁复杂的社会现实生活，同时新闻还要反映纷繁复杂的社会现实生活。新闻来源于社会又反映社会，社会才是新闻的对象。这里还有另一层意思，任何私人生活领域的事实一经新闻传播就进入社会公众视域，因此就具有了社会性特征。常说新闻是“社会的记录者”，也就是说社会是新闻实践的对象。从这个意义上讲，新闻而不是新闻媒体，才是真正的“热情维护自己自由的人民精神的无处不在的喉舌”，才是真正的“社会的捍卫者”。

**社会责任是新闻公共性的要求。**普利策是世界新闻史上一位传奇报人，他有为后人诟病的一面，比如，他运用危言耸听的手法推动了黄色新闻的发展；他也有令人称道的一面，比如，他通过报纸揭露社会弊端，捐资支持新闻教育并设立了享誉世界的普利策新闻奖。在他的报业生涯中，他致力于维护新闻的公共角色，主张新闻担当社会责任。1883 年 5 月 11 日，由他主持出版的第一期《纽约世界报》上发表了一篇宣言，这样写道：“在我们这个日益繁华的大城市里，需要这样一种日报。这份报纸不仅售价低廉，而且内容丰富；不仅内容丰富，而且篇幅浩大；不仅篇幅浩大，而且充分发扬民主，真正致力于人民的事业，而不为有钱有势者谋利益……它将揭露一切诡骗和无耻，抨击

[1] [德]哈贝马斯：《公共领域的结构转型》，曹卫东、王晓珏、刘北城等译，上海：学林出版社，1999 年版，第 219 页。

一切社会罪恶和弊端。它将以真挚诚恳的态度为人民的利益而奋斗。”[1]美国哈钦斯委员会(即新闻自由委员会)20世纪40年代的报告明确提出，“社会中所有重要的观点与利益都应该在大众传播机构上得到反映”，并必须“公平地阐明”、“公正地检验”。[2]由此开启了社会公众对大众媒体社会责任的关注。

真正的“社会的捍卫者”，要担当起捍卫社会正义的使命，这是新闻的社会公共性的内在要求。合乎正义的新闻实践有利于社会成员更好地认识自我、认识社会，在社会交往中发展自我、完善自我，在个体善实现的同时促进对共同善的追求。也许，新闻通过对在社会中被边缘化的那部分群体的声音或利益的关注，从而对社会偏失进行校正与提示，这比对腐败和邪恶进行鞭笞、对权力进行监督更有意义，更能显示新闻作为社会公器对社会责任的担当。因为前者更能表征新闻公共性的社会属性，新闻的公共性特征要求“社会中所有重要的观点与利益都应该在大众传播机构上得到反映”。

担当责任本身就是正义的。只有新闻界对社会负有一种高度的责任感，以对社会对民众的责任来关注社会、关注社会生活，维护公共利益，进而促进社会秩序、社会关系和社会制度的普遍正义，这样新闻正义才能摆脱理念上的虚无感，落实到新闻实践中。

综上所述，因为新闻是具有社会公共性的新闻，是要担当社会责任的新闻，新闻正义是为了社会的正义。所以，新闻正义作为社会正义，从新闻的话语功能出发，在新闻传播的价值关系中进行审视，可以说

---

[1] [美]沃尔特·李普曼，詹姆斯·赖斯顿：《新闻与正义Ⅲ：14项普利策新闻奖获奖作品全译本》，展江译，北京：中国人民大学出版社，2009年版，导言第5页。

[2] [美]新闻自由委员会：《一个自由而负责的新闻界》，展江、王征、王涛译，北京：中国人民大学出版社，2004年，第11—15页。

是为社会说话的正义。

## 三、新闻正义是新闻为社会正义说话的正义

正义不仅是理性的向往，更是实践的追求。“在今天，正义不仅是学术研究的焦点，而且也是现实生活的焦点。人们不仅谈论正义，而且也试图实现正义。”[1] 新闻正义源于社会责任的承担，归于社会正义的宣扬。新闻最核心的价值就是社会正义的价值，就是反映社会正义，呼唤社会正义，推动社会正义。新闻正义作为一种建立在新闻特有功能之上的话语力量，回答了谁说话和为谁说话的问题，第三个问题就是要回答说什么话的问题。

新闻实践推动社会正义，主要通过发挥新闻强大的话语功能来实现，新闻正义的话语主要涉及两个方面的内容：一是及时地发布重要的新闻信息，包括政务信息和公共信息，以及涉及公众利益的其他信息，体现出对不同界别和阶层公众的知情权和实际利益的同等尊重。二是忠实地表达不同界别和阶层公众的合理的心声、愿望、意见，为他们直接或间接地表达自己的言论提供同样的机会和自由，其中既包括为他们直接行使舆论监督权提供必要的帮助，又包括视情况受公众委托而代为行使舆论监督权。与此同时，新闻媒体作为新闻价值关系的中介，作为新闻实践的重要组织者，还要以自己的行动说话，也就是说新闻媒体本身要积极参与社会的正义行动。

**说宣扬社会正义理念的话。**宣扬正义应该是新闻不可推卸的社会责任，在日复一日的新闻传播中，潜移默化地推动正义观念深入

[1] 姚大志：《何谓正义：当代西方政治哲学研究》，北京：人民出版社，2007 年，序言第 2 页。

社会。一方面，新闻正义作为社会正义的一部分，必然要求新闻主体对于合乎社会正义的理念加以肯定，通过综合运用新闻的各种传播手段和各种形式，大力宣扬倡导社会正义的价值观念，引导社会公众为维护和促进社会共同利益而行动。这是新闻正义正向的肯定。另一方面，新闻正义对社会正义的宣扬还体现在对背离正义的观念的强烈否定，引导社会公众认识何种观念是不符合社会正义的。绝对的社会正义是一种理念的存在，是一种人们孜孜不倦地追求的社会理想，“让我们难以接受的，并不是意识到这世上缺乏‘绝对的公正’——几乎没有人会这样指望，而是意识到我们的周围存在着一些明显可以纠正的不公正。”[1]在追求社会正义的过程中，不断地就明显的不正义达成社会共识，然后才能致力于消除明显的不正义。比如，在一部分社会成员中，对某些地域的某些社会群体存在着明显偏颇的刻板成见，存在着带有歧视性的社会评价等，这是背离正义理念的。新闻就负有破除这些陈腐而偏狭的观念的责任。在这里，新闻担当的是社会正义的“宣扬者的角色”，新闻正义是在说宣传社会正义理念的话。

**说推动社会正义发展的话。**社会正义的核心是制度正义。新闻通过特有的话语功能引导社会舆论，来促进社会正义的制度得到成功建立和推行。现代社会的具体制度的建立和政策的出台，从议程设置到最终出炉都要经历一个信息搜集、公众听证、专业评估等复杂过程，不再是简单的拍脑袋决策。而新闻因为其公共性的特点和强大的社会影响力，在涉及公共利益的政策决策方面具有举足轻重

[1] [印] 阿马蒂亚·森：《正义的理念》，王磊、李航译，北京：中国人民大学出版社，2012 年版，序第 1 页。

的影响，可以说几乎每项事关公共利益的政策的出台和推广，都与新闻信息的传播有着必然的联系。一方面，新闻媒体作为社会公共组织，与社会各界别、各阶层有着广泛的联系，特别是与各领域的专家学者、权威人士关系密切，便于对制度的建立、健全而广纳意见、建言献策。另一方面，通过对社会舆情和社会公众利益的深入关切，便于对具体制度和政策的出台、修订进行社会监督，还可以代表公众利益对制度的不正义之处提出质疑，对制度的缺失提出建议。比如，在《中华人民共和国物权法》的制定、审议过程中，新闻传媒就充分发挥了集思广益的社会舆论监测功能，及时传达舆情，使这部事关公众财产权益的法律日臻完善，更好地体现了法律正义的精神。在这里，新闻担当的是社会正义的“推动者角色”，新闻正义是在说推进社会正义发展的话。

**以社会正义的实际行动说话。**新闻正义本身就是在践行着社会正义的实践。新闻正义要求新闻媒体为各阶层、各界别的社会公众提供大致平等的话语权，不爱富嫌贫，不爱官嫌民，不爱尊嫌卑，而是激浊扬清，公平地对待，公开地阐明，公正地检验。所以，在新闻实践中，新闻媒体和新闻从业者应该以自身的行动肯定和倡导正义应该褒扬的行为，否定和抵制正义应该贬抑的行为。一方面，新闻正义在保护公众利益，特别在维护弱势群体合法权益方面大有可为。公众利益的实现是正义之所系，也是正义之所在。在社会生活的各个领域中，特别是在教育、医疗、住房等事关公众共同利益的问题上，社会公众普遍关注，而社会弱势群体更有着切肤之痛。新闻正义通过运用新闻强大的话语权来表达民众的合法利益诉求，引起全社会的广泛关注，促进正义行为的实施，制止或纠正不正义的行为。比如 2011 年“7·23”温州高铁事故，新闻舆论的力量促使铁道部更加重视对受害者的关注和救助，并适当调整了高铁建设和发展的思路。这是新闻正义以实际行动说话。另一方面，新闻正义利用新闻特有的话语权，承担着监测和监督社会是否正义的任务，对违背社会正义的行为，展开舆论监督，从而形成舆论的威慑力，使社会不正义的行为者有所忌惮，使社会不正义行为得到阻拦。这也是新闻正义以实际行动说话。此外，新闻正义还体现在新闻媒体和新闻从业者积极参与社会的正义行为之中，最直接的行动是利用新闻的话语力量，策划社会公益活动，组织社会公益活动，参与社会公益活动，赞助社会公益活动。比如“大爱母亲河”环境保护活动、“免费午餐”捐资助学活动、“母亲水窖”扶危济困活动，还有更多小规模的赈灾、义捐、义助的活动，其策划、发动、组织，都有新闻媒体积极行动的身影。这是榜样的力量，这同样是新闻正义以实际行动在说话。在这里，新闻担当的是社会正义的“行动者角色”，新闻正义是以社会正义的实际行动说话。

最后，关于作为社会正义的新闻正义，可以这样做最直观的描述：新闻正义是新闻为社会正义说话的正义。本研究认为，正义作为新闻价值的特殊要素和新闻价值的重要向度，其本身就是重要的新闻价值；新闻正义作为社会正义，其本身就是社会正义的重要组成部分，同时推动着社会正义的实现。对新闻进行正义性的伦理审视，不仅有助于新闻信息的传播者进一步认识新闻为社会公众服务的性质，充当好社会正义守望者的角色，同时有助于新闻从业者培养职业精神，信守职业道德，担当社会责任。作为社会正义的新闻正义，展现的是社会良知，肩负的是社会道义。

# 第三章 新闻正义的理论基础

正义问题历来是道德哲学关注的重点所在，历来有卓越建树的思想家都倾心过正义问题的研究，可以说，构筑正义理想、争取社会正义，正是伦理学和伦理学家们的奋斗目标。新闻正义的核心是正义，古往今来的正义思想为新闻正义研究提供了理论依据，对这些伦理学的宝贵资源进行梳理分析，择善而用，为我所用，形成我们研究新闻正义的理论基础。同时，新闻正义的对象是新闻，新闻作为最重要的一种信息传播活动，自有它遵循的传播学的规律。传播学虽然还是一门新兴学科，但是在泥泞中跋涉的脚步开拓了思维的路径，同样可以成为新闻正义研究的宝贵资源。

## 第一节　新闻正义的伦理学根据

人类的传播活动与人类活动的历史一样悠久，自从有了人类社会就有了传播活动，就有了对传播现象的关注和思考，而且这种关注和思考从未停止过。直到近代新闻在300多年前出现以后，人类的传播活动发生了翻天覆地的变化，新闻成就了大众传播并产生了巨大的社会影响。现代新闻作为最重要的大众传播手段与传播方式，人们对它提出了种种正义的要求：要求新闻的内容真实准确，不能扭曲和虚构；要求新闻评论的立场客观独立，不能诽谤和诬蔑；要求新闻勇敢地揭露社会黑暗，关注社会公共利益，不能唯利是图和以私害公。这些观点获得了广泛的认同，成为很多国家或地区新闻职业道德规范的重要内容，无论其意识形态和社会制度如何。真实准确、客观公正、自由平等、民主独立等基本原则，成为全球化时代新闻普适伦理的基本要求。因此，绝不应该把新闻理解为只是一种实践活动，更不应该把新闻理解为只是一种单纯的社会分工的结果，应该从更高的哲学意义上理解新闻，从正义的伦理角度考量新闻。

新闻伦理并不是天上掉下来的道德，而是新闻实践的产物和人类思想的成果。正如美国记者、斯坦福大学传播学院教授吴惠连（wi11iam Woo）在谈及新闻伦理时的表述："新闻伦理，即是将生活中的伦理应用到新闻报道的实践中去。"他认为，"没有什么伦理仅仅适用记者，而工人农民等就用不上了，而且我们不能相信我们能早上起床先穿上一件'伦理'的外衣去政府工作，回家后换成另一件'伦理'的外衣和孩子们共进晚餐，然后披上第三件‘伦理’外衣去商场购物。我相信只有一种伦理——无论你来自中国、美国、泰国，任何6岁的小孩都知道不要伤害别人，不要偷窃，不要说谎，尊敬他人……。”[1]

正义问题是伦理学的首要问题，因为正义是首要的道德价值，就像真理是首要的科学价值一样。对新闻正义的研究必须建立在伦理学的基础上，并从伦理学中找到理论的根据。本研究选取与正义关联紧密的八种伦理思想或伦理原则进行分析，作为我们在新闻正义研究的理论根据，也可以作为我们在新闻实践中追问新闻正义的抉择参考。

## 一、儒家伦理思想

儒家思想是中国文化传统中最重要的思想，由孔子创立，经过孟子、荀子发展，特别是经过汉代董仲舒“罢黜百家，独尊儒术”以后成为社会的统治思想，再经过宋明理学诸家特别是朱熹的系统整理阐释，对中国社会和中国人影响至深，以至于在很大程度上决定着中国人的道德精神和伦理生活。“儒家——两千年来之文化风俗，学者思想，无不由儒家之礼教陶铸而成，此固一般人所公认者也。”[2] 但是，儒家思想既不是客观化的知识系统，也不是纯粹经验的集合，而是关于人生日用和社会理想的伦理思想。

**忠恕之道。**儒家伦理的核心是“仁”。“仁”的本义是对人亲善，友好，“樊迟问仁，子曰：‘爱人’。”（《论语·颜渊》）但是“仁”本质上是德性，是儒家伦理的基本范畴，是众德之德。首先，“仁”是

---

[1] 参见李昕：《新闻学的核心：采访！采访！核实！核实！——美国斯坦福大学吴惠连教授与清华学子对话录》，《新闻记者》，2001年第10期，第20—22页。

[2]《诸子集成刊行旨趣》，《诸子集成（1）·论语正义》，长沙：岳麓书社，1996年版，第2页。

人生修为的道德标准，“礼”、“义”、“忠”、“恕”的本质都是“仁”，都是个人美德修养。“礼”是“仁”的精神的具体化，“克己复礼为仁”（《论语·颜渊》）；“义”是人生价值取向，“君子喻于义，小人喻于利”（《论语·里仁》）；“忠”就是从肯定的方面推己及人，“夫仁者，己欲立而立人，己欲达而达人”（《论语·雍也》）；“恕”就是从否定方面推己及人，“己所不欲，勿施于人”（《论语·颜渊》）。“忠”“恕”合起来就是我们今天人伦日用中常引以为底线伦理的“忠恕之道”。其次“仁”又是人格完善的道德理想，“为仁由己，而由人乎”（《论语·颜渊》）体现了道德修养的主体自觉性，而理想的人生则是“内圣外王”，“内圣”也就是“修身”，即道德上的自我完善，而“外王”即“齐家、治国、平天下”。从孟子的“天下之本在国，国之本在家，家之本在身”，到朱熹集注《大学》时突出“正心——诚意”的“修身”路径，儒家“修齐治平”的人生理想更加固化了。此外，“仁”还是美好社会的道德标准和政治理想，孟子主张施仁政，“今王发政施仁，使天下仕者皆欲立于王之朝，耕者皆欲耕于王之野，商贾皆欲藏于王之市，行旅皆欲出于王之途，天下之欲疾其君者皆欲赴愬于王，其若是，孰能御之？”（《孟子·梁惠王上》）他的仁政是一种社会理想，“仁义”是理想社会的价值标准，“王何必曰利，亦有仁义而已矣。”（《孟子·梁惠王上》）

儒家伦理带有明显的个人修养境界的意蕴，是现实的人生道德，也是超越的社会道德。正如中国当代伦理学者万俊人认为的那样，儒家伦理“具有一种由内而外、由家庭人伦而社会（国家）伦理、由道德而政治的思维特点，因而在道德理论上也就表现出一种由美德伦理外推社会规范伦理的论理进路”。[1]

[1] 万俊人：《寻求普世伦理》，北京：北京大学出版社，2009 年版，第 78 页。

**社会正义。**儒家伦理这种既现实又超越的特点，包含着社会正义的精神。这种精神体现在几个方面：一是个体人格的“浩然之气”。孟子说：“吾善养吾浩然之气。”（《孟子·公孙丑上》）这里的“气”是一种节操，更是一种正气。“富贵不能淫，贫贱不能移，威武不能屈”（《孟子·公孙丑上》）就是他的浩然之气，浩然之气须与义和道相配才能存在，所以，“生，我所欲也；义，亦我所欲也。二者不可得兼，舍生而取义者也”。(《孟子·告子下》)孔子也说过：“不义而富且贵，于我如浮云。”（《论语·述而》）二是自觉修为的社会责任感。“张载庄严宣告‘为天地立心，为生民立命，为往圣继绝学，为万世开太平’。顾炎武在明清易代之际发出‘天下兴亡，匹夫有责’的慷慨呼号；文天祥、东林党人在异族强权或腐朽势力面前，正气浩然，风骨铮铮，无不浸透着理学的精神价值与道德理想。”[1]三是家国同构的和谐社会关系。孟子把社会的人伦关系概括为五种：“父子有亲，君臣有义，夫妇有别，长幼有序，朋友有信。”（《孟子·滕文公上》）同时提出推恩而及四海的社会交往原则：“老吾老，以及人之老；幼吾幼，以及人之幼。天下可运于掌。”(《孟子·梁惠王上》)四是天下大同的社会理想。“大道之行也，天下为公，选贤与能，讲信修睦，故人不独亲其亲，不独子其子，使老有所终，壮有所用，幼有所长，鳏寡孤独废疾者皆有所养。”（《礼记·礼运》）这是孔子设想的美好的大同世界，也是儒家的社会正义理想。

**关涉新闻正义的道德根据。**儒家伦理既重视个人道德人格修养，又富于社会正义精神。儒家伦理思想在新闻实践中的借鉴是全面的，因为它已经是渗透在中国人血脉里的文化基因，中国的新闻从业者逃

[1] 余国瑞：《中国文化历程》，南京：东南大学出版社，2004年版，第229页。

脱不了它的影响。儒家伦理为新闻正义提供的道德根据是广泛的。一方面，新闻从业者的个人美德和职业道德的养成，要有儒家以仁为核心的积极道德内容，要领会运用儒家伦理关心内在品格，关注内在人格的建构。新闻从业者在具体的行为中也应以忠恕之道多加考量，“己所不欲，勿施于人”是可以作为道德法则的。另一方面，新闻媒体和新闻从业者要有浩然之气，要有正义感，要“铁肩担道义”，敢于为社会理想为社会正义仗义执言，勇于为社会理想为社会正义献身。

## 二、亚里士多德的德性伦理思想

亚里士多德堪称古希腊哲学的集大成者。他第一次把伦理学从无所不包的哲学中划分出来，作为一门独立的科学进行研究，并写出三本专门的伦理学著作，奠定了他作为西方伦理学创始人的地位。亚里士多德把伦理学和政治学归为实践科学，实践是以善为目的的行为，研究个人之善为伦理学，研究公众或国家之善为政治学。善分为具体的善和最高的善，具体的善背后都有一个目的，是手段善，比如，战术的善是取胜；最高的善是以其自身而被祈求的善，是善本身，以自身为目的，最高的善是幸福。幸福是快乐与德性之间的一种平衡，德性是幸福的本质，快乐是幸福的条件。德性是事物的本能、特长等自然禀赋的充分发挥，一切德性，只要某物以它为德性，它就不但要使该物状况良好，而且还会给予该物以优秀的功能。比如，眼睛的德性不但要使双目明亮，而且要使它视力敏锐。所以，德性甚至可以说是关于一切好人、好生活、好政治和好社会的品质。

**中道原则。**怎样做才是符合德性的行为呢？亚里士多德提出了他的“中道”原则。他说：“德性是一种选择的品质，存在于相对于我们的适度之中。这种适度是由逻各斯规定的，就是说，是像一个明智的人会做的那样地确定的。”[1] 这里的适度就是所谓中道，即“第一，它是两种恶即过度与不及的中间；第二，它以选取感情与实践中的那个适度为目的”[2]。这样，“中道”就作为德性的标准，比如，谦逊是无耻和羞涩的中道，义愤是嫉妒和怨恨的中道，慷慨是吝啬和浪费的中道。

德性就是过度与不及两种恶的中间，“中间”这个词显然带有数学的平均之意，但它不并是指简单的数学比例的相等。亚里士多德说的是“相对于我们的适中”，并不是事实的数学比例的中间。所以，“中道”不是数学上的“中值”，“中值是相对于事物的量而言的适中，由理论智慧所规定；而中道是相对人的情感和行为而言的适中，由实践智慧规定”[3]。中道是相对的，是因人因事因条件而异的，是在实践活动中获得的，在应该的时间、根据应该的条件、对应该的人、为应该的目的、以应该的方式去行为，去感受情感，才是中道，才属于德性。

**做个好人。**关键是我们怎么找到过度与不及两个恶呢？在做出合乎德性的行为之前，找出过度是什么、不及是什么，经常不是一件容易的事，所以亚里士多德说“做好人不是轻松的事。因为，要在所有的事情中都找到中点是困难的”[4]。做出适中的选择是需要实践智慧的，是需要在不断的实践活动中训练才能获得的。但是，我们可以先避免本身就是恶的感情或行为。因为，只在“过度”与“不及”之间，才有中道可言；而只在过度的情感和行为之中，或者只在不及的情感和

---

[1] [古希腊] 亚里士多德：《尼各马可伦理学》，廖申白译，北京：商务印书馆，2003年版，第 47—48 页。

[2] [古希腊] 亚里士多德：《尼各马可伦理学》，廖申白译，北京：商务印书馆，2003年版，第 55 页。

[3] 赵敦华：《西方哲学简史》，北京：北京大学出版社，2001 年版，第 91 页。

[4] [古希腊] 亚里士多德：《尼各马可伦理学》，廖申白译，北京：商务印书馆，2003年版，第 55 页。

行为之中，没有中道可言。各种恶的情感和行为没有中道，中间之恶还是恶。比如，无耻、偷盗、通奸、谋杀，这些感情或行为本身就是恶，无中道可言，也就无德性可言。亚里士多德还从他的老师柏拉图那里继承了四大德性：公正、勇敢、智慧、节制，而且特别重视公正的德性，把公正视为百德的总称。但是，从中道的原则考虑，他更强调节制的德性，节制是快乐与痛苦的中道，是在快乐方面的适度，与借助触觉的肉体快乐相关，比如性欲和食欲。亚里士多德的伦理学是强调德性的，要养成节制的习惯，做个有德之人，做个好人。

**关涉新闻正义的道德根据。**亚里士多德的中道原则是道德实践性的原则，是一个可以广泛地应用于社会现实之中的伦理方法。做人适用，生活的行为和情感选择适用，即便是对今天的新闻实践也经常适用。比如，在新闻报道中，公众常常会指责虚张声势的炒作，也常常不满足简单地就事说事。在如何报道某个案件的具体问题上，要么什么也不报，要么把一切包括犯罪手段作案细节都报出来。这时候如何做到公正，如何行为达到新闻正义，中道原则常常可以帮助新闻从业者做出选择。而且，亚里士多德的伦理学被称为德性伦理学，德性伦理以德性为核心，主张做人要养成公正、勇敢、智慧和节制的美德，做有德之人，这对于新闻从业者加强个人品德修养，培养和遵守职业道德，具有直接的借鉴意义。

### 三、基督教伦理思想

世界上有相当多的人信仰上帝并且从上帝的启示中寻求道德的指导，这是不能视而不见的现实。基督教是对西方世界影响最深远的宗教，西方人的道德价值观念深深地烙上了基督教的印迹，某种感情是否正当，某一行为是否应该，常常需要求助上帝才能做出评判。基督教产生于希腊化时期的犹太教，因为保罗允许外邦人入教的决定和公元325年基督教被罗马统治者定为国教，基督教逐渐广泛地影响到整个欧洲的政治、社会生活各个领域。在基督教历史上，奥勒留·奥古斯丁(Aurelius Augustine，354—430年)是基督教伦理思想早期的代表人物，而托马斯·阿奎那(Thomas Aquinas，1225—1274年)则是基督教伦理思想发达时期的代表人物。

**摩西十诫和“爱”的原则。**《圣经》是基督教的经典，包括《旧约》和《新约》。这里的“约”是立约双方的严肃承诺，是神我相约以至于人我相约。“约”的核心内容是摩西十诫，也是全部旧约的重要内容，包括：（1）除上帝之外不可信奉别的神；（2）不可敬拜偶像；（3）不可妄称上帝的名；（4）当守安息日；（5）当孝敬父母；（6）不可杀人；（7）不可奸淫；（8）不可偷盗；（9）不可作假见证；（10）不可贪恋别人的妻子和财物。其中，前四条是关涉人与上帝的关系，后六条关涉人与人的关系。这是上帝写在两块石板上亲手交给摩西的诫命，是一种绝对命令式的道德责任，“对于以色列民族意味着‘一种深刻的道德严肃性和个人责任感’”[1]。

而《新约》最突出的内容则是“爱”的伦理原则：爱上帝，爱人如己。“爱”是贯穿于基督教社会生活中的行为合法性的依据，正如耶稣说的“你要尽心、尽性、尽意爱主你的神。这是诫命中第一，且是最大的。其次也相仿，就是要爱人如己。这两条诫命是律法和先知一切道理的总纲”[2]。“爱”的原则在道德实践上强调个人的道德修为，人要承担对上帝的责任，在对上帝的责任之下才能得到拯救，这种责

[1] 宋希仁：《西方伦理思想史》，北京：中国人民大学出版社，2004年版，第113页。
[2]《圣经·马太福音》，22：37—40。

任就是爱上帝并且遵循上帝的教导爱人如己。以对上帝的爱为前提，“像爱自己一样爱你的邻居”，是扩大的兄弟之爱，是平等之爱，是利他的，是普适的。

**幸福与正义。**幸福是奥古斯丁的基督教伦理思想的重要问题之一。他提出了“幸福来自真理”的命题。他认为，物质的享受，财富的聚集，荣誉的引诱，淫欲、声色和荣华富贵，许多人都把它们当作幸福，其实它们只是世俗的幸福、虚幻的幸福、转瞬即逝的幸福。真正的幸福来自对真理的追求和热爱。所谓“来自真理”就是来自上帝。这种以爱基督、爱上帝为快乐的幸福，是一种至高无上的幸福。真理是高于理性的，幸福作为一种源自真理的生活，就是一种高于理性思辨的灵魂本身的生活，这种生活是排除肉体感官欲望的生活，它鄙视对物质生活的追求。

幸福也是托马斯·阿奎那的基督教伦理学的主要范畴。他认为，是神使人具有七种德性，即信仰、希望、热爱、正义、谨慎、勇敢和节制。其中，前三种德性是在人对神的关系中产生的，是神学德性；后四种德性则是在人与人的关系中产生的德性，是尘世德性。神学的德性是达到天堂幸福的必然途径，是遵循上帝启示和使徒教导而培养的；而尘世德性是实现尘世幸福的必然途径，是通过后天教育和实践获得的，其中又包括理智的德性和实践的德性。审慎、公正、节制和刚毅是实践的德性。在真理的思考中产生的德性就是审慎；在正当与本分的行为中产生的德性就是公正；抑制情欲的德性就是节制；那产生灵魂的坚定性、反抗一切磨难苦厄的德性就是刚毅。这些德性都是服务于幸福这一“欲望的终极目的”。幸福是人类的至善，是其他目的都要服从的目的。一个人因为有实践的德性和理智的德性，而使得自己的行为按照一定的目的而趋于完善，他可以因此而获得幸福。但这种幸福只是有限的、暂时的幸福，人们只有获得了神性的德性，才能获得最大的、永恒的幸福。虽然，只有出于对上帝的“爱”，才能产生信心和希望，才能获得超自然的神性，才能得到至善和幸福。但是，他承认依据人的本性而获得幸福的合理性和正当性，还认为正义和幸福有着密切的关系。正义的目的在于调整人们彼此的关系。“只要正义能够导使人们致力于公共幸福，一切德行都可以归入正义的范围。”[1]

**关涉新闻正义的道德根据。**总体上说，基督教伦理观虽然是一种神学的伦理观，但是它是基于上帝的至善而指导人类生活的，对西方社会的伦理生活有着深刻而具体的影响。摩西十诫中有六条关于人与人的社会关系中的道德规则，都是社会正义的具体内容。奥古斯丁和托马斯·阿奎那关于幸福的不同理解，前者排斥物欲的生活，而后者承认人性的幸福生活的合理性，但是他们都强调幸福应该包含审慎、公正、节制和刚毅等理性的价值，这也是正义所认可的价值。而爱的伦理，在新闻实践中更契合正义的含义，“爱自己一样爱你的邻居”作为适用准则是可行的，邻居在《圣经》中是指那些弱者、穷人、孤儿、寡妇、外国人以及被剥夺公民权的人，给予这些需要的人以特殊的帮助，是不需要理会权力、回报等其他因素的，是无条件的。爱的伦理对人性的理解，在新闻实践中处理社会不公正、侵犯隐私、暴力、色情等这些问题上有着强大的正义力量。

### 四、康德的责任伦理思想

伊曼努尔·康德是对18世纪哲学影响最大的西方思想家，是德国

[1] [意大利]托马斯·阿奎那：《阿奎那政治著作选》，马清槐译，北京：商务印书馆，1963年版，第139页。

理性主义之集大成者。他的伦理思想集中体现在《道德形而上学原理》和《实践理性批判》之中，他的伦理学是责任伦理学，是思辨的道德形而上学。他从人的理性出发，把人作为目的，论证了道德行为的普遍法则。他的善良意志、绝对命令、社会公正的普遍原理，对后来的伦理学研究和伦理生活产生了重要的影响。

**善良意志。**理性是康德伦理学赖以建立的基础。康德的道德理论强调人的尊严，他认为人的尊严不是基于其社会地位和聪明才智而获得，而是其天生的理性能力。人是理性的存在物，只有理性才能决定人之为人和人的道德价值。人的意志之所以是自由的，就在于它的本质是理性的。人类之所以有道德，正是由于理性能够为自己、为人类立下行为准则。人的自由意志就是理性的实践能力，就是实践理性，意志和理性是实践理性的两个方面。具有普遍道德价值的东西，只能来自理性本身的善良意志。在一般意义上，在世界之中甚至世界之外，只有善良意志可以设想为无条件的善。他说："善良意志，并不因它所促成的事物而善，并不因它期望的事物而善，也不因它善于达到预定的目标而善，而仅是由于意愿而善，它是自在的善。"[1]善良意志是指一种依照道德要求去选择值得称赞的行为的自我意识倾向。只有善良意志才是无条件的善，它之为善不是由于它的效果或收获，而在于它本身就是善的。善良意志构成了我们值得幸福的不可缺少的条件。即使因为善良意志而造成极大的苦难或伤害，善良意志仍然是善的，因为它的目的是要行善。换言之，一个人的动机如果是善的，即使由于某些疏忽而无法达成目标，甚至造成了不好的结果，也不会减少其

[1] [德] 康德：《道德形而上学原理》，苗力田译，上海：上海人民出版社，2005 年版，第 9 页。

道德价值。

为了阐释善良意志和责任之间的关系，康德进一步提出了三个道德命题。第一个命题：只有出于责任的行为才具有道德价值。这个命题意味着行为的动机决定着行为的道德价值，只有出于责任的行为才能认为是道德上有价值的行为。第二个命题：一个出于责任的行为，其道德价值不取决于它所要实现的意图，而取决于它所被规定的准则。换言之，一个行为的道德价值在于指引这一行为的准则，而不在于这一行为所要实现的目的。第三个命题：责任就是出于尊重规律而产生的行为必要性。这个命题作为第一个命题和第二命题的结论，尊重规律或法则是一种道德情感，这种情感等同于个人对责任的意识。[1] 根据康德的理论，我们可以清楚地了解，善良意志就是出于责任而为的意志，而责任则是由道德法则所规定的必然行为。

**绝对命令。**善良意志的自律被康德称为绝对命令。绝对命令以直言句式表达，没有条件句，只是命令“应该是如此如此做”或“不应该如此如此做”。一切以自身为目的的合理要求，都有这样的普遍形式。作为实践理性基本法则的绝对命令只有一个，那就是：“这样行动，你意志的准则始终能够同时用作普遍立法的原则。”[2] 这条命令，他还有另一种表述：“要只按照你同时认为也能成为普遍规律的准则去行动。”[3] 绝对命令规定了一切道德规则所必需的普遍形式，提供了区分道德与不道德的标准。比如，“要自杀”不能成为普遍规律，因为人人自杀，人

[1] 参见[德]康德:《道德形而上学原理》，苗力田译，上海: 上海人民出版社，2005年版，第16页。

[2] [德]康德:《实践理性批判》，韩水法译，北京：商务印书馆，1999年版，第31页。

[3] [德]康德:《道德形而上学原理》，苗力田译，上海：上海人民出版社，2005年版，第39页。

类不复存在，自杀不再可能。同理反之，“不要自杀”、“不要撒谎”，“不要偷盗”等都具有普遍性，都成为了道德准则。康德的绝对命令，与孔子所说的“己所不欲，勿施于人”、基督所说的“你要别人怎样对你，你也这样对人”，表达的是同样的人伦日用普遍合理的道德“金规则”。

从绝对命令的普遍形式，康德又引申出绝对命令的一般内容，这就是绝对命令的两条推论：一是自在目的公式，“你的行动，要把你自己人身中的人性，和其他人身中的人性，在任何时候都同样地看作是目的，永远不能只是手段”[1]。也就是说，道德法则的内容是以人为目的的，而不能把人当作工具。二是自律性公式，“每个有理性东西的意志的观念都是普遍立法意志的观念。”[2] 换言之，道德法则的内容是个人意志与社会每个人意志的和谐统一。这样，绝对命令的一般内容，就把自由、平等、博爱等启蒙时代的精神提升到道德形而上学的哲学高度。社会公正也因此具有更普遍的意义。

**社会公正。**公正历来是伦理学的核心概念，康德以他的自由意志对公正作出了回答。他认为，一个人的意志得以同他人的意志依自由的普遍法则相统一的总合状态，就是公正。公正的普遍法则是，个人行为确保个人的意志自由同一切人的自由和谐共存。换言之，行为是否公正可以这样判断：如果行为本身所依据的准则，能使行为者的意志自由同一切人的意志自由，在普遍法则之下和谐共存，那么这一行为就是公正的。反之，就是不公正的。根据这个公正普遍法则，他认为，法律是一种规范秩序，他唯一有力的正当性的根据是公正而不是功利，

[1] [德] 康德：《道德形而上学原理》，苗力田译，上海：上海人民出版社，2005 年版，第 48 页。

[2] [德] 康德：《道德形而上学原理》，苗力田译，上海：上海人民出版社，2005 年版，第 51 页。

为什么要用法律的理由最终是道德法则的公正来说明的。法律必须促进人的自由，只有以公正为基础的社会制度包括法律，才能阻止和惩罚滥用自由。他还认为，好社会的标准就是自由的实现。在人类社会这个目的王国中，任何自由人都不能被贬低为手段，任何个人的意志都处在和谐之中，其中每个人的自由和一切人的自由是一致的。显然，和他的哲学体系一样，他重视的是公正的普遍法则，对程序公正持有坚定的信念，而往往忽视了公正的具体内容。

**关涉新闻正义的道德根据。**总体上讲，善良意志是康德伦理学的逻辑起点，绝对命令是道德的普遍法则，而社会公正是道德普遍法则由个人到社会的推演。在新闻实践中，康德的责任伦理思想可以从责任、绝对命令、程序正义诸方面为新闻正义提供道德根据。比如，依照康德的道德命令，衡量新闻实践行为是否道德，首先要考虑一下你是基于什么原则做出决定的，你是否要使这个原则得到普遍应用。这种普遍性是绝对的，无条件，没有任何情有可原的情况，没有任何例外。即使天塌下来，我们也要做道德上正确的事，不论结果怎样。比如，有新闻从业者因为新闻媒体或自身的利益而说谎，但如果这种说谎的现象在社会中广泛传播，以致所有的人都为迎合自己的私利而说谎，整个社会就会缺乏信任，陷入无秩序之中。因此，讲真话，是普遍的正确的，是新闻客观公正的前提。又比如，以暗访的手段掌握了一个好的新闻素材，因为暗访的欺骗手段是不能普遍适用的，如果让康德来选择，暗访显然是不能接受的采访方式。

### 五、自由至上主义伦理思想

自由主义理论是当今西方世界的主流意识形态。自由主义思想 300 多年来一直在发展之中，但是坚持个人自由，维护个性发展，始终是自由主义的核心理念，区别主要在于对自由的限度和国家的作用的主张不同。为了区别于约翰·罗尔斯、弗里德里希·哈耶克（Friedrich A.Hayek,1899—1992 年）、罗伯特·诺齐克（Robert Nozick，1938—2002 年）、以赛亚·伯林（Isaiah Berlin，1909—1997 年）等为代表的新自由主义或新古典自由主义，这里以“自由至上主义”指代基于约翰·弥尔顿（John Milton，1608—1674 年）、约翰·洛克（John Locke，1632—1704 年）、约翰·斯图亚特·密尔 (John Stuart Mill，1806—1873 年）为代表的古典自由主义。自由至上主义的思想，由约翰·弥尔顿在《论出版自由》（1644 年）中最先提出，经约翰·洛克的发展和倡导，再由约翰·密尔的修正而系统化。自由至上主义的伦理思想直接引导了西方新闻自由思想。

**观点的公开市场。**弥尔顿的自由主义思想直接体现为出版自由的思想。他深受西方古典自然法学派的影响，自然法“赋予人类一系列普遍的、永恒的自然权利，即生存权、自由权、平等权”且“人的本性应当得到合理发展”。他通过反对出版管制来主张新闻出版自由，正如他反对《出版管制法》而辩称的，管制法令在出版界就像一个刽子手，在进行一场大屠杀，不仅杀死了普通的生命，而且杀死了理智，其“主要作用便只是破坏学术，窒息真理了”[1]。弥尔顿坚持个体自由的重要性，认为个体具有理性判别能力和在理性判别之下的活动能力，人们要运用理性能力就必须不受限制地了解别人的观点，表达自己的观点。所以，他坚决地主张言论和出版自由，通过言论和出版自由，形成“观点的公开市场”。在此市场中，最好的思想总会得到承认，而最劣的思想则会失去作用。

---

[1] [ 英 ] 约翰·弥尔顿：《论出版自由》，吴之椿译，北京：商务印书馆，1958 年版，第 5 页。

下述控制或压制都是对报刊自由的冒犯。要求报刊出版必须事先领取执照；对传播内容进行审查；对触犯或批评当局的内容处以罚金；对有关传播者予以刑事处分，并在民事上承担损害赔偿；对信息采集与报道横加干涉；对人们购买、阅读或收听、收看征税并加以干预。

**自由与幸福。**洛克是西方自由主义和民主政治理论的主要创始人之一。他以人的自由代替伦理学传统的自由意志，他为此区分了人的能力和人心的能力，意志只是人心的一种选择能力；而自由是人的能力，只有作为主体的人才有施展自由的能力。所谓自由就在于有能力按照自己的意愿做或不做某件事，自由是属于人的，是不受别人支配的。因此，他反对任何形式的强制施加于人，国家也只是“守夜人”，“人们联合成为国家和置身于政府之下的重大的、主要的目的，是保护他们的财产”[1]。除此之外的一切权利，包括生命权、财产权和自由权都是不可让渡、不可剥夺的权利。他认为，自由的目的在于达到人们自己选择幸福。这里的幸福是以自由为前提的，不仅在于物质财富，而且在于精神追求；自由是以幸福为目的的，不仅在于意志的自由，而且在于现实的幸福。

**自由的限度与自我的发展。**在约翰·密尔看来，自由包括消极自由和积极自由两个方面，消极自由是指个人的自由权利，积极自由是指个性的自由发展。关于个人的自由权利，密尔认为，个人的自由权关涉的是“公民自由或称社会自由，也就是要探讨社会所能合法施用于个人的权利的性质和限度。”[2]个人自由权利是广泛的，一个良善的社会有责任通过公正合理的社会制度确保个人自由权利的实现，同时

---

[1] [英]洛克：《政府论（下篇）》，叶启芳、瞿菊农译，北京：商务印书馆，1964年版，第77页。

[2] [英]约翰·密尔：《论自由》，许宝骙译，北京：商务印书馆，1959年版，第1页。

个人的自由权利是有限度的，“个人的自由必须约制在这样一个界限上，就是必须不使自己成为他人的妨碍”[1]。“必须不使自己成为他人的妨碍”就是这个限度，换言之，社会对个人行为的限制，必须在个人行为影响到他人和社会利益的时候才能施行。关于个性的自由发展，密尔认为，个性的自由发展也就是人的自我发展，是个人在心智、情感和道德上的充分的全面的发展。自我的发展是幸福的重要组成部分，最有价值的幸福就是人的个性自由发展过程中体验到的幸福；自我的发展也是道德主体的社会化的过程，最终推动社会的整体发展。

**关涉新闻正义的道德根据。**整体上说，自由至上主义伦理思想强调充分尊重个人的自由权利，或者是一个最小限制范围的广泛的自由权利。自由至上主义的一些思想和观点直接成为新闻自由的思想和观点。“观点的公开市场”为新闻媒体和新闻从业者争取了自由的权利，也为公开地阐释、公平地检验、公正地对待社会各种思想和观点提供了可能。以个人幸福为目的的自由，以国家作为守夜人，弱化公权力，强化社会服务功能，为新闻揭露不正义的社会现象、监督社会不正义行为提供了理论上的参考理由。自由的限度实际上也为新闻自由设定了限度，为新闻从业者处理新闻自由与社会控制的关系提供了寻找平衡的角度，不能假新闻自由之名妨碍他人自由。个性的自由发展，为评判新闻价值提供了一个角度，一个致力人的全面发展的角度。

### 六、功利主义伦理思想

“像伦理学中的许多‘主义’一样，‘功利主义’更多地代表了一个理论家族，而不是一个单独的学说。在长期的发展过程中，功利

---

[1] [英] 约翰·密尔：《论自由》，许宝骙译，北京：商务印书馆，1959 年版，第 66 页。

主义家族中出现了许多不同版本的理论，这使得对功利主义的任何简明定义都可能面临这种多样性的挑战。”[1] 的确，功利主义的理论家族非常庞大，包含了丰富的学说和论证，而且还在发展之中，但是总的来说，以英国哲学家杰里米·边沁（J·Benthan，1748—1832 年）和约翰·斯图亚特·密尔为代表的古典功利主义理论，确定了功利主义“最大多数人的最大幸福”的基本伦理原则。

**最大多数人的最大幸福。**功利主义是在享乐主义基础上发展而来的，边沁最初将个人行为的道德评价建立在行为趋乐避苦的后果之上，以快乐的增加或痛苦的减免来评判行为的正当与否，进而在苦乐原理上提出社会功利原则，将个体道德扩展到社会伦理。他对功利的界定是：任何行动中导向幸福的趋向性被称为功利，而其中背离的倾向则被称为祸害。功利是与快乐、幸福密切相关的，其关涉的主体不只是个人，而是包括社会全体的幸福和利益。因为视社会为个人的组合，社会利益就是个体利益的总和，因此，每个人在增加个人幸福的同时自然而然地增加了社会的整体利益。这样，功利主义后果论的形式就变成了“最大多数人的最大幸福”，实际上就是总功利的最大化原则，约翰·密尔甚至认为幸福是人类行为的唯一目的，应该以此检验一切行为。

紧随其后的功利主义者则扩大了幸福的概念，他们认为快乐如果只是美酒、美人、欢歌的话，那人们就不会持续地向往它，这样它就不能是人们唯一渴望的目标，因此，除了纯粹的感官幸福外，其他诸如真诚、友谊、知识、健康等都有其内在价值。因此，在多元主义的功利主义者看来，人类幸福生活的内在价值要求体现对个体人格的尊重，不能简单地以行为者的个人利益的总量来判断，而应该以对社会

[1] 程炼：《伦理学导论》，北京：北京大学出版社，2008 年版，第 146—147 页。

最终产生的社会利益的总量来判断。

**功利与正义。**功利原则的最大化幸福的主张，不能解决在社会成员之间公平分配幸福的问题，而且幸福最大化往往导致违背正义的后果。比如："如果一个社会中有一个强势群体以欺负某个人数较少的弱势群体为乐，那么功利最大化原则会导致这样的结果：欺压弱势群体是正确的，因为总功利被最大化了。"[1]这就显示了功利原则与正义原则的冲突。约翰·密尔认为，正义并不是来源于功利之外的东西，正义的核心仍然是权利，正义观念的本质就是个人权利观念。正义感就是使人类自然报复的感情社会道德化，使之顺应社会公共利益的方向。因此，只有协调个人利益与公共利益的社会制度，才能解决正义与利益的冲突。

功利主义被分为行为功利主义和规则功利主义。对于行为功利主义者来说，常常是在一个具体事件中考虑如何利益最大化，期望在每一个具体行为中能做到趋利避害的平衡。对于规则功利主义者来说，问题不在于哪一种行为，而是哪一种普遍规则能为最大多数人带来最大利益。因此，规则功利主义具有更多的制度正义的色彩。

**关涉新闻正义的道德根据。**在我们对新闻正义的探究中，没有哪一个伦理准则能摆脱一切不确定性，功利主义也有它的困难，但是它提供了一条最明确的行为准则：为最大多数人寻求最大幸福。在新闻实践中面对不同选择时，首先尽可能充分地考虑每一种结果，先问一问自己，这种选择将对我们每个人包括自己的生活带来多少好的和不好的影响，然后在道义上就必然选择那个利益最大或损失最小的行为。对于具体新闻报道的正义，对于新闻最终对社会的影响是否正义的评价，也可以以同理推断，以社会功利最大化也就是以社会利益的最大

[1] 程炼：《伦理学导论》，北京：北京大学出版社，2008 年版，第 163 页。

化去权衡。比如，美国新闻界对水门事件新闻报道的评价，可以这样认为，新闻报道看似除了给尼克松 (Richard Milhous Nixon) 的政敌带来欢乐外，对其他人并没什么益处，但是从功利主义的角度去思考，水门事件的新闻正义性在于对美国社会民主价值的维护具有足够的帮助。

## 七、罗尔斯的正义理论

约翰·罗尔斯的《正义论》（1971 年）已经成为 20 世纪的学术经典，在当代伦理学著作中被广泛引用。他力图构建一种全面而细密的正义理论体系，这种体系在继承了托马斯·霍布斯（Thomas Hobbes，1588—1679 年）、洛克、卢梭以及康德等人的社会契约论传统的基础上，从道德的角度来研究社会的基本结构，以合理的社会基本结构来分配基本的权利和义务、决定利益分配方面的正义问题。他代表了真实的道德哲学传统的回归，从而提供了功利主义以外的选择。他清楚地表明了一种正义的观点，即在“无知之幕”之下所进行的平等协商社会契约时，我们必然选择保护弱小一方的利益。

**无知之幕。**罗尔斯研究社会基本结构并非选择建立某一种特殊的制度或进入某一特定的社会，而是沿着契约论的思路假设了一种立约的原初状态，这种纯粹假设的原初状态与现实社会状态被无知之幕隔开。在无知之幕背后，社会参与者消除了各种社会现实的条件差异，被抽象成为社会的平等的成员，他们彼此不知道社会地位、阶级出身、天生资质、善的观念、生活计划等具体情形，也不知道这一社会的经济、政治和文化状况。“各方除了有关社会理论的一般知识，不知道任何有关个人和所处社会的特殊信息。”[1] 罗尔斯认为，只有当忽视一切社

[1] 何怀宏：《良心与正义的探求》，哈尔滨：黑龙江人民出版社，2004 年版，第 364 页。

会差别时，正义才会出现。所以，他假定各方都处在无知之幕背后，“他们不知道各种选择对象将如何影响他们自己的特殊情况，他们不得不仅仅在一般考虑的基础上对原则进行评价”[1]。

**最小受惠者的最大利益。**在无知之幕背后的虚拟的社会契约中，罗尔斯提出了他的两个正义原则：“第一个原则：每一个人对与其他人所拥有的最广泛的基本自由体系相容的类似自由体系都应有一种平等的权利。第二个原则：社会和经济不平等应这样安排，使它们（1）被合理地期望适合于每一个人的利益；并且（2）依系于地位和职务向所有人开放。”[2]第一个原则用于确定和保障公民的平等自由，第二个原则用于分配除平等自由的基本权利以外的所有社会利益和负担。这两个原则要求，平等地分配基本权利，在坚持地位和职务平等地向所有人开放的基础上，平等地分配基本权利以外的其他利益与负担，只有当这些社会利益最有利于处于最不利地位的人，才允许不平等分配。概而言之，正义原则只允许能给最小受惠者带来最大利益的不平等。或者说，我们承认的权力、财富、收入的不平等，必须有利于那些生活得不如我们的人。这就是“最小受惠者的最大利益”原则。

**关涉新闻正义的道德根据。**虚拟的无知之幕为现实的道德生活提供了一种方法论的选择，我们评判一个行为是否应该、是否正当，可以假定排除行为对象的社会角色、地位等各种现实差异，通过平等的考察再做出行为选择。比如，追求新闻正义的过程中经常碰到这样的情况，揭露社会丑恶现象难免遭遇强权，如果新闻从业者从生活中的

---

[1] [美] 约翰·罗尔斯：《正义论》，何怀宏、何包钢、廖申白译，北京：中国社会科学出版社，1988 年版，第 136 页。

[2] [美] 约翰·罗尔斯：《正义论》，何怀宏、何包钢、廖申白译，北京：中国社会科学出版社，1988 年版，第 60—61 页。

角色差别退回到无知之幕背后的平等状态，就可以增加不畏强权的勇气。而“最小受惠者的最大利益”原则，对于指导新闻实践中的事实和行为选择具有更直接的意义，新闻对弱势群体的关注符合正义原则。给社会的弱势群体更多的话语表达机会，实际上是在新闻资源的使用方面给予最小受惠者补偿性的利益，这是正义原则支持的方式。对于社会中那种以大多数人的利益为名去行侵占小部分人的利益之实的行为（比如强行拆迁），进行舆论监督，同样是正义原则支持的新闻实践，是正义的新闻实践活动。

### 八、社群主义伦理思想

社群主义是一种强调社群共同利益、反对个人主义的思潮，兴起于20世纪80年代，源自对以罗尔斯为代表的新自由主义的批判。社群主义的主要代表人物及其主要代表著作包括：迈克尔·桑德尔（Michael Sandel,1953—）的《自由主义与正义的局限》（1982年）、麦金太尔的《追寻美德》（1981年）、查理斯·泰勒(Charles Taylor,1931—)的《自我的根源》（1989年）和迈克尔·沃尔泽（Michael Walzer,1937—）的《正义诸范围》（1983年）等，他们的观点和角度有异，但是共同地反对自由主义的基本价值，认为自由主义忽略社群意识对个人认同、政治和共同文化传统的重要性；他们都强调社群的重要性，企图恢复濒临垂危边缘的社群意识。他们没有共同纲领，但是提出了一些共同主张。这些主张主要包括以下三个方面：

**社群是构成个人的基本因素。**社群的概念对于社群主义，正如个人对于自由主义一样，具有压倒性的优先地位，因为社群是社群主义思想的出发点。社群主义者认为，个人不能自发地选择自我，只能够发现自我。因为只有当个体能够回答“我是什么”、“我在现实中担当什么角色”，才能进而回答“我应该做什么”。因此，自我的本质有其社会构成性，绝非先天决定；而且个体不但由社会构成，也有能力参与认同的构成。

桑德尔认为，新自由主义所谓“混沌无知的自我”不受任何社会的政治、经济、历史、文化与家庭传统条件的影响，与现实严重脱节，应以“环境的自我”来取代，因为任何自我都必然受到各种归属的影响，他主张以“构成性的自我”或“互为主体的自我”取代先验的自我。而麦金太尔则从历史学与语言学方面论证指出了社群对于个人的构成性地位，他说：“要成功地识别和理解其他人正在做什么，我们总是要把一个特殊的事件置于一些叙事的历史背景条件中，这历史既有个人所涉及的历史，也有个人在其中活动和所经历的环境的历史。”[1]社群主义总体上认为，人是社会的产物，自我价值并非先天存在，而是由社群的历史文化所形成。“社群主义通过对‘社群’的强调，重新解释了个人与社会的关系，认为社群是构成个人的基本因素，社群优先于个人，否定了新自由主义自足的、原子式的个人观念，肯定了人的社会性。”[2]

**公共利益优先于个人权利。**在麦金太尔从历史叙事的角度看来，新自由主义者所看重的权利概念并非人类社会从来就有的，甚至直到中世纪结束都没有出现。而沃尔泽认为，社群身份是个人所享有的最基本利益，从而提出了“成员资格”的主张，认为社群各成员的个人权利必须通过某种成员资格来取得，如国家成员因具有公民资格乃得以享有公民权等，因此抽象地讲个人权利是没有意义的。

如前所述，社群主义主张社群是构成个人的基本因素，社群赋予

---

[1] [美]A·麦金太尔：《追寻美德》，宋继杰译，南京：译林出版社，2003年，第268页。
[2] 何霜梅：《正义与社群——社群主义对以罗尔斯为首的新自由主义的批判》，北京：人民出版社，2009年版，第34页。

个人以共同的价值和目的，只有在共同的社群生活中才能实现个人的权利。因此个人权利不是抽象的，是建立在社群共同善之上的，分配权利的正义原则由此也必须建立在社群共同善之上，社群共同善因此优先于权利与正义，公共利益因此优先于个人权利。这实际上是社群优先于个人得出的必然结论。

**国家应该在道德上负责。**泰勒批评新自由主义是原子主义，把人本身当成独立于社会之外，可以完全自足的自我，天生有其自然权利。这就造成了人与人之间感情的淡漠、公民责任意识与义务意识的欠缺等当代社会令人担忧的现象。基于自由主义的当代社会已经出现了“碎片化”的现象，表现为三种隐忧：个人主义，工具理性的优先性，以及因为不愿意参与自治、失去对自身命运的控制而面临的自由的失落。因此，绝对不能假定人能独立于社会之外并且完全自足，应鼓励公民关心国家政治生活，积极参与国家政治生活。

国家是最大的政治社群，个人作为社群之中的个人，因此也是国家之中的个人。个人的善生活观念和道德行为是社群公共利益的基础，而个人美德不是天生的，是后天的社群环境养成的，是教育养成的。因此，为了增进社群公共利益，应该拒绝国家中立的原则，让国家担当起公民道德教育的责任。只有国家在道德上负起公民教育的责任，才能让公民具有参与国家政治的意识和能力，才能促进个人权利的实现。国家在道德上负责，还在于促进社会平等。平等观是社群主义的重要内容，社群主义不满新自由主义强调的机会和权利的分配平等，主张社会福利的平等，关注的不平等是社会不平等的严重性，认为收入差距的扩大是新自由主义强调个人自由带来的后果，将导致社会的分裂。所以，国家作为最大的政治社群，在道德上有责任去寻求办法解决社会不平等。

**关涉新闻正义的道德根据。**传播（communication）的英文一词源自拉丁文的communi，意为“共同”，这也是“传播”和“社群”（communitarianism）两词同享的字根。这从词源上说明了社群与新闻的某种意义上的联系。在新闻实践中讨论与角色有关的伦理问题时，社群主义可能是最有帮助的。社群主义的主张之一，社群是构成个人的重要因素，通过对“社群”的强调而强调了人的社会性，强调社群优先于个人，这对于新闻实践有两个方面的意义：一方面，新闻从业者要改变作风，深入社群，深入社区生活的第一现场，才能掌握最新鲜最生动的新闻素材；也只有置于社群其中，才能形塑构成性自我，完善新闻从业者的公益心。另一方面，评判新闻事实是否能够构成新闻，新闻传播的社会效果是否正当，不仅要从当事人的角度而且要从社区的角度思考。社群主义的主张之二，公共利益优先于个人权利，社群共同善优先于正义，对于新闻正义而言，新闻是社会公器，视社会公共利益为正义，以社会正义为追求，因此新闻实践中的行为判断和选择，必然优先考虑公共利益和社会利益。社群主义的主张之三，国家要在道德上负起责任，新闻也要在道德上负起责任，才能实现正义。新闻媒体和新闻从业者有责任去关注社会不公，有责任去促进社会不平等的改善。但是，新闻为推动社会正义恪尽道德责任的同时，也要警惕以社群的名义挤压了私人空间和自由权利。

## 第二节　新闻正义的伦理学分析

伦理学的任务之一是指导人们生活中做应该做的事情，或者说不做不应该做的事情，这是理论对实践的指导意义。正义是伦理学的核心概念之一，一部西方伦理思想史，几乎就是一部关于正义思想的历史。新闻正义的任务之一，是不仅指导人们在新闻实践中做应该做的事，不做不该做的事，而且要指导人们在新闻实践中做正义的事，不做不义的事。伦理思想和伦理原则是新闻正义的道德根据，新闻正义有比新闻伦理更高的追求，属于更高的道德层次。

如前所述，我们从新闻正义出发，对人类历史上与正义紧密关联的主要伦理思想或伦理原则进行了简明的梳理分析，从不同的伦理思想或伦理原则中为新闻正义找到了不同的伦理根据。这些伦理根据，或者可以成为新闻正义的方法论启示，比如，亚里士多德中道原则的适度、康德绝对命令的可普遍化检验、罗尔斯无知之幕的屏蔽都是指导现实生活的道德方法论，也是指导新闻实践的正义方法论；或者可以成为新闻正义的直接内容，比如，儒家伦理的忠恕之道和浩然正气、基督教伦理的爱人如己、自由主义的言论出版自由、罗尔斯正义论的最小受惠者最大利益原则、社群主义的公共利益优先原则，都是我们现实的道德生活中的行为规则，有些还是金规则，同时也是新闻实践中的正义内容或正义本身的欲求。事实上，很多情况下，从不同的角度理解，这些伦理根据可以既是新闻实践中的正义方法，也是新闻实践中的正义内容，比如，功利主义的最大多数人的最大利益，从效用计算来看，它是方法，从后果评判的原则来看，它又是内容。这是理论对理论的指导意义。

前面的分析论述中，我们将不同的伦理思想或伦理原则与新闻正义进行了简单直观的关联。不同的伦理思想和伦理原则为新闻正义提供的伦理学根据，在指导我们新闻正义的实践中有什么积极的意义？又有什么困难？是否会相互冲突？下面的论述，我们将从福利论、义务论、德性论三种伦理视域对新闻正义做一次伦理学分析。200 多年来，规范伦理理论基本上被划分为目的论和义务论两种，有些伦理学家甚至认为这两类理论几乎包括了伦理理论的所有可能性。那么本研究为什么分这三个视域进行考察呢？这主要是基于这样的考虑：福利论是从行为的结果评价出发的，就是目的论，或者后果主义，不称之为目的而称之为福利，主要是因为福利更契合新闻正义的内涵；义务论是从行为的内在价值出发的，义务本身就具有正义的色彩；前两种视域是行为的视域，而德性论是行为者的视域，是从行为者出发的，是就行为者的美德而言的。而且，这种考虑并不意味着要从理论上去归类，仅仅是本研究分析的需要，更何况各种伦理理论各具特点，是不可以简单归类的。

## 一、福利论视域的新闻正义分析

目的论伦理理论是先定义善，再把促进善的行为定义为应该的行为，换言之，善是目的，善观念在概念上优先于正当。这实际上预设了一个逻辑推理：目的的善恶决定手段的应当与否。

目的论的伦理理论有多种形态。社群主义是目的论的，因为社群主义的核心概念是社群，社群是它全部主张的出发点，社群优先于个人，它要求一个人做符合社群更大利益的行为，个人的利益建立在社群共同善的基础之上，社会利益分配的正义原则也建立在社群共同善的基础之上，因此善是优先于正当的，所以我们认为它是目的论的。社群主义的目的论是以社群的共同善或社群公共利益作为目的，是以行为对增进公共利益的结果作为判断行为对错或应当与否的标准。

目的论伦理理论最有代表性的是功利主义。目的论的功利主义不同于目的论的社群主义之处在于对行为结果的评估甚至精细计算，行为正确与否、正当与否，以行为带来的快乐或幸福的多少作为判断标准，这种行为可以是个人层面的，也可以是社会决策和社会制度层面的。实际上，不管是行为功利主义还是规则功利主义，利益都是他们伦理考虑的基本因素，任何其他考虑最终都要归结为对利益的考虑。从这个意义上讲，功利主义可以称为福利主义。他们考虑的基本准则是："最大多数人的最大利益"，这是各种功利主义者最基本的共同的伦理主张。因为功利主义和社群主义都以利益作为后果判断行为善恶，体现为一种福利主义的价值观，所以本研究在关涉新闻正义的场合以福利论指代这种目的论。

**福利论的优势。**相对社群主义公共利益优先个人权利的原则，功利主义的"最大多数人的最大利益"原则更直观，具有强烈的直觉吸引力。行为的道德原则就是使幸福最大化，使总量上的快乐增加或痛苦减少。我们在生活中明显地感觉到，我们都喜欢快乐而厌恶痛苦。功利主义意识到了这一点，并使得它成为道德评判的基础。正如英国道德哲学家D·D·拉斐尔（D·D·Raphael）所言："功利主义既是全面的，又是简单的。它使用一个具有明显吸引力的简单的标准——促进尽可能多的人的幸福——以便说明和将伦理学、法律和政府联系起来。它是向前看的学说，参照未来为现在的事情辩护，因此它显然是一个进步的政策。所以，作为一种最具有吸引力的道德哲学，它引起人们的想象力，这一点也不奇怪。"[1]

因此，从福利论的视域来看新闻正义，可以找到很直观的判断准则，新闻实践中的行为选择是否正义，基本的考虑就是行为的后果能在多大程度上促进新闻正义，而新闻正义是可以用社会最大程度的善来评

[1] [英]D·D·拉斐尔：《道德哲学》，邱仁宗译，沈阳：辽宁教育出版社，1998年版，第53—54页。

估甚至计算的。实现了这个目的，新闻正义也就得到了实现。换言之，福利论提供了这样一条明确的准则："道德上的正确选择应该带来最大益处而不是害处，所有最终决定哪种选择正确，哪种不正确的标准，就在于趋利避害的程度。"[1]比如，新闻监测社会的功能，最重要的手段就是舆论监督的调查性报道，一篇调查性报道揭露腐败行为，可能会对调查对象及其相关人造成伤害，但是使腐败现象在社会广角镜下曝光，昭示天下，能促进社会的廉洁，增进社会的普遍福利。那么，我们据此判断认为，这样的新闻是正义的新闻，这样的报道是合乎新闻正义的。

**福利论的困难。**我们日常生活中做出行为选择的时候，也会考虑各种不同选择可能带来的后果，但是很少有人会把对后果的考虑作为行为决策的唯一依据，更多的情况往往会不自觉地渗透着某种坚定的道德信念。这就是功利主义的福利论的困难之一：与道德常识相抵触。比如，为了救一个落水的儿童，两个大学生奋不顾身跳进了滔滔江水，最后儿童得救了，两个大学生牺牲了。这样一条社会新闻，值得报道的价值在哪里？日常道德告诉我们，救人是义举，是新闻应该张扬的正义；但是按照功利主义的判断这是减少了社会福利，是不值得报道的新闻。

功利主义福利论最让人诟病的困难在于：最大多数人的最大利益在实践中是不可计算的，因此不具有实践指导意义。一方面，功利主义视社会为个体的组合，社会利益是个人利益的总和，尽管我们可能对自己的利益心中有数，但我们并不了解哪些后果对他人是利益，所以我们就无法行动；另一方面，生活的个人经常面临着行为选择，选

[1] [美] 克利福德·G·克里斯蒂安、马克·法克勒、金·B·罗特佐尔等：《媒介公正：道德伦理问题真的不证自明吗？》，蔡文美等译，北京：华夏出版社，2000年版，第15页。

择很多，决定行为后果的因素更多，几乎无法精确计算，而不逐项计算就无法确知哪一种行为选择能带来福利最大化，所以无法按照功利主义的理论去行动。事实上，因为新闻对社会巨大的作用和影响，新闻实践中的具体行为带来的后果常常是很复杂的，难以估量的，因此常常是无法做出精确的后果评价的。比如，对具体犯罪案例的报道，可能起到震慑再犯罪的后果，也可能带来仿效再犯罪的后果。在这里，按照功利主义的原则去作新闻正义的权衡就面临着实践的困难。

社群主义的福利论同样存在着明显的困难。按照社群主义的主张，社群优先于个人，社会利益优先于个人权利，那么是不是可以为了社会利益而把个人利益踩在脚下呢？比如：在一个 10 个人的社群里，9 个虐待狂对第 10 人进行迫害，是符合社群共同利益优先于个人利益这个原则的，但是它正当吗？同理，在新闻实践中，为了社会广大公众的知情权，侵犯嫌疑人的隐私是正义的吗？显然，这是社群主义的伦理理论不能回答的。

## 二、义务论视域的新闻正义分析

福利论的伦理理论对行为的关注只在结果，看行为是否应该、正当与否，就看行为带来的最大福利，行为的后果决定行为的善恶或对错。与此相反，义务论的伦理理论对行为的关注在于行为本身内在的道德价值，不管行为可能带来什么样的后果。或者说，一个行为的道德价值不是由它的后果决定的，而是由行为本身正当与否决定的，行为本身正当与否在于行为是否符合某种道德义务或道德原则的制约。简而言之，正当优先于善。

义务论不是一个单独的伦理理论，是包含众多成员的理论家族。罗尔斯正义论是义务论的。在新自由主义者罗尔斯精心构筑的正义理论体系中，关于社会基本结构的正义表述为两个基本原则：第一个原则是平等自由原则，第二个原则是机会的公正平等原则和差别原则，第一个原则优先于第二个原则，第二个原则中公正平等原则优先于差别原则。总体上说，体现了正义优先原则，正义优先于善，社会正义优先于个人义务。正如中国当代伦理学者何怀宏对罗尔斯的评价，“他相当成功地在正义理论的领域里做出了一种使义务论取代目的论，取代功利主义而更占优势的尝试。”[1] 自由至上主义也是义务论的。它认为，自由是人的能力，是天赋的不可剥夺的权利。我们每一个人都拥有自由权——用自己所拥有的事物去做任何事情的权利，假设我们尊重他人也这样做的权利。自由至上主义者并不是以经济效率的名义，而是以人类自由的名义，支持不受约束的市场，反对政府的强力管制。因为自由的义务只是不妨碍他人的自由。

康德的责任伦理学更是义务论中标志性的理论。康德也是一个自由主义者，他认为，人是理性的存在物，值得拥有自由和尊严。他的推理如下：当我们像动物一样追求快乐或避免痛苦时，我们并不是真正自由地行动，而是作为欲望和渴求的奴隶而行动。因为无论何时，我们是在追求欲望和满足。我们所做的一切，都是为了某种外在于我们的目的。为此，康德提出了他的道德形而上理论。他认为，一个人的道德行为是遵守义务的行为，一个行为是否具有道德价值，可以从唯一的“绝对命令”中推演出来，这个绝对命令就是：“要只按照你同时认为也能成为普遍规律的准则去行动。”换言之，一个行为选择应当基于这样一个前提，即这个选择能够成为普遍规律。

**义务论的优势。**“义务论，顾名思义，是把行动的对错建立在是否

[1] 何怀宏：《良心与正义的探求》，哈尔滨：黑龙江人民出版社，2004年版，386页。

履行义务之上的。一个义务，简单地讲，就是做某个行动或者不做某个行动的一个理由，也可以被理解为一项约束行动的道德要求。”[1] 义务论给出的行为理由就是道德规则，是通过提出道德规则去指导人们的行为。规则具有道德的约束力，具有严谨的形式，具有可普遍化的特点。

从义务论的视域看新闻正义，义务论道德规则可以为我们提供方法论的指导，找到有章可循的方法。比如，罗尔斯的无知之幕，把社会个人的特殊情况屏蔽从而使社会人变成自由平等的个人，照此办法模拟，在面对达官显贵的诉求和无权无钱农民工的诉求时，如何选择才能达到新闻正义呢？新闻媒体和新闻从业者只需把二者放到无知之幕背后去虚拟化就知道怎么对待了。比如，自由至上主义的主张：我们有权利做任何事，只要我们尊重他人做同样的事情的权利。按照这个主张，新闻自由是新闻正义首要的主张，只要新闻自由不妨害其他的自由。

再比如，在康德看来，绝对命令是最高的道德准则，可以判断任何一个行为在道德上的对错。这个判断就是一个普遍化检验：首先看行为依据的准则是什么，然后看行为者是否愿意这个准则成为普遍法则，如果能成为普遍法则，这个行为就是正确的，应该的。照此办法检验，为了获取新闻事实而撒谎是不道德的，因为这样的行为在新闻实践中不可能普遍化，假如社会全体撒谎，最终获取的事实也不可信，因此即使是为了新闻真实的理由而采取隐性采访手段也是不可取的。正如一位美国学者所言：“道德法则使用于所有有理性的人，有人可能因为符合自身利益而违背诺言，但如果所有的人为合自己的心意都不遵守诺言，诺言也就不再有任何意义，社会秩序就会被破坏。”[2] 在

[1] 程炼：《伦理学导论》，北京：北京大学出版社，2008 年版，第 167—168 页。

[2] [美] 查尔斯·博哲斯：《美国思想渊源——西方思想与美国观念的形成》，符鸿令、朱光骊译，太原：山西人民出版社，1988 年版，第 14 页。

新闻实践中，新闻从业者要面对更多具体的追寻真相与保护隐私之间的矛盾，问问康德，他可以提醒你应该选择什么放弃什么，尽管他的道德法则过于绝对，但是对于一个新闻正义的实践而言，他提供了一致的方向和可遵循的原则，新闻从业者可以在不断接受道德命令的过程中增强正义感。

**义务论的困难。**罗尔斯设计的关于社会基本结构的正义理论，是为了公正平等地分配个人权利，但是这种普遍主义的正义观是空洞的、虚假的，因为无知之幕背后的无差别的自然状态是不可能的，人们需要的是走出无知之幕之后将怎样生活？这种理论设想用于新闻实践上，也会出现方法论上的困难。同样，比如面对达官显贵的诉求和无权无钱的农民工的诉求，无知之幕能够屏蔽所有的差别就能让新闻从业者公正平等地去对待吗？因为新闻从业者对对象的屏蔽过程中不能屏蔽自身的善观念。

自由至上主义主张，一个人的自由权利的限度就是必须不妨碍他人的自由。自由是最基本的人权，是一种广泛的权利，也是一种不容易精确的权利，那么这个笼统的限度如何准确把握呢？事实上，任何有助于解决该问题的一般性原则至今没有出现，现实的指导原则是一些特殊规定，而不是一个统一的概念，这就是自由面对的现实困难。新闻实践中就会有这样的困难：新闻自由以不妨碍其他的自由为限，各种观点都应该在观点的公开市场自由地表达公正地阐释，新闻媒体就是这样一个观点市场，但是媒体的资源是有限的，给一方表达的机会，就会减少其他各方表达的机会。简单的个案是，央视新闻联播只有 30 分钟，国内新闻多播报 1 分钟，国际新闻就要少播报 1 分钟。这又如何才能做到公平正义呢？

康德道德法则的可普遍化检验，是一个绝对命令，是无条件的，是与行为结果无关的，是没有任何例外的。这至少与辩证法相冲突，辩证法认为所有规律都是绝对性与相对性的统一，在现实生活中，也有正确行动依据的准则不能通过可普遍化检验的事例，这就是康德绝对命令的困难。伦理学者程炼举了这样一个事例："我住在一栋公寓楼的高层。众所周知，高层住户经常面临水压不够、无法洗澡的问题，因此我避开用水高峰期，每天在子夜时分洗澡。这无可厚非，甚至值得鼓励。我的行动依据的准则 W：每天子夜时分，我将打开水龙头洗澡。可是，如果我愿意 W 成为一个普遍法则，那么我实际上意愿的是一个矛盾：我既愿意我将在子夜时分洗澡，又愿意（由于大家都在此时用水）我在子夜时分无法洗澡。根据康德的理论，由于 W 不能通过可普遍化检验，我在子夜时分洗澡的行为就是不道德的。这个结论太过分了。"[1] 在新闻实践中也可能存在类似的困难：正确行动依据的准则不能通过可普遍化检验。比如，现在的城市交通拥堵现象很普遍，为了克服这个困难，城市新闻媒体发起一个话题倡议下班以后错过交通高峰返家。我响应新闻媒体倡议，每天五点半下班，六点才开车回家。这是正义之举，但是这个行为与上述高楼子夜洗澡的行为一样，是不能通过普遍化检验的，因为我如果愿意我的行为成为一个普遍法则，那么我的意愿实际上是一个矛盾：我既愿意六点回家，又愿意（大家六点回家同样塞车）无法回家。因此，新闻正义在这里是不可期望的，这就显示了康德道德命令的困难，可普遍化检验可能会误判一个正确的行为。

## 三、德性论视域的新闻正义分析

德性论的伦理理论关注的是行为人的美德，不是行为的道德价值。

[1] 程炼：《伦理学导论》，北京：北京大学出版社，2008 年版，第 182 页。

它区别于义务论和福利论之处，在于它从行为人出发，而后者从行为出发。福利论关注的行为落脚点在行为的结果上，义务论关注的行为落脚点在行为是否符合规则上，与行为结果无关。当然，这种说法也不是绝对的，这样区分并不意味着德性论者不关心行为的后果或行为准则，也并不意味着义务论者和福利论者不关心行为人的道德品质。实际上，德性论以行为人的道德品质判断作为基本的道德判断，与实际生活中的道德感受有更多契合之处，我们说某人高尚，某人卑鄙，实际上是对行为人作出品德评判；我们大部分的道德教育不是教人们使用何种道德法则，也不是教人们如何考虑行为后果的道德价值，而是教人们以有德之人为榜样，在感受中学习榜样的美德。从这个意义上说，德性论的伦理视域对于新闻正义而言更有实践指导价值。

德性论的伦理理论也不是一个统一的理论流派，而是一个庞杂的理论家族。儒家伦理是德性论的，因为它从来就是关注人格修养的，由个人而家庭而国家，以忠恕之道为个人修为，视修齐治平为人格理想，修炼的是个人美德。基督教伦理也是德性论的，爱是基督教伦理的核心，所有其他的义务或责任都与爱上帝和爱人如己相联系，上帝依他自己的样子创造了人类，人类怀有爱越多就越接近上帝。所以爱是上帝的意旨，是使徒的德性。

而最具代表性的德性论伦理理论是亚里士多德的德性伦理，当代西方的德性伦理学基本上是以他的著作为渊源的。实际上，德性是古希腊伦理学的核心问题：我应该如何生活？苏格拉底和柏拉图都认为，只有正义的生活才是最值得过的，亚里士多德则认为只有拥有美德的生活才是值得的。说法不同，结论一致。亚里士多德在他的《尼各马可伦理学》中探讨了人值得拥有什么样的美德的问题，并且分析了诸多具体德性范畴，包括友爱、勇敢、节制、欲望、慷慨、自重、正义。

在他看来，德性就是人或物的卓越的功能或品质。德性如何获得？中道，这是他的德性伦理理论的核心，中道就是德性。这个中道与儒家的中庸颇有异曲同工之处。他认为，中道意味着一个人的生活既不过度也不不及，而是出于两者之间的适度之处。“人的一切伦理行为，说到底，无非两类三种：一类是不遵守道德的行为，即所谓‘不及’；另一类是遵守道德的行为：过当遵守道德的行为，即所谓‘过’；适当遵守道德的行为，即所谓‘中庸’。”[1]他还认为，德性并非自动赋予个人的，而是通过后天学习和培养而形成的。“德性可以被分为两类，一类是理智的，一类是伦理的。理智美德主要由教导生成，由培养增长；伦理美德是由风俗习惯沿袭而来……由此可见，对于我们，没有一种伦理美德是自然生成的，因为没有一种自然存在的东西能够改变习性。”[2]

**德性论的优势。**德性论作为那些从行为人出发的伦理理论，共同之处在于强调人的美德。对人的美德的关注更契合人们的日常的道德经验和人类的道德心理，这是其优势之一。儒家伦理的忠恕之道所讲的“恕”就是“己所不欲，勿施于人”，基督教伦理的“爱人如己”的原则就是“你要别人怎么待你，你就怎么待人”，这些美德因为贴近于现实的道德生活，实际上已经成为人们生活中的道德金规则，亚里士多德的中道原则也成为人们生活中最重要的道德判断方法。德性论伦理还有一个优势，从行为人出发，可以以有德之人作为榜样，发挥榜样的道德力量，在社会的道德教育方面可以起到不可取代的示范作用。儒家伦理历史上树立过不少道德牌坊，基督教伦理史上拥戴过不少圣德之人，亚里士多德也尽情地歌颂过不同美德的城邦公民，他

[1] 王海明：《新伦理学》，北京：商务印书馆，2001年版，第550页。

[2] Chris Frost. Media ethics of self—regulation .England :peason education limited, 2000, 4—5.

们就是社会道德教育的榜样，就是推动社会道德发展的力量。两个优势都表明：德性论伦理是生活中具体的直观的人生道德。

从行为人的美德的角度看新闻正义，新闻实践首先要着力于培养新闻从业者的正义感。正义的行为来自正义的观念，正义的观念和情感就是正义感，正义感不是天赋生成的，而是后天培养的。新闻与医生、教师、律师等职业一样，应该是有德之人从事的职业，新闻实践要培养新闻从业者的个人美德和职业道德，让新闻从业者信守道德金规则和职业行为规范，这是起码的要求；还要通过道德模范的示范作用教育新闻从业者养成浩然正气，在灾难中，在危机中，在紧要关头，为了人类福祉、民族大义、社会公益，敢于斗争，不怕牺牲，表现新闻从业者的凛然正义。

其次，在新闻实践中，可以借助德性论伦理的方法平衡新闻从业者的角色冲突。新闻从业者经常扮演着多种角色，比如记者与市民，记者与党员，有些角色还经常相互冲突，亚里士多德的“中道”原则和儒家的“中庸之道”为解决角色冲突提供了某种可能的路径。新闻从业者在面临道德两难的抉择时，适度可能是明智之举。当新闻从业者遵守一种角色道德与他遵守其他角色道德不冲突而可以两全时，遵守这种道德便是适当的，便是“中道”；不遵守这种道德便是“不及”；当新闻从业者遵守一种道德与遵守他种道德发生冲突而不能两全时，倘若此种道德低于他种道德，那么遵守此种道德便是“过”，不遵守此种道德而遵守他种道德便是“中道”；反之，如果此种道德高于他种道德，那么遵守此种道德便是“中道”，不遵守此种道德便是“不及”。新闻正义是一种德性，一种高于社会普遍道德的更高层次的美德，是新闻实践中更高的德性追求。

**德性论的困难。**德性论伦理理论被人诟病较多的地方在于循环论证，即：用有德之人来定义美德，又用美德来定义有德之人。而在道德实践中，德性论也常常存在着无法提供精确指导的困难。美德被认为是行为人表现出来的某种值得赞赏的品质，意味着行为的当否与对错是以行为人的美德来定义的。行为人的美德存在某种不确定性，也就意味着行为正确的标准存在着某种不确定性。比如儒家伦理的金规则“己所不欲，勿施于人”，人的欲求有共同之处，也有各不相同之处，以“欲”为标准就存在某种不确定性，己所“欲”与他所“欲”有不同之处，己所“不欲”与他所“不欲”必定也有相异之处，这就难以精确指导行动了。同理，按照亚里士多德的中道原则，美德存在于两种极端之间，或者存在于两恶之间，问题是两个极端在哪里或者两恶在哪里，要在生活中精确辨别往往也不是一件简明的事。

德性论的这种困难在新闻实践中往往也是难以避免的。信任是一种态度，值得信任是一种美德。在新闻实践的所有关系中，信任在记者与消息提供者之间的关系中是最起作用的因素，因为记者不信任消息提供者，那么这条新闻实际上不可能被报道，而消息提供者不信任记者，他就不会提供新闻信息了。他们这种相互信任的核心是保密，而保密对于消息提供者和公众知情权二者的关系，从记者的角度来看是一种对抗的关系，消息提供者总想仅仅宣传自己的观点，公众总想得到消息提供者不愿披露的内容。而记者既要对消息提供者信守保密的承诺，消息提供者才能信任记者，又要对公众诚实，公众才能信任记者。那么，记者如何把握为消息提供者保密与满足公众最充分的知情权之间的适度呢？德性论伦理是无法提供精确的道德行为指导的。如果记者连值得信任的新闻道德都达不到，何谈新闻正义呢？

## 第三节　新闻正义的传媒理论分析

大众传播媒介在人们生活中充当了不可或缺的角色，没有报纸、杂志、广播、电视和互联网的世界几乎是不可想象的。世界范围内不同介质的大众传媒，在不同的社会发展阶段，在社会政治、经济不同的结构形态中，呈现的媒介形态是不同的。媒介研究者对不同社会形态的大众传媒进行了分类，最为人熟知的分类办法是在《传媒的四种理论》这本经典著作中提出来的，作者将世界范围内的大众传媒分为四大类形态：威权主义传媒、自由至上主义传媒、社会责任传媒和苏联共产主义传媒。

《传媒的四种理论》是1956年美国伊利诺伊大学出版社出版的三位美国传播学者的理论著作 Four Theories of Press，1980年新华出版社译介到中国时称作《报刊的四种理论》，2008年中国人民大学出版社重译出版时称为现名，现在国内更多的学者也倾向于现在的译法。该书的出版开创了新闻传播学比较研究的先河，此后关于媒介与社会政治经济基本结构的关联研究不断出现，不同的研究提出了不同的媒介分类。形成一定影响的分类法包括：美国学者威廉·哈希顿（William Hachten）1981年在《世界新闻多棱镜：变革的媒介与冲突的意识形态》中提出的传媒的“五种理论”：威权主义理论、西方理论、共产主义理论、革命理论、发展理论；美国传播学者J·赫伯特·阿特休尔（J. Herbert Altschull）1984年在《权力的媒介》中提出的“三个乐章”理论：资本主义市场经济乐章、马克思主义计划经济乐章、发展中世界乐章；芬兰学者卡尔·诺登斯特伦（Kaarle Nordenstreng）1997年在《超越“传媒的四种理论”》中提出的媒介研究的“五种范式”：自由主义——

多元主义范式、社会责任范式、批判范式、行政管理范式、文化谈判范式；英国学者詹姆斯·科伦（James Curran）和韩国学者朴明贞（Myung—Jin Park）2000年在《去西方化媒介研究》中提出的传媒五大类社会分类法：转型与混合社会、威权主义——新自由主义社会、威权主义——管制社会、民主——新自由主义社会、民主——管制社会。[1]

这么多分类法，我们为什么选择“传媒的四种理论”来对比分析呢？主要是基于这样的考虑：传媒的四种理论是最早开始对大众传媒与社会的政治制度、经济制度和媒介制度之间的关系进行研究的系统理论，后来的各种研究分类方法都从其中吸取了灵感和养分，只是从不同侧面或修正，或补充；即使是全球化趋势日益明显的大背景下，多种媒介形态并存的局面还将继续存在，而且美国新闻传播研究至今仍是以“传媒的四种理论”分类法占主流地位；传媒的四种理论对我国新闻传播领域的影响根深蒂固，没有哪一种传播理论的影响力可与之相争。

新闻正义在不同的社会政治经济关系中、不同的媒介形态中会体现出不同的内容。这里，按照传媒的四种理论，依次分析新闻正义的不同主张。

## 一、传媒威权主义理论视角下的新闻正义

作为人类历史上统治时间最长的一种意识形态，威权主义的思想由来已久，柏拉图就是这种思想的早期代表之一。古希腊时期的哲学家大多偏爱“理智”，认为国家的统治者应当是哲学家，柏拉图认为人的本性包括私欲，最终会使贵族政府降低为暴君政府，因为只有“哲

[1] 参见［美］弗雷德里克·S·西伯特、西奥多·彼德森、威尔伯·施拉姆：《传媒的四种理论》，戴鑫译，北京：中国人民大学出版社，2008年版，译者序言第16—25页。

学王”才可以控制自己的内心，有效地约束自己，才配为城邦的执政官。沿着这些假设，柏拉图构造了一个“理想国”，并试图用一种严格的规范来约束公民生活以实现国家的目的，这就意味着执政官需要严格控制舆论和公众讨论。

最著名的威权主义思想家是马基雅维利(Machiavelli，1469—1527年)，他是首个将政治与伦理截然分开的学者，他的理论集中体现在《君主论》（1513年）中，他将关注的重点置于政治权利的获得与维持上。国家安全高于一切，一切问题都要服从于国家的安全需要，国家政治行动的基础之一就是必须严格控制信息大量传播和社会讨论。在马基雅维利之后，威廉·弗利德里希·黑格尔（Wilhelm Friedrich Hegel，1770—1831年）被认为是现代威权主义的主要代表人物。按照他的观点，国家是至高无上的，国家是绝对理念的最高形式，个人的行动是历史、社会和绝对理念决定的，自由只意味着个人有权知道他是不自由的。

法西斯式的威权主义是一种绝对的、歪曲的威权主义。法西斯的理论主要包括：种族优秀论、国家至上论、领袖至上论、意志至上论以及暴力和强权就是真理。个人通过国家获得自我满足，个体的存在必须以国家为前提，以国家的利益为准绳。希特勒（Hitler）和墨索里尼(Mussolini)把威权主义推向了法西斯主义，特别是前者将法西斯主义在新闻传播和宣传中运用到了极致。

事实上，从柏拉图到希特勒，无论威权主义理论和实践的直接目的是什么，都表现为试图构建一个组织严密、管理严格的社会机器。这个机器的控制者是神权、君主或者独裁者，个人作为这个社会机器的零件，一切以服从于国家机器运转为目的。这就是威权主义的社会体制的基本形态。

**威权主义与传媒监管。**任何事物都是在某一情境中产生的，也必定会受这一情境的影响。传播理论植根于当时的社会环境，必定会受当时社会环境的影响，传媒与社会的关系是由奠定社会基础的基本政治制度决定的。随着印刷术的普及和近代邮政业的诞生，报纸作为最早的大众传播媒介17世纪初开始在欧洲出现。这个时期，大多数欧洲政府都建立在威权主义的政治制度之上，因此，威权主义理论也成为决定传媒功能及其与社会关系的基础，传媒威权主义理论的诞生和发展就顺理成章了。

建立在威权主义政治思想之上的社会，是一台国家至上的社会机器。在这样一台社会机器中，传媒被置于严格的掌控之中。传媒是国家所有的，或者国家授予经过筛选拥护政府的个人所有；传媒的首要使命是为了国家这台社会机器的维护、运转和发展而服务。为了国家目标的实现，威权主义的政府采取了各种政策或手段对传媒进行控制，控制的主要措施包括：特许出版经营制度、新闻审查制度、知识税和津贴制度，还包括以煽动诽谤罪、叛国罪或颠覆政府罪等法律诉讼的间接控制措施。

按照威权主义的政治制度，传媒就是国家这台社会机器的一个零件，其功能是服从和服务于国家这台社会机器的运转，也就是服从和服务于国家目标和政策的实现，而不是决定这个目标或者质疑批评这个目标。因此，批评政治机器、现任政治领导人和他们的政策被认为是恶的，是不能允许的；而公然图谋推翻现行政权或者质疑现任政治领袖的公众舆论是极恶的，是坚决不能容忍，必须严厉禁止的。

传媒威权主义理论源于17世纪初的欧洲，盛行于当时的威权主义政治社会，但它的应用不局限于当时的社会政治发展阶段，也不局限于威权主义的社会政治环境中，它对大众传媒方式及其与社会关系的影响，比任何一种传媒理论影响的时间都要长、范围都要广。事实上，既使是威权主义理论本身已被大多数民主国家抛弃的今天，传媒威权主义理论的一些做法依然以不同的方式或不同的理由被继续使用，有些国家还在信守威权主义的传媒管控制度。

**传媒威权主义的新闻正义主张。**关于传媒与社会关系的理论，取决于人与国家关系的某种基本的哲学假设。传媒威权主义的理论假设了这样一种哲学前提：人们作为个体的人，他们之间存在着智慧和能力的巨大差别，只有智者才有更高的能力堪当社会的领导者。其他个人只有作为社会组织的成员时才可以最大程度地发挥潜能。这就必然会引申出这样一个命题："国家作为团体组织的最高形式，其价值高于个人价值。因为，如果没有国家，个人就无法拥有一个文明人的素质。个人依靠国家来实现进一步的文明，这似乎是一切威权主义制度的共同要求。在国家中并且要通过国家，个人才能实现自己的目的；没有国家，个人只能停留在原始状态。"[1]

按照威权主义的逻辑，国家高于个人，国家有权决定它的目的和实现这些目的的手段，当个人的利益与国家的目标冲突时，那么个人的利益就必须服从于国家的目标。而真理是智慧发现的，是掌握在智慧的统治者手里的。因此，为了国家的目标和利益，为了真理的有效传播和避免真理的混淆，对传媒实行严格控制是应该的，是正当的。威权主义理论之下的新闻正义与我们今天普遍认同的某些新闻正义观念是显然不符的，甚至是压制新闻正义的"新闻不正义"，但是在威权主义的社会环境中，它是正义的。在传媒被严格管控的制度之下，新闻正义表现出两个方面的特征。

---

[1] [美] 弗雷德里克·S·西伯特、西奥多·彼德森、威尔伯·施拉姆：《传媒的四种理论》，戴鑫译，北京：中国人民大学出版社，2008 年版，第 3 页。

其一，新闻正义的话语权力掌握在威权主义的政府或者政治统治者手里。国家对传媒的控制，首先是控制传媒的所有权，传媒归国家所有，或者经过国家许可的私人拥有，这是最主要的手段。所有权决定话语的主导权，传媒所有者认为是正义的话语就可以说或者可以多说。其次是建立新闻审查制度，经过新闻审查官认可的内容就可以出版传播；新闻审查官是受威权统治者委托的，以威权统治者的价值观为价值观，新闻审查官认为是正义的新闻就是鼓励传播的新闻。此外，还有税收或津贴手段和法律手段，什么是正义的新闻，威权政府通过税收优惠或直接经济补贴表示鼓励；什么是不正义的新闻，威权政府通守法律的惩罚表示强制反对。总之，什么是正义的新闻、什么是不正义的新闻，话语权掌握在威权统治者手里，而不是传媒自己手里。

其二，新闻正义的内容表现为服从威权统治目标。如前所述，威权主义者试图建构一个组织严密、管理严格的社会机器。维持这个社会机器的良性运转是其最高目的，因此也是一种最高的正义。传媒被视为国家垄断的一种权力，服从和服务于国家最高目的才是正义的，也只有服从和服务于这个目的才是正义的。新闻正义作为社会正义，它是为秩序和谐之美和社会制度之德伸张正义的，它的意义在于促进正义的社会体系的形成，为人的幸福生活提供条件和保证。而在威权主义的政治制度之下，没有国家，个人只能停留在原始状态，无法实现个人幸福生活的目的。所以，服从国家目的才是正义，新闻正义体现在为了国家利益而不惜牺牲个人利益。从这个意义上，传媒威权主义理论中的新闻正义并不致力于人的发展，而是致力于集体的完满。

## 二、传媒自由至上主义理论视角下的新闻正义

自由至上主义的社会政治经济制度渊源于自由至上主义的哲学

思潮。自由至上主义思潮经过16世纪的思想准备，在17世纪初正是威权主义社会兴盛的时代，开始出现并逐渐形成哲学原则，在18世纪开始付诸社会实践，到了19世纪被世界大部分地区广泛接受。这种思潮的兴起得益于以下几个方面的因素：一是哥伦布(Columbus Christopher,1451—1506)、麦哲伦（Magellan Ferdinand,1480—1521）等的地理大发现开阔了人们的视野，也开拓了人们的思想，瓦解了人们的传统观念。二是哥白尼(Copernicus，1473—1543)、开普勒(Kapler，1573—1630)、牛顿（Isaac Newton，1642—1727）等的科学发现揭示了一系列自然规律，开启了新的思维时代；特别是笛卡尔的一切从怀疑开始的哲学思想，开掘了人类的理性主义的精神。三是宗教改革的理性主义导致世俗主义，促进了人的觉醒。四是资本主义经济的初步发展，产生了相对数量的中产阶级，他们要求结束宗教纷争、限制王族和贵族特权。特别是17世纪和18世纪的启蒙运动促进了理性精神和人的发现，直接推动了自由至上主义的勃兴。

自由至上主义理论的观点主要来自弥尔顿、洛克和约翰·密尔的著作，他们的基本思想前文已述，这里只是与威权主义对比简述。威权主义认为国家是目的，个人是手段。而自由至上主义恰恰相反，认为国家必须以维护个人的自由为目的，反对任何形式的专制统治；认为公民享有充分的自由权，强烈反对把国家作为人类奋斗的最高体现。自由至上主义者将国家存在的目的归结于为个人充分发挥潜力的环境提供者，国家决不能自居于首要地位并将自身变成目的。

**自由至上主义与传媒运作**。基于自由至上主义理论的基本观念，人是一种理性的动物，人类的独特之处在于可以利用思维和经验做出分析，并得出结论。在社会生活中，人们会根据所处环境，趋利避害，做出对自身有利的决定。因此，人的存在本身就是目的，人本身就是人做出选择的出发点和最终落脚点，国家及社会的存在是为了实现个人的幸福，个人的自我实现就成为终极目标——个人、社会和国家的目标。当自由至上主义的社会思潮付诸社会政治制度实践之中，促进社会个体成员的利益就成为社会的首要功能，保证这种功能实现的制度表现为民主政治制度和自由发展的市场经济制度。那么，在这个社会体系中，传媒与社会保持着什么样的关系？自身处于什么样的地位，又体现什么样的功能呢？

根据自由至上主义理论，传媒不是政府的工具，而是一个“观点的公开市场”，在这个“市场”，各种观点应该得到公正的对待，得到公开的表达和公平的阐释。传媒的基本功能是信息传达和观点表达的功能，目的在于通过提供事实信息和观点，帮助公众了解真相，发现真理。为此，传媒必须不受政府的控制和影响，而且，人们可以通过传媒表达对公共政策的看法，表达对政府决策的不同意见，进而监督政府。为了免受政府对传媒的控制，自由至上主义反对政府拥有媒体，反对政府给予媒体经济支持，支持媒体对社会开放，任何具有经济条件的人都可以进入传媒，至于能否生存就看它在市场竞争中满足公众信息需求的程度。

自由至上主义的传媒也有少量被禁止的行为。通过诽谤中伤社会成员而侵犯名誉、通过传播色情淫秽材料而伤害社会道德、通过舆论煽动而危害战争目标等行为，已经成为自由民主的人们在社会实践中普遍接受的传媒限制行为。传媒被限制通过两种方式实现，一种方式是通过多数人的声音，也就是“观点公开市场”里的“自我修正过程”，勘正谬误，匡扶真理，检讨不当，弘扬正当。另一种方式是通过司法系统发挥社会控制作用，对于传媒的诽谤、淫秽和战时煽动叛乱的行为给予法律制裁。

**传媒自由至上主义的新闻正义主张。**按照自由至上主义理论主张，人是理性的并因此而享有不可剥夺的生存权、自由权、财产权等天赋权利，而新闻自由是一切天赋权利的监护者。因此，在传媒的自由至上主义理论看来，自由就是最基本的新闻正义。正如美国第三任总统托马斯·杰弗逊所说："人是可以由理性和真理支配的。因此，我们的首要目标应该是为人们打开所有通向真理的道路。迄今为止所能找到的最佳道路就是新闻自由。"[1]

新闻自由作为最基本的新闻正义包含了两层含义：第一，新闻自由是新闻传媒的自由，实际上是公民的言论自由。这里的核心是新闻传媒不受政府的控制和支配，公民有权表达任何想要表达的意见。传媒和公民表达自由的限度，至今没有形成一个统一的一般性原则，只有一些在社会实践中形成的特殊限制，比如上述的禁止行为：侵犯名誉、传播色情淫秽、战时煽动。当然，除了自由表达的限度，还有表达信息的真假问题，即新闻传播的信息或者公民获得的信息可能是虚假的。在这个问题上，自由至上主义者认为国家无权压制那些它认为是虚假的信息，即便这个信息确实是虚假的。因为理性的存在会帮助公民甄别真假，去伪存真，即使单个的公民在运用理性的过程中会出错，但是作为整体而存在的公民会做出正确的选择。第二，新闻自由特别强调对政府监督的自由。自由至上主义理论认为，大众传媒对政府的监督作用是其他机构所不能提供的。自由至上主义思想包含了一种社会契约的理念，即公民组成了国家，通过权利的让渡使得国家掌握了一部分权力，国家要运用这部分权力为公民的利益服务，并且接受公民监督。新闻自由或许会在某种程度上带来混乱，但是新闻的不自由必

[1] 转引自 [ 美 ] 弗雷德里克·S·西伯特、西奥多·彼德森、威尔伯·施拉姆：《传媒的四种理论》，戴鑫译，北京：中国人民大学出版社，2008 年版，第 39 页。

定会带来公权力对公民权的侵蚀。简而言之，传媒的自由至上主义理论视角下的新闻正义包含两层意思：其一，新闻的表达和传播不受限制，公民享有充分的权利；其二，新闻可以对政府进行有效的监督，督促政府为了公共利益而服务。

随着现代表达自由概念的确立，传媒的自由至上主义发展出一套“客观报道理论”，自由的传媒只受自由社会观点自由市场的约束，所以必须真实、准确、客观、公正，才能充分地表达公民意见，也才能有效地监督政府。这也是新闻正义的前提和新闻正义自身的要求。

### 三、传媒社会责任理论视角下的新闻正义

传媒的社会责任理论实际上是传媒的自由至上主义理论的修正。它在 20 世纪 40 年代末的美国产生，一直到 80 年代都在缓慢地发展。自由至上主义思想付诸社会制度实践以后，极大地推动了传媒的发展，同时也逐渐产生了一些问题。传媒是被保证了自由权的产业，而传媒的私人拥有者却运用自由的权利为自己谋利，只传播他们自己认可的观点，损害了反对者的意见；传媒在商业经营过程中日益集中甚至出现了垄断，报纸的发行量在提高而报纸种数在减少，广播电视节目被几家大的广播电视网控制，观点的自由传播受到威胁；传媒在自由的旗帜下侵犯个人隐私，娱乐的内容远远超过严肃的内容，犯罪和暴力在报纸版面和广播电视节目中泛滥，危害了社会公德等等。这些问题提醒了传媒自省，也引起了社会反思，传媒的社会责任因此被提出来。

对传媒的社会责任理论贡献最大的，当属美国新闻自由委员会。第一次世界大战以后，这个委员会出版了很多著作，发表了一系列报告，致力于推动传媒的社会责任意识和行为。新闻自由委员会是芝加哥大学校长罗伯特·M·哈钦斯（Robert M.Hutchins，1899—1977 年）

于1944年初邀请12位著名学者组成的，后来常被称作“哈钦斯委员会”。这个委员会1947年3月完成了名为《一个自由而负责的新闻界》的报告，今天看来，这个报告的地位、影响和对于整个传媒业发展的重要性，是当时始料不及的。报告开篇就明确指出：“本委员会打算回答这样一个问题：新闻自由是否处在危险之中？我们的答案为：是的。委员会之所以得出新闻自由处于危险之中这样的结论，原因有三：首先，作为一种大众传播工具，新闻界的发展对于人民的重要性大大提高了。同时，作为一种大众传播的工具，新闻界的发展大大地降低了能通过新闻界表达其意见和观点的人的比例。其次，能把新闻机构作为大众传播工具使用的少数人，未能提供满足社会需要的服务。最后，那些新闻机构的指导者不时地从事受到社会谴责的种种活动。这些活动如果继续下去的话，新闻机构将不可避免地受到管理或控制。”[1]报告开篇就指出了新闻界妨害新闻自由的问题，也指明了新闻自由陷入危机的主要原因在于缺乏社会责任的约束。“新闻自由之所以面临这种危险，部分是新闻界的经济结构所致，也是现代社会工业组织所致，同时是因为新闻界的主管未能意识到一个现代国家的需要，未能估计出并承担起那些需要赋予他们的责任。”[2]这个报告被视为传媒的社会责任理论诞生的标志。

**社会责任理论与传媒担当。**传媒从自由至上到社会责任的修正过程，首先是人们对于自由至上和人性天生就能修正传媒的观念动摇的过程。第一，达尔文（Charles Darwin，1809—1882年）的进化论和爱

[1] [美]新闻自由委员会：《一个自由而负责的新闻界》，展江、王征、王涛译，北京：中国人民大学出版社，2004年版，第1页。

[2] [美]新闻自由委员会：《一个自由而负责的新闻界》，展江、王征、王涛译，北京：中国人民大学出版社，2004年版，第2页。

因斯坦（Abert Einstein，1879—1955年）的相对论动摇了自由至上主义天赋自由权利的观念。自由至上主义的观念是从牛顿等人的科学发现中获得资源的，牛顿认为，宇宙是一个永恒不变的空间。从自然界到人类社会，人类是人类社会永恒的主人，因此每个人都有天赋的和不可剥夺的权利。但是，达尔文进化论认为，宇宙是不断进化的，推广到社会领域的价值判断的标准也随着社会的进化而不断变化。特别是爱因斯坦的相对论的提出，人们开始意识到宇宙万物都是相对的，权利也是相对的，绝对的自由权利是不可能的。第二，现代心理学的发展动摇了自由至上主义的理性的根基。弗洛伊德（Sigmund Freud，1856—1939年）提出的潜意识行为理论认为：人的行为主要受潜意识的支配，生活的目的不在于寻求而在于满足个人直接的需要和愿望。20世纪以来，大量的心理学研究发现，人类并非完全是理性动物。此外，资本主义经济大萧条动摇了自由至上主义的自由经济信仰。20世纪20年代末到30年代初，资本主义世界经历了经济大萧条时期，美国通过国家干预的“罗斯福新经济政策”才得以拯救，这证明自由的市场经济存在缺陷，市场这只“无形的手”也会失灵。

新的社会责任思想在动摇自由至上主义的观念的过程中生长。自由至上主义认为，人是理性的，能够根据自己的理性判断，分辨是非善恶。所以任何观点都可以自由表达，因为只有自由地表达出来，才可以通过理性的作用去伪存真，去恶存善，从而实现对真理的追求。自由是人们表达自己观点的重要保障，自由是天赋的不可剥夺的权利，而社会仅仅是个人的集合，个人就是目的，国家的存在就是为了保障个人自由和个人利益，而不能干涉个人自由损害个人利益。社会责任论者否认这样的观点，认为人类并非完全的理性存在物，即便能够运用理性，人类的懒惰也会弱化人类的这种能力。自由是与责任相伴而生的，是一种附带义务的道德权利。社会本身虽然没有目的，但是它代表了所有个体的整体利益。国家的存在，不仅要保证个人自由和个人利益，而且要促进社会自由和社会公益。

显然，社会责任理论相对于自由至上主义理论而言，强调了个人对社会、对国家的责任。在这种哲学原则之下，传媒与其所属的社会的关系也相应地发生了变化。大众传媒不再是一种独立于政府的中立者，而成为国家和社会运转的责任承担者。在这种社会关系中，传媒私有，除非政府为确保公共服务而不得不接管；传媒必须承担社会责任，若非如此，需要有一种力量迫使它去承担；对传媒的控制通过社群意见、消费者行动和新闻的职业伦理而实现；对公认的个人权利和重要的社会利益的严重侵犯是传媒的禁忌。

传媒的社会责任理论对传媒的行为提出了要求。“我们的社会今天需要的是：第一，一种就当日事件在赋予其意义的情境中的真实、全面和智慧的报道；第二，一个交流评论和批评的论坛；第三，一种供社会各群体互相传递意见与态度的工具；第四，一种呈现与阐明社会目标与价值的方法；第五，一个将新闻界提供的信息流、思想流和感情流送达每一个社会成员的途径。”[1]这五项要求合起来就构成检测传媒行为的标准。传媒的社会责任行为要通过自身、公众和政府的共同努力改善：传媒自身应该具备专业精神；公众应该通过非营利性组织、研究机构和独立评价机构改善传媒承担责任的状况；政府虽然承认传媒必须私有，但是应该努力提供公众需要的传播制度。

**传媒社会责任理论的新闻正义主张。**新闻自由仍然是传媒社会责

[1] [美] 新闻自由委员会：《一个自由而负责的新闻界》，展江、王征、王涛译，北京：中国人民大学出版社，2004年版，第11—12页。

任理论主张的基本的新闻正义。但是这里的“自由”不同于传媒自由至上主义的“自由”，后者是从消极自由中引申出来的，亦即“免于……的自由”，或者说是“不受外界限制的自由”。而社会责任理论的新闻自由是积极自由的意义，即“从事……的自由”，它需要依靠必要的手段来实现既定的目标。[1]

新闻自由是一种附带社会责任的道德权利，它不是一种绝对的权利，而是一种以承担社会责任为前提的权利。一方面，任何个人包括传媒所有者和社会公众都要对自己的言论负责，这个责任是不能自由放弃的责任，是个人良心上负有的责任；另一方面，任何想要表达观点的人，都要将自己的观点自由地表达出来，因为每个人都对自己的良知负有责任，每个人的观点都对促进社会公益负有责任。新闻自由对社会公益负有责任，社会公益优先于新闻自由的权利，这样的新闻自由，才是新闻正义主张的自由。

## 四、传媒苏联共产主义理论视角下的新闻正义

“共产主义之父”卡尔·马克思（Karl Marx,1818—1883）的物质决定论和阶段斗争学说是传媒的苏联共产主义理论的思想基础。他认为，物质决定意识，人的物质生产手段和生活方式决定人的思想，生产力与生产关系的矛盾表现为阶级斗争，决定社会的发展变迁。国家是阶级矛盾不可调和的产物，是一个阶级统治另一个阶级的工具，无产阶级革命的最终目标是消灭阶级差别和阶级对抗，国家自行消亡。共产主义的理想是建设一个无阶级无国家的社会。按照马克思的观点，

[1] 参见[美]弗雷德里克·S·西伯特、西奥多·彼德森、威尔伯·施拉姆：《传媒的四种理论》，戴鑫译，北京：中国人民大学出版社，2008年版，第81页。

人的本质是一切社会关系的总和，社会是一个有机整体，不应当从个人出发来理解社会，而应当从人的生存状态、人与社会的关系等角度来理解作为个体的人。

但是，马克思并没有给无产阶级专政提供一套具体的政治思路，甚至没有谈到大众传媒的问题。传媒的苏联共产主义理论，直接源于列宁（V.I.Lenin，1870—1924）和斯大林（Joseph Stalin，1879—1953）特别是斯大林改造和发展的马克思主义理论。这种苏联化的马克思主义突出了两点：一是只要苏联还处于资本主义大国的包围之中，强力的国家存在是必需的；二是意识形态、现实环境和个人人格塑造了布尔什维克的理想人格，人的所有行动和感情都是服从于布尔什维克的社会目标的。根据列宁和斯大林改造和发展的马克思主义思想，人是社会的，但仅仅是社会的一种成分而已，个人与社会必须具有统一性，人的重要程度大大降低。

基于经过苏联改造的马克思主义思想，社会是最重要的，个人的目标仅在于达成社会的最终目标，在于实行无产阶级专政和实现共产主义的社会理想。这种思想运用到传媒，就成了传媒的苏联共产主义理论的基本依据。

**苏联共产主义理论与传媒控制。**传媒的苏联共产主义理论是20世纪具有独特影响和实践力量的传媒理论，兴起于1917年“十月革命”以后的苏联，此后随着世界范围内的社会主义革命的发展，影响所及达到东欧及亚非拉美的社会主义阵营的国家。从1989年柏林墙倒塌开始，这个传媒理论在东欧土崩瓦解。1991年苏联解体以后，这个传媒理论在世界范围内迅速没落。但是，没落的传媒苏联共产主义理论的影响力至今仍然不可忽视，朝鲜、古巴、越南等国家还在沿袭这个传媒理论模式运作。

传媒的苏联共产主义理论在传媒运作中最突出地表现为：把大众传媒当作党和国家的工具。传媒就是党和国家职能的一部分，是党和国家代表人民掌握的宣传鼓动工具，这个工具的目的是为了社会变革和社会控制的高度统一，是为了反映苏维埃国家意志和实现布尔什维克的理想人格，是为了团结人们建设共产主义社会。

传媒作为党和国家的工具，是党和国家完成服务和管理的途径，是以完成党和国家指派的任务为存在前提的。因此，传媒必须是公有的，苏联时代的报刊、广播、电视都是国有的，传媒私有制和其他领域的私有制一样，是不可思议的。大众传媒作为国家职能的一部分，与其他工具紧密结合在一起，形成统一的力量，去实现国家意志。无论是街道的讨论、学校的会议、工会的活动，还是报纸、广播、电视，它们和警察系统一样，是为了同一个目的的不同工具，他们做同样的事，说同样的话。传媒从上而下的同质化被视为健康的标志，而西方媒体中那些混乱、复杂的报道则被视为不健康的表现。大众传媒作为宣传员、鼓动员和组织者，就是站在苏联马克思主义的立场进行政治揭露，只有通过揭露，才可以透过现象看到本质，才可以撕毁敌人的假面具，培养人民群众的革命积极性。

为此，“苏联的大众传播系统担负着三项任务：将‘指示’通俗化，以提高群众的政治觉悟；解释理论，宣传领袖的思想；大量报道官方信息，以利于党和工人组织顺利开展工作”[1]。为了实现这个任务，党利用三种方式对报刊、广播、电视等传媒工具进行控制：一是人事任免。党的各级宣传部门负责任免新闻传媒的负责人和主要工作人员，对人

---

[1] [美] 弗雷德里克·S·西伯特、西奥多·彼德森、威尔伯·施拉姆:《传媒的四种理论》，戴鑫译，北京：中国人民大学出版社，2008 年版，第 111 页。

员的考虑主要是政治可靠性而非专业技能。二是党的各级宣传部门发出大量具体指示，指明哪些材料可以刊播以及如何刊播。三是新闻阅评制度。各级党的宣传部门有专门的阅评委员会，负责抽阅并批评同级新闻传媒的内容，还发动受众来信进行全民监督。这样，党就把传媒置于全面的掌控之中。

传媒的苏联共产主义理论实际上是一种威权主义的传媒理论，是控制最严密最彻底的一种威权主义传媒理论。但二者对传媒的控制又存在明显的区别，主要体现在：第一，威权主义传媒制度下的传媒可以是私人所有的，受到政府的新闻检查制度、税收政策及法律的控制。而苏联共产主义传媒制度下的传媒则包含在国家之中，完全属于政府，与国家整体的计划体制一样，传媒也如同军队或工厂，经过政府整合和计划，以某种特定任务的完成为目标。前者是受控制的媒体，后者是计划性的媒体。第二，威权主义对传媒采取消极控制的态度，即政府不允许传媒做许多事情，主要是不允许做批评政府的事。而苏联共产主义积极界定传媒的职责，要求媒体去做党和国家需要的事，传媒作为社会变革的组成部分同时要去推动社会变革的完成。前者是消极限制，后者是积极界定。

**传媒苏联共产主义理论的新闻正义主张。**正义是一种观念地把握现实世界的方式，是一种基于实践的理性构想，是一种理想追求。新闻正义作为社会正义，是一种社会理想追求。在马克思主义看来，社会变迁发展的最终目标是达到共产主义社会。共产主义社会是这样一种理想社会：国家自然消亡了，没有阶级差别和阶级对抗，劳动成为人的第一需要，社会的物质和精神产品极大丰富，按需分配，没有压迫，没有剥削，人们过着自由平等的幸福生活。在苏联共产主义看来，社会主义是共产主义的初级阶段，社会主义是一个阶段的建设实践，共产主义的社会理想是奋斗目标。从传媒的苏联共产主义理论来看，传媒是党和国家的工具，以党和国家的目标为目标。具体地讲，传媒要担当好宣传者、鼓动者和组织者的角色，把人民群众统一到社会主义的社会实践和共产主义的社会理想之中。同时，布尔什维克理想人格具有强烈的进取心和高度的共产主义目标指向性，新闻从业者在塑造自己的布尔什维克理想人格之中，实现为共产主义社会而奋斗的理想。所以，在传媒的苏联共产主义理论的语境中，新闻正义首先表现为高扬共产主义的社会理想。

新闻正义是社会理想，也是实践要求。在苏联共产主义的传媒制度之下，传媒是党和国家的耳目喉舌，是党和国家的工具，对党和国家负有严格的责任。这种责任是与新闻自由紧密相关的。苏联共产主义传媒理论认为，传媒是阶级控制的传媒，不是自由的传媒，谁拥有传媒的物质资料，谁就拥有新闻自由。苏联无产阶级代表大多数人拥有传媒，相比西方是少数人拥有传媒而言，拥有更大的新闻自由。但是，绝对的新闻自由是不存在的，责任是新闻自由的基础，只有在承担了满足劳动人民的利益、巩固社会主义制度的责任之上，才有自由可言。这种责任是传媒功能内生的责任，是传媒和新闻从业者的一种自觉意识。在这里，自由是以责任为前提的，责任优先于自由。所以，在传媒的苏联共产主义理论的语境中，新闻正义还表现为高扬的责任意识。

# 第四章 新闻正义的多维考量

新闻正义作为社会正义，在促成实现自身基本善的基础上，即实现真实性与客观性基本要求之上，要为社会正义服务，要致力于解决现实的社会正义问题，促进现实的社会进步。所以，新闻正义在社会正义的追求中寻求自己的地位和作为，在这个追求过程中要面对不同的关系，这些关系是新闻正义要正确处理的关系，也是考量新闻正义的不同维度。这里，主要从自由与责任、公共性与自利性、追寻真相与保护隐私的维度考量新闻正义，其间的关系对新闻自身与社会正义交替发生作用。

## 第一节　新闻自由与责任相伴而生

自由是社会正义最基本的意义之一，自启蒙运动以来，近代思想家们高呼自由、平等、博爱，但真正取得成就的就是人的解放，就是解决了自由的问题。但是，自由是有限度的，人们之间的自由往往是冲突的。显然的例子就是，自由理念产生的现代民主制度，多数人做出的决定可能强制少数人接受与服从，少数人在这种情况下就失去了反对的自由。正如西班牙哲学家费尔南多·萨瓦特尔 (Fernando Savater,1947—) 所说："自由的严肃性在于，我进行选择和行动时，这个自由的动作，就限制了其他动作的可能，而在是否承认有责任之前，是没有办法等到确凿的结果的。"[1] 自由是以责任为前提的，责任是对自由的履约。新闻的自由和新闻的责任就是这样相伴而生的。

### 一、新闻自由是绝对意义的相对自由

"近现代以后，世界上任何政府、政权、国家或社会，没有一个不把自己的政治制度说成是民主的、共和的或自由的。即使事实上是独裁统治，这些政府也总是标榜自己是如何的民主和自由。"[2] 换言之，世界上所有的国家和政府都宣称新闻是自由的，不管其实质上是否是自由的。但是到底什么是自由？什么是新闻自由？新闻自由包括哪些

---

[1] [西班牙] 费尔南多·萨瓦特尔：《伦理学的邀请——做个好人》，于施洋译，北京：北京大学出版社，2008 年版，第 72 页。

[2] 俞可平：《政治与政治学》，北京：社会科学文献出版社，2003 年，第 32 页。

内容？新闻自由有什么意义？这些都是新闻自由需要回答的问题。

**自由与新闻自由的内涵。**自由，自古以来就是一个令人神往的话题。人们都知道自由很重要，都渴望自由。人们对自由进行了无数的探讨和争论，而且这种探讨和争论还将继续进行下去。正所谓一千个读者就有一千个哈姆雷特，人们对自由的理解也是如此，所以给自由下定义不是一件容易的事。但是，总体来说，学者们对自由的界定主要是从两个方面来进行的，一是哲学层面，二是社会层面。

斯宾诺莎（Baruch de Spinoza，1632—1677 年）的伦理学思想被看作是对资产阶级自由的论证，他眼中的自由是典型的哲学层面的自由，他关于自由的概念是被经常引用的自由概念。他对自由的界说是这样的："凡是仅仅由自身本性的必然性而存在、其行为仅仅由它自身决定的东西叫作自由。反之，凡一物的存在及其行为均按一定的方式为他物所决定，便叫作必然或受制。"[1] 他是理性主义的先驱，他的自由是建立在自由与必然性的关系基础之上的，包含着辩证法的因素，主要是强调对必然性的认识，自由就是被意识到的必然性。

而社会或政治层面的自由，主要强调自由就是摆脱强制的束缚。其代表如洛克，他在论奴役时谈到"人的自然自由，就是不受人间任何上级权力的约束，不处在人们的意志或立法权之下，只以自然法作为他的准绳。处在社会中的人的自由，就是除经人们同意在国家内所建立的立法权以外，不受任何其他立法权的支配；除了立法机关根据对它的委托所制定的法律以外，不受任何意志的统辖或任何法律的约束。"[2] 洛克是近代西方自由主义思想的主要代表，代表了近现代政治

[1] [荷兰] 斯宾诺莎：《伦理学》，贺麟译，北京：商务印书馆，1983 年版，第 4 页。
[2] [英] 洛克：《政府论（下篇）》，叶启芳、瞿菊农译，北京：商务印书馆，1964 年版，第 15 页。

思想发展的方向，美国独立战争的《独立宣言》，法国大革命的《人权宣言》，都受到他的自由观的影响。他认为，自由就是免于强力的约束。他的这个看法已成为人们对自由内涵的基本理解。

“发表意见的自由是一切自由中最神圣的，因为它是一切的基础。”[1] 这是英国政论家弥尔顿在《论出版自由》( 1644 年 )中的经典表述。实际上，新闻自由是在西方资产阶级与封建统治和宗教神权的斗争中产生的，是西方自由主义思想的重要组成部分。弥尔顿经历了不幸的婚姻生活，于 1643 年 2 月未经当局审查就出版了《离婚论》，国会为此于 1644 年 11 月传唤他接受质询，他为此作了长篇答辩词，他在答辩词中力陈审查制度的弊端，第一次提出了言论自由和出版自由的口号。他的答辩词结集成《论出版自由》，成为西方新闻自由思想的奠基之作。300 多年以后，1946 年的联合国大会宣布，新闻自由是当今世界的基本人权之一，且属于联合国致力维护的一切自由的关键。

那么什么是新闻自由？根据《中国新闻实用大词典》的解释，“新闻自由也就是出版自由，属公民民主权利中的一种，是宪法所规定的言论、出版自由在新闻传播活动中的体现和运用。公民在行使自由和权利的时候，不得损害国家的、社会的、集体的利益和其他公民合法的自由和权利”。联合国教科文组织“国际交流问题研究委员会”1980 年发布的《麦克布莱德报告》中强调：“人人都应享有搜集和传播新闻信息以及发表意见的权利。但是，新闻人员需要行使这些权利，作为他们有效地进行工作的基本条件”[2]。在新闻自由的众多定义中，日本新闻协会对新闻自由的界定在学术界有较高的认可度，他们认为新

[1] [ 英 ] 弥尔顿：《论出版自由》，吴之椿译，北京：商务印书馆 1958 年版，第 45 页。
[2] 联合国教科文组织“国际交流问题研究委员会”：《多种声音 一个世界》，北京：中国对外翻译出版公司，1981 年版，第 322 页。

闻自由是两个自由："第一，任何势力也强制不了符合事实的报道和评论的自由；第二，为此目的而接近新闻出处，采访新闻的自由"。[1] 从这个定义可以看出，新闻自由就是采访报道和评论事实的自由。

而国际新闻学会在1951年提出的衡量新闻自由的标准比日本新闻协会做出的定义更为全面和系统，他们认为新闻自由应当包括："1. 采访自由，即记者对任何新闻事件具有采访、了解、调查并发掘新闻事实的权利，政府机关、有关部门或者组织个人应当给予便利，而不应该进行阻扰；2. 传递自由，即无论新闻事件发生在什么地方，记者在采访后所形成的新闻稿件必须传递到其所属的新闻机构，才能够进行新闻传播的其他程序，如传递受阻，将被视为侵犯新闻自由；3. 出版自由，即报纸（广播电视）可以自由地出版发行或播出，不应受到发行前的限制或者检查；4. 批评自由，即每个公民都有思想、言论自由，有权通过新闻媒体自由表达各种意见、评论时政，批评政府政策和官吏的不法行为。"[2]

新闻自由的界定是多种多样的，本研究认定的新闻自由是宪法所规定的公民的言论自由权和出版自由权在新闻活动中的具体运用，具体地说，就是新闻采访、报道、出版、传播以及评论新闻事实的自由权利。

**新闻自由的社会价值。**在现代社会中，新闻自由一直被放在一个极其重要的位置，扮演着一个不可或缺的角色。新闻自由不仅要维护整个新闻行业的自由运行，而且要保障公民的自由表达权利，更要维护国家和整个社会自由价值的实现。对于新闻界来说，新闻自由是维护、保持其健康发展的基本前提；对于公民来说，新闻自由是公民实现其

[1] 杨立新：《人身权法总论》，北京：人民法院出版社，2002年第1版，第311页。
[2] 中国新闻协会：《新闻自由论集》，上海：文汇出版社，1988年版，第278页。

他自由权利的基本条件；对于国家来说，新闻自由是维护其民主政治的基本手段；对于社会来说，新闻自由是维护社会自由的基本保障。从社会正义的角度来看，新闻自由的价值和功能主要包括保障公民基本权利、维护国家民主政治、实现社会自由等三个方面。

新闻自由有助于保障公民权利。新闻自由并不仅仅是新闻媒体或者新闻从业者所独有的权利，它还是所有公民的基本权利之一，是公民权利的重要组成部分。新闻自由对于公民基本权利的保障与法律保障、制度保障并不是同一层次的保障，它是超越了法律规范和具体制度而存在的，它对于公民基本权利的影响也是法律规范和具体制度所不能够比拟的。法律规范和具体制度是从某种权利的某个具体方面来影响公民的权利，或者对其加以保护。而新闻自由则是从整个权利体系、整个权利发展的进程以及权利所处的社会环境等多方面全方位来影响公民的各项权利，对其进行保护。新闻自由可以说是公民权利保障发展的“助推器”，它从整个权利体系的架构和发展进程来推动公民基本权利的保障。正如对隐私权的保护一样，在新闻自由的发展和推动之下，隐私权逐步被人们所认识；在新闻的呼吁和宣传下，隐私权的保护逐步得到社会的重视。新闻自由不断引导着人们探索新的欲求，不断扩展公民基本权利的内容，完善公民的权利体系，让没有被发现的公民基本权利得到发现；让尚未得到重视的公民基本权利得到重视；让没有得到法律保障的公民基本权利得到保障。由此可见，新闻自由对于保障公民基本权利的意义，其影响超越了法律规范和具体制度。

新闻自由有助于维护民主政治。首先，新闻自由有助于监督政府。新闻的舆论监督是对政府权力监督中极为重要的监督方式之一，它能够发挥行政监督、司法监督等发挥不了的作用。新闻舆论监督信息覆盖范围广、传播速度快、信息透明度高、社会影响力大，这些都是其他监督方式无法比拟的优势。虽然新闻舆论监督并不像行政监督和司法监督那样直接给予被监督者以惩处，但是由于其公开性、广泛性和较大的影响力能够引起重视，从而能够解决实际问题。“不怕上告，只怕登报”，直白地说明了新闻舆论监督的效果在某些情况之下甚至超过行政监督和司法监督等监督方式的效果。通过新闻自由，公民不仅能够对国家的行政机关进行监督，还可以对立法机关、司法机关的权力行使实行有效的监督。“表达自由和新闻自由的实质是，限制和约束国家任意使用权力压制人民意见的表达，同时保障人民可以以表达意见的方式来影响国家权力的实施。”[1]新闻自由因此成为自由国家的重要标志之一，成为民主政治的标志之一。第二，新闻自由有助于促进法治。新闻媒体对于政府权力行驶监督的过程，有助于人们对于现行制度的思考，促进法律法规体系的完善，推进法治政府的建设。前文举例的“孙志刚案件”，经过新闻媒体的报道，使得公众对当时的政府收容遣送条例进行了强烈的批评，从而导致了国务院废除《收容遣送办法》，颁布了《救助管理办法》。试想如果没有新闻自由，就不可能有新闻的介入，就不可能有舆论的推动，就不可能有这样的法治进程。第三，新闻自由有助于弘扬民主。民主国家要求公民能够参与到社会事务的管理中去，但是公民能够直接参与到社会事务的管理中去，或直接行使决策权的渠道和方式并不多，参与方式大多数是间接的。而新闻自由正是最有效的参与渠道和方式。因为新闻自由，公民通过新闻媒体的报道，能够及时了解国家和社会的各项事务，并通过新闻媒体表达自己的意愿和态度，对决策机关加以影响，从而参

[1] 魏永征、张咏华：《西方传媒的法制、管理和自律》，北京：中国人民大学出版社，2003 年版，第 21 页。

与到间接决策中。

新闻自由有助于实现社会自由。实现社会自由是新闻自由的主要任务，也是新闻自由的功能和价值所在。首先，新闻自由的主要任务就是实现社会自由。新闻自由属于一种公共权利，而公共权力的立足点是社会的公共利益。作为公共权利的新闻自由，其立足点就在于要维护社会公益，实现社会的自由。第二，新闻自由本身就是社会自由的一部分。“言论自由原则并不是源于某种假定的‘自然权利’，而是源于以普遍性投票的方式实行自治的需要，是公众对有关公共利益事项的思考和讨论。”[1]从新闻自由的内容来看，新闻自由是社会自由的内容之一。使用新闻媒体的自由就是社会成员为了满足自己的文化需求，是在追求自身的幸福。从行使新闻自由权利的主体来看，新闻自由权利的行使是由社会中的人来完成的，其行使权利最主要的目的是追求社会的自由。从实践价值来看，新闻自由作为社会自由的组成部分，在新闻实践中将自由的内涵不断扩大，使其所受的限制进一步减少，社会自由也因此进一步实现。第三，新闻自由的实现是社会自由实现的保障。梁启超说过，“若立法、司法两权之独立，政党之对峙，皆其监督之最有效者也。犹虑其力薄也，于是必以舆论为之后援。西人恒有言曰：言论自由、出版自由为一切自由之保障。”[2]新闻自由的实现，能够促进宪政，完善法治，有利于公民行使知情权与监督权，能够更好地了解社会各项事务的发展，能够对政府的行为进行监督，能够对社会管理中的问题自由发表自己的意见和看法，使社会和国家

[1] [美]亚历山大·米克尔约翰：《表达自由的法律限度》，侯健译，贵阳：贵州人民出版社，2003年版，第67页。

[2] 梁启超：《新民丛报章程》，载《新民丛报》，1902年2月8日。转引自章敬平：《论新闻自由》，苏州大学博士学位论文，2007年，第90页。

的运行处于一个良好的状态，从而保障社会自由的实现。

**新闻的绝对自由与相对自由。**新闻自由究竟属于绝对自由还是属于相对自由？这是探讨新闻自由不能回避的问题。本研究认为，新闻自由是不可剥夺的，是绝对的新闻自由；而新闻自由的实现是有限度的，新闻只能是相对自由的。换言之，新闻自由是绝对的，新闻是相对自由的。

新闻的绝对自由说主要存在于欧美国家的理论界，是早期的自由至上主义者在反对专制过程中的激进观点。他们认为，新闻自由是一种不能够加以任何限制的权利，新闻自由是公民自治的重要保障，是不能够打折扣的，不能够被扣减的。“新闻自由保障的是公民参与自治的权利，而自治的权利是不可以克减的，是政治代理人绝对不可以限制的，所以言论自由就是不可以限制的，绝对的。”[1] 在欧美国家的社会实践之中，一些法律的条款规定也意味着新闻自由的绝对性。如美国宪法第一修正案规定：国会不得剥夺言论或者新闻自由。这样一个简单的规定，就确定了新闻自由的绝对性。因为在这个条款中并没有其他的附加条件，并未说明宪法保护的只是那些对国家和社会“有益”的言论。而当今现实的美国社会，只要言论不属于泄恨、挑衅、淫秽等类型，都受到第一修正案的保护。如果政府要限制某种言论，就必须证明这种言论对社会具有明显的实质的危害。“明显而即刻的危险”原则，是新闻自由唯一的法定限制条件。

新闻相对自由说在我国学术界的认同度较高，欧美社会 20 世纪 50 年代以后的社会责任传媒理论也认可新闻的相对自由说。他们认为，

---

[1] Alexzander Meiklejohn.Free Speech And Its Relation to Self—government.New York：Harper &Brothers Publishers,1948. 转引自章敬平：《论新闻自由》，苏州大学博士学位论文，2007 年，第 75 页。

新闻的自由是相对的，是应该被限制的。新闻自由是与新闻的责任联系在一起，密不可分的，新闻是自由的，但是新闻自由同时必须承担相应的社会责任。“任何自由都是相对的，有条件的。宇宙可谓大矣，但是星球必须各循其道，才有运行的自由，否则后果可想而知。新闻自由也是要严守规范的，不是无条件的，绝对的。这一点资产阶级也不能不承认。除了少数资产阶级报人，为了自身的特殊利益，鼓吹过无限的、绝对的新闻自由的口号外，整个资产阶级并不相信这一口号，总是把新闻自由与新闻的‘社会责任’联系在一起。”[1]因此，如果新闻自由与社会公共利益相冲突，新闻自由必须让位于社会公共利益而受到限制。

那么，新闻自由到底是一种绝对自由还是一种相对自由呢？探讨这个问题，我们先要清楚理解绝对与相对的关系，特别是要理清几个概念的区别：绝对的新闻自由与新闻的绝对自由，相对的新闻自由与新闻的相对自由。

先看绝对与相对的关系。绝对与相对属于哲学的范畴，绝对与相对是对立统一的。一方面，二者是相互区别的，“相对是指事物的不确定性、时间性（阶段性）、非决定性和有条件性，绝对是指事物的确定性、永恒性和无条件性。”[2]另一方面，二者又是相互依存的，没有绝对就没有相对，没有相对也不会有绝对，二者互为前提而存在，只有在对方存在的情况下，二者才会有意义。

再看绝对的新闻自由与新闻的绝对自由。绝对的新闻自由可以理解为新闻自由的绝对性。这种绝对性是指新闻自由作为一种不可被克

[1] 孙旭培：《新闻学新论》，北京：社会科学文献出版社，1993年版，第97页。
[2] 陈志红：《相对性知识——理性沉思录》，广州：广东人民出版社，2002年版，第171页。

减、不可被限制的权利是确定的、永恒的、无条件的，始终要被公民所享受的，这是绝对的，不容置疑的。在新闻自由的国家里，新闻自由事实上是一种神圣不可侵犯的权利，公民拥有这一权利是绝对的。因此，我们可以说公民享有绝对的新闻自由。新闻自由是通过国家体制的具体运行来体现的，不同社会、不同国家、不同地区的运行体制存在差异，因此新闻自由的体现方式也会存在差异。但是在种种差异之中，新闻自由始终保持着某些稳定的、不同社会所共有的东西，这也是绝对的新闻自由。而新闻的绝对自由则不同，它指的是新闻是完全自由的，新闻的采访、报道、出版、传播以及观点表达都是自由的，是不受任何限制的。

相对的新闻自由与新闻的相对自由同理可推。相对的新闻自由指新闻自由这一种权利是不确定的、时间性的、非决定性的、有条件的；换言之，公民的新闻自由的权利是在一定条件下才享有的。新闻的相对自由指新闻的自由是有条件的，新闻的采访、报道、出版、传播以及观点的表达，都是有限度的，都是受到一定条件制约的。

本研究认为，新闻自由是一种绝对意义下的相对自由，新闻自由是绝对的，新闻是相对自由的。这样说并不矛盾。绝对意义下的新闻自由指的是绝对的新闻自由。新闻自由是一项神圣不可侵犯的权利，是每一个公民都应当无条件享有的权利，这是毋庸置疑的，是不能够被否定的，是绝对的。而新闻的相对自由则是说新闻自由是有一定条件的，只有在限制范围之内新闻才是自由的。之所以认为新闻是相对自由的，主要基于以下两点考虑：第一，社会现实决定新闻是相对自由的。处于不同的国家和地区的人们，有着不同的历史文化，有着不同的观念和信仰，有着不同的社会运行机制，因此对新闻自由的理解也不同。由此，新闻自由在不同的国家、不同的地区就存在着差异，不同国家和地区的新闻自由不尽相同。各个国家和地区由于自身环境、社会、经济、政治、意识形态等方面的差异就自然造成新闻在不同国家和地区之间的相对自由。而且，新闻实践中，从采访、编辑制作到出版、发行、传播，各个环节的自由权的实现，是受到现实的政治、经济、文化传统等条件制约的。第二，新闻自由是法律规定范围内的自由。新闻自由是由法律来保障的，同时也是由法律来限制的。我国的宪法就明确规定："中华人民共和国公民在行使自由和权利的时候不得损害国家的、社会的、集体的利益和其他公民的合法的自由和权利。"新闻的自由是法律框架之内的自由，新闻自由不能超越法律的约束，不能脱离法律体系之外。

### 二、新闻责任是新闻对社会的担当

如前所述，本研究理解的新闻自由是这样的：新闻自由是绝对的，新闻是相对自由的，新闻自由是绝对意义下的相对自由。这种相对性就在于新闻自由是一种附带责任的权利，是与责任紧密相连，不可分割的。

**责任与新闻责任的内涵。**对责任的理解通常包含两个方面的意思，一是指分内应做的事，如职责、尽责任、岗位责任等；二是指没有做好自己分内应做的事，而应承担的不利后果或强制性义务，如承担责任、负责任等。但是从新闻承担的责任而言，这里要探讨的主要是社会责任。社会责任是指某一社会角色的扮演者（包括个人和群体）对构成角色关系的其他社会角色（包括个人和群体）所承担也应当承担的法律责任、道德责任及社会义务。那么，新闻的社会责任应该包含什么样的内涵？

路易斯·霍奇思（Louis W.Hodges）是关注新闻或者传媒社会责任最早的学者之一。在他看来，传媒的责任有两种含义：Responsibility 和

Accountability。其中 Responsibility 指的是传媒自发地对自己的行为负责，这其中包括了对自己的传播行为负责，对传播内容的真实性、准确性负责；而 Accountability 指的是外部势力对大众传媒的一种要求，这个外部势力包括行政、立法、司法以及其他权力机构，这种要求带有一定的强制性。他认为大众传媒所承担的责任有三种："一是指定式责任。在某些国家大众传媒是政府的一个组成部分。新闻从业者的一部分责任往往由政府指定，另一部分责任由他们所属的媒介机构或公司指定。二是契约式责任。新闻从业者通过与社会订立'契约'，自愿承担某些明确或者隐含的责任。契约式责任可以细分为两类：其一，新闻从业者与雇用他的大众媒介组织签订契约，明确规定所应承担的责任。其二，新闻从业者与公众之间订立'契约'，它与公众利益是一致的，如社会要求新闻工作者起到沟通信息的作用等。三是自愿式责任。这一责任与新闻职业道德有关。它是新闻从业者自愿将责任融于自律的价值体系中，自觉承担责任。"[1]

美国传播学者丹尼·埃利奥特（Danny Elliott）从媒体的职责功能出发来认识媒体的社会责任，他认为"无论大众传媒置身于怎样的社会中，它们都对社会负有责任。不管是私有制媒介，还是政府所有制媒介，不管有无新闻控制的存在，也不管这种控制是来自新闻机构本身，还是来自外部力量，责任都是存在的"[2]。他把传媒的社会责任分为显性责任和隐性责任两种，显性责任是针对媒介组织来说的，通常是媒体对社会的公开承诺；隐性责任则是针对新闻从业者个人来说的，主要是其履行职业道德，对自己的行为负责。

[1] 转引自胡兴荣：《新闻哲学》，北京：新华出版社，2004 年版，第 130 页。

[2] 转引自胡兴荣：《新闻哲学》，北京：新华出版社，2004 年版，第 131 页。

美国传播学者约翰·梅里尔则一直倡导多元化的个人责任观。在他看来，传媒责任主要有三种："由政府法定的责任；由大众媒介机构自身的专业标准界定的责任；由新闻从业者个人界定的多元化责任"[1]。美国传统的价值观念信奉个人自由主义，因此他认为责任是多元化的，传媒的社会责任是由新闻从业者个人自由界定的社会责任。

虽然传播学者从不同的角度对于新闻的社会责任有不同的理解，但是不同的理解中都预设了新闻自由与责任相伴而生的前提，都强调了新闻传媒及新闻从业者在社会关系中应承担责任，这些责任是社会关系中的新闻传媒以及新闻从业者对于他人、职业、国家和社会的责任。通过对不同的新闻责任观的梳理后，本研究认为，新闻的社会责任是新闻机构以及新闻从业者在新闻实践中对社会、国家以及公众所承担的道德责任、法律责任和社会义务。

**社会责任新闻思潮。**所谓新闻思潮，是指在新闻的发展历史进程中，新闻行业普遍形成的一种思想上的认同。社会责任思想是当代西方社会最具代表性的新闻思潮之一，对当今世界的新闻业产生了巨大的影响，特别是对欧美等西方社会的新闻业产生了广泛而深入的影响。社会责任新闻思潮对新闻业的影响主要有四条脉络：新闻自由的相对性、新闻肩负社会责任、新闻道德自律、媒体与政府关系。社会责任新闻思潮集中表现为传媒的社会责任理论，其主要内容在新闻正义的传媒理论分析中已有详述，这里从新闻责任担当的角度简述一下社会责任新闻思潮的其他内容。

新闻应该肩负社会责任。新闻肩负社会责任是由新闻本身的性质决定的，新闻的舆论导向、信息传播、社会监督等职责决定了新闻必

[1] 转引自胡兴荣：《新闻哲学》，北京：新华出版社，2004年版，第132页。。

须肩负社会责任。正如普利策1907年在他的事业即将告终的时候写下的名言："我知道我的退休不会影响办报的基本原则。报纸将永远为争取进步和改革而战斗，决不容忍不义或腐败；永远反对一切党派的煽动宣传，决不从属于任何党派；永远反对特权阶级和公众的掠夺者，绝不丧失对穷苦人的同情；永远致力于公共福利，决不满足于仅仅刊登新闻；永远保持严格的独立性，决不害怕同坏事做斗争，不管这些事是掠夺成性的豪门权贵所为，还是贪婪的穷人之举。"[1]新闻对社会有着巨大的影响力，如果不肩负社会责任，将对社会造成巨大的破坏。实际上，在自由至上主义盛行的时代，人们对于新闻要肩负社会责任这个问题的思考和研究就逐渐深入，自由是一种天赋权利，也是一种带有社会义务的权利。新闻追求自由是绝对的，但是新闻实现的自由只是一种可以问责的相对自由。

在社会责任新闻思潮发展的初期阶段，新闻肩负的社会责任基本上局限于狭义的新闻报道工作层面。但是随着社会的进步和传媒的发展，各种新的问题不断出现，社会、政治、经济等因素的变化也导致了新闻社会责任的变化。新闻社会责任所包含的内容不断扩展，时至今日，新闻的道德责任、法律责任、公益责任不断体现在新闻实践中，为人们所关注。新闻的道德责任不仅包括新闻从业者的个人美德，也包括新闻行业的职业道德，更包括新闻从业者、新闻媒体以及整个新闻行业的行为要符合社会公德；新闻的法律责任要求新闻在法律的框架之内运行，新闻自由是法律范围内的自由，并且新闻有不断促进法律体系完善的责任和义务；新闻的公益责任要求新闻从社会公共利益

[1] [美] 迈克尔·埃默里、埃德温·埃默里、南希·L·罗伯茨：《美国新闻史》，展江译，北京：中国人民大学出版社，2004年版，第219页。

出发，为社会公共利益服务。现代社会中，新闻的社会责任不断扩大，新闻的责任担当成为社会所关注的焦点问题之一。

新闻道德应该自觉规范。社会责任新闻思潮推动了新闻社会责任观的形成，新闻社会责任观认为，新闻道德规范应该是新闻媒体和新闻从业者的自觉意识，这种规范的力量应该来源于新闻界自身，而不是外部的强制。新闻道德包括新闻从业者的个人品德和职业操守，包括新闻媒体的道德担当，也包括整个新闻行业的职业道德，新闻道德规范是整个新闻行业自我约束自身行为的信条。换言之，新闻行业要自觉遵守道德规范，自觉履行道德责任，积极提倡新闻自律，新闻从业者和新闻媒体要积极践行新闻自律。新闻自律，从某种程度上说是新闻正义的追求有了道德上的自觉。

自 20 世纪以来，特别是在自由至上主义的传媒思想影响之下，新闻界出现过许多道德失范的情况。各种质量低下、品位庸俗甚至是虚假的新闻作品充斥着新闻媒体；新闻传媒组织奉行利润至上的原则，为了获得经济利益，不顾职业道德，无视社会公德，沦为一些财团的代言人；新闻从业者则是为了自己的私利，不惜采取不道义的手段获取新闻信息或者直接发布虚假信息。这样，社会的公共利益被新闻媒体和新闻从业者的一己之私所抛弃。这种现象促使社会公众反省新闻行业的道德缺失，社会公众的力量推动了新闻界的反省，新闻界自身因此进一步认识到规范新闻道德的必要性，也因此更自觉地去规范新闻道德。

新闻媒体应该调节自身与政府关系。自由至上主义认为，最好的政府就是管得最少的政府，最好的政府就是权力最小的政府，政府被看成了新闻自由最大的敌人，这就造成了新闻界与政府的对立。而社会责任新闻思潮则强调要协调好政府与媒体的关系，“政府机构利用大众传媒向公众提供信息，而公众希望利用大众传媒来监督政府，同时大众传媒大大降低了公众获取政府信息的成本，在信息公开化过程中，政府致力于更多地公开信息，传媒则致力于更好地收集、处理、传播信息，在健全法制的规范下，它们各司其职、各尽其能，使人们真正在自由、充分、全面的信息流动中受益。"[1] 新闻作为立法、司法、行政之外的"第四种权力"，不仅要加强对政府的监督，而且要调节自身与政府的关系，接受政府的引导和规范。对于新闻界来说，与其与政府对立，不如与政府合作，这样才能真正保证新闻的自由，完成自己的使命。

政府为整个社会发展和进步导航，因此也要与媒体多加配合。美国哈钦斯委员会为政府提供了三项与媒体配合的原则："一、在不干涉新闻界活动的同时，政府可以采取行动去改善新闻界各种活动赖以发生的条件，诸如让发行渠道更加广泛和稳定，消除思想观点自由流动的障碍，减少混乱并提高公共辩论的现实性，以便公众利益得到更好的实现。二、作为抑制新闻界更多的明显滥权行为的手段，新的法律补救和预防措施不会被排除，这是我们业已强调的防备办法中的应有之义。这些法律措施不是天生要减少自由，而如同帮助清除高速公路上酗酒司机的法律一样，它们是通过为诚实的新闻界消除实践和声誉方面的障碍来增加自由的手段。三、政府可以并应该进入媒介评论和新闻供应领域，不是作为私人企业的替代物，而是作为一种补充性的消息来源。"[2]

**新闻的社会责任要求。**新闻的社会责任意味着新闻对社会承担的

---

[1] 许正林：《欧洲传播思想史》，北京：生活·读书·新知三联书店，2005 年版，第 171 页。

[2] ［美］新闻自由委员会：《一个自由而负责的新闻界》，展江、王征、王涛译，北京：中国人民大学出版社，2004 年版，第 75 页。

义务。新闻要担当起社会的责任或义务，就对新闻从业者、新闻媒体和整个新闻行业都提出了负责的要求。这些要求包括法律的规约、道德的责任以及新闻职责所赋予的社会义务。

新闻的社会义务包括反映社会舆论、引导社会舆论以及监督社会运行，这可以说是新闻总体性的社会责任。首先，新闻应当反映社会舆情。“分散的个人意见要公开表达才能参与大范围的社会讨论；最终形成一致意见也要公开表达才能作用于社会，成为实际意义的社会公众意见。”[1]社会舆论的形成与新闻的传播是密不可分的，同时社会舆论发挥其作用、扩大其影响也离不开新闻传媒作用的发挥。第二，新闻应当引导社会舆论。新闻的主要功能是反映不断变化的社会事实和社会舆论，为公众提供及时的信息资源。但是，新闻的作用不能仅仅限于提供信息，反映社会舆论；新闻更大的作用是在提供信息反映社会舆论的同时对舆论加以引导。新闻要通过及时有效地向公众提供信息，利用这些信息对公众的认知加以影响，引导其意见和认识，从而将社会舆论引入符合公共利益和社会期待的发展方向上去。当然，这种引导并不一定是直截了当的，更多的是通过新闻信息的提供对公众加以潜移默化的影响，进行隐性的指引。第三，新闻应当监督社会运行。新闻是除立法、司法、行政三种权力之外的“第四种权力”，其监督作用是其他三种监督不可替代的。在新闻自由的传媒制度之下，新闻传媒成为公众自由发表意见的平台，成为社会舆论的放映机和导航仪，因此监督社会运行也就理所当然地成为新闻重要的社会义务之一。新闻监督的力量是巨大的，这种力量来自其所反映的社会公众的意志，所以也可以说新闻的监督就是公众的监督。新闻监督要监督整

[1] 陈力丹：《马克思主义新闻思想概论》，上海：复旦大学出版社，2003年版，第62页。

个社会的运行状况，特别是权力机构对社会事务的管理情况，保证整个社会的运行方向是有利于实现社会公众的整体利益的，是有利于社会进步的。

新闻的法律责任主要是指新闻的运行要在法律规定范围之内，新闻的自由是法律框架之内的自由，新闻的发展是与法律的发展相协调的。一方面，新闻应当在法律框架之内自由运行。知情权与隐私权的关系最能说明新闻的法律责任。从权利的性质出发，知情权与隐私权都是公民所享有的基本权利，都受到宪法的保障，都是神圣不可侵犯的权利。公民有权通过新闻来了解整个社会的运行和发展情况，新闻有义务向公民提供及时有效的信息。换言之，新闻要在第一时间内将事实信息及时、准确地向公民反映，保证公民的知情权。同时，作为个体的公民都有保证自己的私人信息、私人活动及私人领域不被泄露不被侵犯的权利。公民的隐私权包括：公民对于自己的隐私有进行隐瞒不被外界知晓的权利；公民有对自己的隐私进行利用以满足自身需求的权利；公民有当自己隐私权受到侵犯寻求公力救济的权利；公民有对自己隐私进行支配的权利。显然，知情权与隐私权在新闻实践中是存在冲突的，知情权要求新闻尽量提供更多的、更详细的外界信息；隐私权则要求新闻尽可能地保留社会个体的私人信息。新闻的法律责任要求新闻在二者的冲突中找到合理的限度，在保证公民知情权的同时保护好公民的隐私权。另一方面，新闻应当对法律的发展发挥作用。马克思主义新闻观认为报刊如果不能对法律发挥作用，就不可能促进国家的发展。因为，法律的发展过程中不可能没有对法律的批评，因为对法律的任何批评，都会在公民的心目中和行为中引起与现存法律的不协调，而这种不协调给人的感觉是不满，所以，如果新闻无权唤起人们对现存法定秩序的不满，它就不可能忠诚地参与国家的发展。

新闻发挥其监督社会的职能，发现法律体系的不足，促进法治体系不断完善，也是新闻担当的法律责任。

新闻的道德责任是指新闻道德应当受到规范，这个应当就是新闻作为自由社会的存在的机能所负的基本责任。新闻界应当是一个可问责的新闻界，新闻道德问责体现在规范新闻道德上。新闻道德在新闻实践中有着重要的意义，不仅关系到整个新闻业的职业声誉，关系到新闻是否能够担当其社会使命、引领时代精神的发展，还关系到整个社会道德体系的发展。新闻作为一个面向所有社会公众的系统，承担着实现社会公共利益的责任，除了外部监督，道德自律尤显重要。新闻自律包含了三个层次：新闻从业者自律；新闻媒体自律；新闻行业自律。新闻从业者自律主要是提高新闻从业人员的个人道德素质，对自己的行为进行自我管理和约束，使自己的行为符合道德规范；新闻媒体自律主要是新闻机构或组织通过制定内部规章制度、工作守则等，强制员工遵守，使媒体的行为符合社会规范；新闻行业自律则是从新闻从业者自律和新闻媒体自律的发展中产生、扩大而成为新闻行业的一种自我管理制度，用以约束新闻从业者以及新闻媒体的行为，使整个行业更好地维护社会的公共利益。新闻业履行自身的道德责任，能够提升自己的公信力，赢得社会公众的信任。同时，新闻道德的实践，能够对社会公众施加潜移默化的影响，对于公民道德规范和社会道德体系的建设发挥示范效应，起到促进作用。

### 三、新闻自由与责任的关系及新闻正义

新闻自由是绝对意义下的相对自由，是一种包含道德义务的权利。这里的道德义务就是新闻责任，新闻责任是新闻对社会的担当。新闻自由与新闻责任是紧密相连、不可分割的。新闻正义以新闻自由为前提，

包含新闻责任的基本内容，没有新闻自由和新闻责任，就无以谈新闻正义。

**新闻自由与新闻责任的关系。** 自由与责任是密不可分，对立统一的。一方面，自由是一种权利，意味着不被必然性力量限制，不被束缚。责任则是一种义务，意味着被他人需要，对他人担当，也就意味着自身的不自由。因此自由与责任是对立的。另一方面，自由与责任是相互统一的。凡自由必与权利伸张有关，凡权利必与责任有关。没有权利的义务是不存在的，没有自由的权利就不能承担对自由的义务；没有义务的权利也是不存在的，没有责任约束的自由最终不成其为自由，完成责任往往也是为了自由，责任是自由的前提。

自由与责任的关系，也就是新闻自由与新闻责任的关系。新闻自由是不可剥夺的权利，随着社会的开放程度和个人自由程度的扩大，新闻自由的旗帜还会越举越高。但是，新闻终究只能是相对的自由，因为新闻自由的实现要受到诸多条件限制，不可能是无限度的。一方面，新闻自由是社会自由的基石，是保障公民权利、维护经济自由环境、促进民主政治的前提条件，也是实现社会自由的保障，因此新闻自由是不可剥夺的权利。另一方面，新闻自由是一种附带道德义务的权利，虽然这是一种不可剥夺的权利，但是行使权利需要以承担社会责任为条件。换言之，新闻自由的权利在道义上负有社会责任。在新闻实践中，新闻从业者在良心上对自身的自由行为负有义务，新闻媒体对自身的自由权利负有社会义务，新闻行业对新闻的自由负有社会义务。这种义务就是对社会的责任，对社会的公共利益负责，最终是对社会正义负责。

新闻自由的旗帜之所以能够高举，正是因为新闻所承担的社会责任。因此，对于新闻责任，新闻媒体和新闻从业者不但不可忽视，而且要勇于承担。总而言之，新闻自由与新闻责任是紧密相连、相辅相成的，它们共同构成了新闻实践中的行为规范的重要内容，也构成了新闻媒体和新闻从业者时时要正确处理的关系。

**新闻自由与新闻正义。**新闻自由与新闻正义的关系问题，其实就是自由与正义的关系问题。自由是一种基本善，是人类存在与发展的基本表现形式，是人类存在的价值体现。自由作为一种善是人类追求其他善的前提条件。人类追求财富、知识，无不以自身是自由的存在为前提。人类一直追求的至善是幸福，而幸福也是以自由为前提条件，只有自由的人才能够真正获得幸福。但是，自由并不是绝对的自由，并不是不加限制的自由。一旦社会对自由毫无限制，人类就会陷入一种无政府的状态，每个人按照自身的意志行事，追求个体的自由。这样，除非每个人都是与外界隔绝、独立自处的，否则人与人之间必然会发生冲突，整个社会就会充满不同形式的冲突，进入托马斯·霍布斯所说的“一切人反对一切人”的战争状态。个人的自由实际上因为个人的绝对自由而得不到保障，这样看来，个人的绝对自由不是真正的自由。相反，社会如果为了保障自由而给自由设置一定的限制条件，将个人的行为限定在一定的范围之内，人的自由也就是在这个限定范围之内的自由。限定人的自由，也是保障人的自由。自由是一个正义的问题，但是无限制的自由并不是正义行为，只有合理限定的相对的自由，才算得上是正义行为。

而从新闻自由与新闻正义来看，新闻自由是一种绝对意义下的相对自由，是一种合理设限的自由，当然属于新闻正义的范畴。换言之，正义的新闻必然是自由的新闻，但是自由的新闻不一定就是正义的新闻。新闻自由是人类追求的基本善之一，是人类追求新闻正义的基本前提。只有实现了新闻的自由才有可能实现新闻的正义。但是，新闻自由的实现并不一定代表新闻正义的实现，因为新闻正义包含着更积极而广泛的内容，新闻自由仅仅是这些内容中的一项，新闻自由的实现仅仅是新闻正义实现的基本条件。

**新闻责任与新闻正义。**“柏拉图把正义理解为各个等级各守其位、各司其职，这是一种基于责任的正义。另一方面，责任本身的确定也应该是正义的，这种责任可以称之为基于正义的责任。”[1] 正义是一种基于责任的正义；责任是一种基于正义的责任，二者构成了一种相互制约的循环。

新闻的社会责任就是新闻媒体以及新闻从业者在新闻实践中对社会、国家以及公民所承担的道德责任、法律责任和社会义务。新闻责任是一种基于新闻正义的责任；新闻正义同时是一种基于新闻责任的正义；新闻责任的最终走向是新闻正义，新闻正义的实现必然要求新闻责任的实现。新闻从业者与新闻媒体要肩负一定的社会责任，这是对新闻的基本要求，新闻的存在意义就是为了服务于社会、服务于公众。新闻要反映社会舆论、引导社会舆论以及监督社会运行，为公民提供真实准确和客观公正的信息服务；新闻的运行要在法律规定的范围之内，新闻的自由也是法律框架之内的自由，新闻的发展是与法律的发展相协调的；新闻从业者以及新闻行业的道德应当受到规范。这些责任要求都是新闻正义实现的前提，也是新闻正义的基本内容。但是，新闻从业者、新闻媒体以及新闻行业承担了这些责任并不能够说是实现了新闻正义，正如新闻自由与新闻正义的关系一样，新闻责任只是新闻正义之中的一项内容，是新闻正义的基本组成部分。总而言之，

[1] 沈晓阳：《基于责任的正义与基于正义的责任——兼论柏拉图与罗尔斯正义观的互补关系》，《杭州师范学院学报（社会科学版）》，2005 年第 3 期，第 52 页。

新闻正义必然要求新闻承担社会责任，但新闻担当社会责任并不必然表明新闻正义的实现。

## 第二节　新闻的公共性与自利性相持博弈

新闻被称为社会公器，意味着公共性是其固有的基本属性。但是，在新闻实践中，不管是新闻媒体私有企业化的西方社会，还是新闻媒体公有制为主体的现实的中国社会，新闻媒体都负有两种职责，一种是公器之职责，为人民代言，以社会利益为上；一种是市场之职责，新闻媒体需要利润支持去完成第一个职责，要在市场法则中生存，以自身利益为追求。两种职责可能并不必然冲突，但是两种职责肯定不能总是统一的。而且，新闻的自利性不仅是新闻从业者个人难以克服的欲求，也是新闻媒体组织难以放弃的生存需求，对这种自利性进行限制因此变得更加困难。所以，正确处理新闻的公共性和自利性的关系，对于新闻正义来说是一项艰巨的任务。

### 一、新闻的公共性以社会利益至上

公共性主要是政治哲学和行政管理学研究的概念，它是政府的本质属性，也是以公共服务、公共事务管理为目标的其他社会组织的基本属性，新闻传媒机构就是这样的社会组织。在现实社会中，几乎所有的政府和社会公益组织都以公共性来标识自己而区别于企业和其他私人机构。

**公共性及其源流。**对公共性的探讨由来已久，最早是从道德的角度对政府属性的思考。柏拉图和亚里士多德都是从城邦正义的角度探讨公共性，前者认为，成立城邦是为了实现正义，后者把善生活或正义生活方式的概念作为城邦的公益的意识形态。近代以来，洛克、卢梭等思想家们在对政府合法性的批判中，主要从契约精神的角度探讨公共性的问题。洛克认为，“公民政府是针对自然状态的种种不方便而设置的正当救济办法。”[1]公民为此把自己的一部分权力交给公共机构即政府去执行，公民个人权利的让渡形成公共性权力。卢梭认为，“政府就是在臣民与主权者之间所建立的一个中间体，以便两者得以互相适应，它负责执行法律并维护社会的以及政治的自由。”[2]公共性体现为政府执行法律、维护社会自由和政治自由。而边沁和约翰·密尔等功利主义者，则从最大多数人的最大福利的主张出发，认为政府的公共性主要体现在维护公共利益、提供公共福利。

哈贝马斯是现代公共性研究不可回避的代表人物。他对公共领域的社会结构、功能及其转型的研究，使公共性的研究更具有普遍的意义。他认为，“公共性本身就表现为一个独立的领域，即公共领域，它和私人领域是相对立的”[3]。在这里，公共性不只是公共机构的属性，它是区别于私人领域的社会公共生活的范围，现代社会公共领域的存在需要具备以下三个条件：“一是由具有独立人格的私人组成的公众；二是拥有自由交流、充分沟通的媒介；三是能够就普遍利益问题自由

[1] [英] 洛克：《政府论（下篇）》，叶启芳、瞿菊农译，北京：商务印书馆，1964 年版，第 8 页。

[2] [法] 卢梭：《社会契约论》，何兆武译，北京：商务印书馆，1980 年版，第 72 页。

[3] [德] 哈贝马斯：《公共领域的结构转型》，曹卫东、王晓珏、刘北城等译，上海：学林出版社，1999 年版，第 2 页。

辩论、充分交流，进行理性批判达成共识，形成公共舆论”[1]。他的公共领域与公共性有等同的意蕴。公共性“指的是一种公有性而非私有性，一种共享性而非排他性，一种共同性而非差异性。因为，在社会公共领域内活动的主体不是纯粹的私人主体，还有公共主体；运作的权力(利)不是纯粹的私人权力(利)，还有公共权力；所作的决策不是纯粹的私人自治，还有公共决策；生产的物品不是纯粹的私人物品，还有公共物品”[2]。这里的公共性，是就社会公共性的属性来说的。

梳理公共性研究的源流，大体上反映了公共性的一些共同特点：它是公开的、共同的；它反映公共利益，满足社会公众需求；它体现了一种公益目标和公益精神。本研究认为，公共性是政府和其他非私人、非营利性组织进行公共管理、提供公共服务的过程中表现出来的，以公共利益为目标并且标示公益精神的一种属性。公开、公众、公益，可以作为公共性特征的三个关键词。

**新闻公共性的体现。**新闻媒体是一种公共性机构，新闻实践活动是一种公共性活动，这应该是不证自明的问题。“新闻职业的公共性表现在新闻职业涉及社会公众、公共资源，其职业会影响社会公共利益，同时新闻职业劳动的结果具有社会成员共同消费、利用的可能性。”[3]可以从公共性的三个特征来阐明新闻具有公共性：新闻活动和传播的信息都是公开面向社会的，所有人都可以通过新闻来了解社会最新动

[1] 参见[德]哈贝马斯：《公共领域的结构转型》，曹卫东、王晓珏、刘北城等译，上海：学林出版社，1999年版，第187—205页。

[2] 王保树、邱本：《经济法与社会公共性论纲》，《法律科学(西北政法学院学报)》，2000年第3期，第63页。

[3] 朱清河：《论新闻职业公共性的实现困境与途径》，《南京师范大学学报》，2009年第4期，第70页。

态，新闻因此满足了公共性的公开性特征；新闻活动是为了满足公众对于社会信息知晓的需求，为公众提供最新最及时的信息，新闻因此满足了公共性的公众性特征；新闻实践活动的目的是为了维护社会的公共利益，促进社会正义的实现，新闻因此满足了公共性的公益性特征。所以可以说，新闻具有显著的公共性。新闻公共性主要表现在以下三个方面：权力的公共性、产品的公共性、活动的公共性。

新闻公共性首先体现在权力的公共性。这里所说的权力指的是新闻传播权。公共权力被认为是“社会公共领域中由公众所赋予和认同，并能够给公众带来保护和幸福的集体性权力”[1]。新闻传播权就是这样一种权利。我国宪法明文规定：中华人民共和国公民有言论、出版、集会、结社、游行、示威的自由。法国政治思想家、社会学家托克维尔（Charles Alexis de Tocqueville,1805—1859 年）在《论美国的民主》一书中将新闻自由与人民主权看作是紧密联系的，“出版自由和人民主权，是相互关系极为密切的两件事”，因为“当每个公民都被授予管理国家的权力时，那就必须承认公民有能力对同时代人的各种意见进行抉择，对认识之后能够指导他们的行为的各种事实进行鉴别”[2]。新闻自由之所以能够与人民主权相提并论，是因为新闻自由是保障新闻传播权实现的条件。新闻传播权作为一种公众权力，是社会公众实现自己的知情权、监督权、表达权等权利的公共的方式或共有的手段；新闻传播权作为一种权力媒介或权力载体，是一种让公民其他自由权利得以实现的载体。“这种载体便获得了公众对其分散的权利的让渡（或表述为公众对

[1] 刘圣中：《从私人性到公共性——论公共权力的属性和归宿》，《东方论坛》，2003 年第 1 期，第 100 页。

[2] [ 法 ] 托克维尔：《论美国的民主（上卷）》，董果良译，北京：商务印书馆，1988 年版，第 205 页。

媒体的委托，类似于国家契约理论中民众屈从于国家公权力)，从而形成一种‘大众传播权’。这种大众传播权，源自公民知情权、表达权与对公共事物监督权的一种让渡。”[1] 新闻传播权之所以是一种公共权力，正是因为它是源自公民知情权、表达权与对公共事物监督权的一种让渡，是社会公众赋予的权力。

新闻公共性其次体现产品的公共性。新闻产品属于一种公共物品。相对于私人物品来说，公共物品具有三个特性：效用的不可分割性、消费的非竞争性、收益的非排他性。效用的不可分割性指的是其效用为整个社会的成员所共享，而不能够将其分割为若干部分，分别归属于某些个人享用。新闻产品是为社会公众所共享的，我们不能也没有办法将这种共享限定在某个地区之内或者限定于某些特殊人群之内，这就是新闻产品效用的不可分割性。消费的非竞争性指的是某一个人对公共物品或者公共服务的享用，不排斥和妨碍其他人的同时享用，也不会因此而减少其他人享用该公共物品或者公共服务的数量或质量。换言之，增加一个消费者不会减少任何一个人对公共物品或服务的消费量，其边际成本为零。新闻产品是社会信息产品，信息是可以共享的，某人或某组织对新闻产品的消费不会妨碍其他个人或者组织对新闻产品的消费，新闻产品的数量和质量也不会因为人数的增加或减少而受到影响，这就是新闻产品消费的非竞争性。收益的非排他性是指技术上没有办法将拒绝为之付款的个人或组织排除在公共物品或者公共服务的受益范围之外。换言之，公共物品或者公共服务不能够由于拒绝付费的个人或组织加以阻止，任何人都不能用拒绝付费的方法，将其所不喜欢的公共物品或公共服务排除在其享用范围之外。新闻产品不

---

[1] 郭兵、王小平：《寻找司法与媒体的良性互动)，《人民法院报》，2003—12—29。

能将某些个人或组织排除在收益范围之外，公众也不能将自己排除在自己的享受范围之外，这就是新闻产品收益的非排他性。或许有人会提出疑问，如果不花钱去买报纸、看电视，这样不是将新闻产品排除在自己的享受范围之外了吗？其实不然，因为新闻的社会影响无处不在，即便你不花钱去买报纸、看电视，你也生活在新闻的包围之中并从中获取信息。

新闻公共性还体现在活动的公共性。新闻实践活动是一种活动范围广、从公众中来又到公众中去的社会活动，是典型的公共性活动。首先，新闻实践活动的场所是公共领域，新闻媒体本身是一个与社会各界广泛联系的组织，也是与社会公众日常生活密切关联的组织；新闻活动关涉的其他场所包括政府、非政府公益组织和广阔的社会公共生活，也是公共领域；新闻活动不能侵害个人隐私，新闻活动的场所也只能在公共领域。其次，新闻活动的对象是社会公众。公众是新闻的活动对象，社会公众丰富的公共生活为新闻提供素材，新闻从公众中采集信息，又把这些信息传播给其他的社会公众。第三，新闻活动的参与者具有公共性。新闻从业者是新闻传播活动的主要参与者，新闻从业者从事的是一项既专业化又社会化的职业。除了职业的新闻从业者，还有分布在社会各行各业的线索提供人，以及随着信息技术的发展和信息终端的普及应运而生的公民记者，只要参与社会公共生活，就可能参与新闻传播活动。第四，新闻活动的监管者具有公共性。新闻活动的监管是由政府和公民共同来完成的。公民对新闻活动的监管主要通过舆论监督来实施，社会公众通过社会舆论对新闻媒体及其活动的决策加以影响，从自身关注和现实的角度来影响新闻政策的制定与实施。而政府则是通过立法、司法、行政等手段来监督管理新闻活动。比如，政府部门对报纸发行的管理、对刊号的审批、对电影电视的审查、对新闻的审查、对电视电台播出许可证的审批等工作都是对新闻活动的监督管理。可以说，新闻实践活动的全过程无不体现新闻活动的公共性。

实际上，除了体现以上的公共性特征，新闻以维护社会公共利益为目标，传播推广社会公益价值，同时也不断地策划、参与、组织社会公益活动。新闻的公共性，还包含着一种持久坚守的公益精神。

## 二、新闻的自利性以自我生存为本

自利性意味着为自己谋求利益的属性，是任何一个独立主体与生俱来的属性，包括个体的人和社会组织都无法摆脱这种属性，新闻从业者和新闻媒体也不例外。而且，新闻必须谋求自身的生存和发展，才能支撑社会公共性目标的实现。从这个意义上说，新闻的自利性是新闻公共性的手段。

**自利性及其思想基础。**与公共性相对应，自利性是指政府以及其他非私人、非营利性机构除了社会公共利益目标以外，还有为个人或组织机构谋求自身利益的属性。事实上，任何个人、组织机构甚至政府，在追求公共利益的同时都可能隐含着对自身利益的追求，没有谁总是为了公共目的的存在，因为没有全能全善的个人和组织。

自利性源于人的本性，人的本性中都有自利的一面。古往今来，对于人的自利性的探讨不一而足。相对于中国，西方人文社会科学更倾向于以认定人的自利性为前提，其中最具影响的就是英国古典经济学的“经济人”思想。经济人思想最早是由英国学者亚当·斯密（Adam Smith，1723—1790年）提出来的，他是一位经济学大师，也是一位杰出的伦理学家。他一生的学术研究留下了两部传世经典：《道德情操论》和《国富论》。他在《道德情操论》里，用“道德情操”来说明人的令人难以理解的能力，即克制私利的能力，因为人在本能上都是利己的。道德判断的核心是同情，但人的行为动机是多种多样的，包括同情心、自爱、正义感、追求自由等等，这里的“自爱”是基于个人利益的利己，就是《国富论》一开头即说的“自利”。自利不是“自私”，自私是在轻蔑的意义上与“贪婪”相提并论的，而自利是“对我们自己个人幸福和利益的关心，在许多场合也表现为一种非常值得称赞的行为原则。”[1]因为，在亚当·斯密看来，人是理性的自利主义者，一方面，人的行为动机都是自利的，“毫无疑问，每个人生来首先和主要关心他自己”[2]；另一方面，人的行动又是理性的，任何人都明白，“虽然对他来说，自己的幸福可能比世界上所有其他人的幸福重要，但对其他任何一个人来说并不比别人的幸福重要。”[3]所以，他会按照公正的旁观者能够同情自己的行为原则行事。这种理性的自利主义者就是“经济人”。实际上，在千差万别甚至看起来杂乱无章的人类行为背后，隐藏着可循的规律，这就是对自我幸福和自己利益的追求。所以，经济人是人们现实生活中普遍地真实地存在的人，这是自利性的思想基础。

**新闻自利性的表现。**卢梭在《社会契约论》中“论各种不同政府形式的建制原则”时，先阐明了行政官个人身上三种本质不同的意志：“首先是个人固有的意志，它仅只倾向于个人的特殊利益；其次是全

[1] [英] 亚当·斯密：《道德情操论》，蒋自强、钦北愚、朱钟棣等译，北京：商务印书馆，1997年版，第400页。

[2] [英] 亚当·斯密：《道德情操论》，蒋自强、钦北愚、朱钟棣等译，北京：商务印书馆，1997年版，第101—102页。

[3] [英] 亚当·斯密：《道德情操论》，蒋自强、钦北愚、朱钟棣等译，北京：商务印书馆，1997年版，第102页。

体行政官的共同意志，唯有它关系到君主的利益，我们可以称之为团体的意志，这一团体的意志就其对政府的关系而言则是公共的，就其对国家——政府构成国家的一部分——的关系而言则是个别的；第三是人民的意志或主权的意志，这一意志无论以被看作是全体的国家而言，还是对被看作是全体的一部分的政府而言，都是公意。”[1] 这三种不同层面上的意志，实际上表达了三种不同层面的政府自利性。新闻自利性也同样可划分为层次分明的三个方面：个人即新闻从业者层面上的自利性、团体即新闻媒体层面上的自利性、人民或主权即新闻的立场或新闻代表的阶级层面上的自利性。

**来自新闻从业者个人意志的自利性。**维护公共利益追求社会正义是新闻从业者的职业要求和职业理想，但是社会中的个人是“经济人”，新闻从业者首先是他自己，其次才是新闻从业者。作为他自己，他要追求个人的幸福和个人的利益，这是他的私人目标。经济人是理性利己主义者，会受到理性的支配，会在理性的指导下做出选择，当追求个人利益的私人目标的实现会带来社会惩罚的后果时，就会放弃行动；当追求个人利益的私人目标的实现不会带来不利后果，或者带来的不利后果少于获得的个人利益时，就会趋向于行动。新闻从业者作为理性利己主义者，自然会在这样的行为选择中追求个人利益，这就不可避免地带来新闻的自利性。在新闻实践活动中，对于新闻从业者而言，新闻自利性最典型的表现为有偿新闻。对于那些希望刊播新闻的个人或组织，新闻从业者在收受了他们的费用或其他好处之后才给予刊播，这就是有偿新闻。有偿新闻因为新闻从业者的自利性得以生存，并且屡禁不止。

---

[1] [法] 卢梭：《社会契约论》，何兆武译，北京：商务印书馆，1980 年版，第 78—79 页。

**来自新闻媒体团体意志的自利性。**在西方民主政治与自由市场的社会基本结构中，新闻媒体为私人企业或企业集团所有，是独立的市场主体，经济功能是其基本功能之一，新闻媒体的经济基础是新闻媒体生存与发展的前提，也是新闻媒体为公共利益服务的前提。在中国这样的社会主义民主政治与社会主义市场经济的基本社会结构中，新闻媒体虽然主要为公有公办，但是它依然是市场的主体；虽然始终以社会效益为首要目标，但是始终也不会放弃经济效益的目标，因为所有者决定其生存，而市场决定其发展。因此，在面对新闻事实的时候，选择报道还是不报道？选择大篇幅的全景报道还是小角度的点到为止？新闻媒体不可能不掺入自身媒体利益的考量。来自新闻媒体的自利性典型地表现在对广告商的屈从，由于新闻媒体对广告的经济依赖，往往很容易屈服于大的广告主的意见，拒绝刊播不利于广告商的新闻，或者弱化处理不利于广告商的新闻，或者突出处理有利于广告商的新闻，都是新闻媒体出于自身利益的考虑而做出的自利性选择。

**来自新闻代表的阶级意志的自利性。**美国等西方资本主义社会以民主、自由、平等为社会的核心价值理念，新闻界以“第四权力”自居，是坚决反对新闻的倾向性和党见派性的。在制度安排与操作方式上，美国新闻媒体还有一种独立性叫作“内部新闻自由”，即新闻编辑权不受老板或出资人干涉的自由，因此新闻报道只提供事实信息，媒体观点和公众意见在评论版体现。即便如此，再标榜独立的媒体也克服不了其言论立场和政治倾向性，像《纽约时报》这样号称“报纸中的报纸”的著名的独立媒体，其言论立场也可能难以得到保守派读者的赞同。而在共产党执政的中国特色社会主义社会，新闻媒体主要是党报、党台、党网，具有鲜明的政治立场。因此，无论美国还是中国，新闻媒体都免不了代表一定阶级的意志，免不了带有一定的倾向性，这就是阶级意志带来的新闻自利性。代表阶级意志的新闻自利性，主要是因为阶级意志与全社会意志的差距或背离而导致的，或者说是因为阶级利益与全社会的共同利益的差距或背离而导致的。在中国社会，中国共产党代表最广大人民的根本利益，与全社会利益的差别微乎其微甚至是一致的，这样的新闻自利性就很弱，甚至与公共性一致了。

### 三、新闻公共性与自利性的博弈及新闻正义

新闻的公共性和自利性自始至终贯穿于同一新闻实践活动的全过程，两种属性之间不停地斗争，不断地妥协，此消彼长，这种斗争与妥协具体表现为公益与私利的博弈，而其实质是公权与私权的博弈。在二者博弈的过程中，着眼于强化公共性，着力于控制自利性，才能使新闻实践活动沿着通向新闻正义的轨道行进。

**博弈的表现与实质。**新闻公共性以社会公共利益为目标，要求新闻从业者和新闻媒体秉承社会正义和公益精神，从社会的进步与发展出发，从大局出发，关注社会公众普遍关注的问题，致力于增益社会公众的福祉。而新闻自利性是除了公共目标以外，还有为自身的生存与发展创造条件的属性，还潜藏着谋取自身利益的动机，要求新闻从业者和新闻媒体在具体的新闻实践过程中，谋求个人或组织的好处，追求个人或组织利益的最大化。公共性与自利性的博弈简单地说就是公共利益和私人利益的争锋，是新闻从业者和新闻媒体对两种利益的权衡取舍以及他们在取舍中表现的立场、倾向。如前所述，自利性是建立在经济人假设的前提之上的，新闻从业者就是新闻实践过程中的经济人，新闻媒体可以理解为经济人的人格化组织。作为经济人，在面对若干取舍之时，他们更愿意选择那种能为自己带来更多好处的选项。面对公共利益和私人利益，如果不会带来惩罚或不利后果，或者

不利后果小于个人获利，他们会毫不犹豫地选择私人利益。在二者的博弈中，新闻的自利性占了上风，因为收受好处而刊播的有偿新闻、因为商业利益炒作或扣压的某些新闻、因为政治需要放大或弱化的某些新闻，就这样应运而生。新闻因此背离了公共利益的目标，或者与公共利益的目标产生了差距。

公益与私利交锋的背后，实质上是公权与私权的博弈。新闻传播权是一种公共权力，源于公民知情权、表达权与对公共事物监督权的一种让渡，因为公共权力不可能由社会所有的公民来行使，就委托新闻从业者行使新闻传播权力。正是由于让渡与委托，新闻传播权的所有者和行使者分离了，新闻从业者就成了这种公权力的实际控制者，公权因此有了转化为私权的条件和可能。一方面，新闻传播权的公权属性要求新闻从业者或者新闻媒体服务于社会和社会公众的公共利益，以此保证新闻的公共性。另一方面，新闻从业者或者新闻媒体自身需要生存和发展，或者说他们希望自己的状况会更好，因此会利用新闻传播的公权追求自身的利益，于无形中强化新闻的自利性。这样，公权就变成了部分人的私权，以权谋私、以私害公的行为因此变得难以规避，正如有偿新闻屡禁不止。

**博弈中的新闻正义。**新闻正义作为社会正义是以公共利益为旨归的，新闻公共性以公共利益为目标，因此实现新闻正义是新闻公共性应有的基本内涵。在新闻的公共性与自利性的博弈中，新闻正义的指向是强化公共性和控制自利性，优先的选择是控制自利性，因为控制自利性就是保证和促进公共性。

从强化新闻公共性的角度来看，新闻正义要努力维护和促进社会正义。维护和促进社会正义是最大的社会利益，是社会期望的最大的公共目标，因此也是新闻公共性的最终目标。新闻公共性在面对维护正义与满足社会公共需要之间选择的时候，要优先选择维护正义。社会公共需要是多种多样的，范围不同，层次各异，新闻的公共性选择有轻重缓急之分，维护正义是最大的社会期待，处于最高的优先地位。维护社会正义不是市场本身能够解决的问题，也不是新闻本身能解决的问题，要靠社会综合的力量来推动。政府维护正义的手段多种多样，包括司法手段、市场手段、社会福利手段等等，新闻是其中最重要的宣传手段，同时还是政府行为是否正义的监督者。强化新闻公共性，就要强化对社会民主、公平、平等等价值的宣传，潜移默化地影响社会公众，促进政治民主、司法独立、分配公正、市场平等的社会秩序和社会制度的良善发展。

从控制新闻自利性的角度来看，新闻正义主张以制度遏制新闻从业者个人扩张性的自利性，以法律明确界定新闻媒体的社会定位及市场地位从而限制团体组织的自利性，以社会独立性代表尽可能的大多数人的利益从而弱化新闻代表的阶级自利性。首先，从新闻从业者个人层面来看自利性，要区别对待合理的自利性和扩张性的自利性，特别需要以制度限制扩张性的自利性。要分清哪些个人利益需求是新闻从业者的基本生活需要、是与新闻的职责相称的物质条件，这是合理的自利性；哪些需求是超越正常的社会需要，是过度享受的需要，是私欲膨胀的需要，这是扩张的自利性。忽视合理的自利性，过分强调奉献精神，不利于调动新闻从业者为新闻正义事业献身的热情和工作的积极性；而没有有效的制度去管理和控制新闻从业者扩张的自利性，则会导致私欲泛滥，以私害公，影响新闻实践中践行追求公共利益和社会正义的理想。因此，控制新闻从业者个人因素的自利性，关键在于以合理有效的制度对扩张的自利性加以限制和规范。其次，从新闻媒体的层面来看新闻自利性，要正确处理社会效益与经济效益的关系，特别需要以立法的形式界定新闻媒体的社会地位和经济权限。在没有立法规范的情况下，要处理好新闻媒体自身与广告商利益集团的关系，在商业利益与社会公益相冲突时，要看到社会公益是包括商业集团在内的所有成员更长远的利益所在。因为，新闻媒体对广告主出售的是受众的影响力。没有受众对社会利益的关注，广告主的商业利益最终也无法实现。再次，从新闻代表的阶级的层面来看新闻自利性，要保持新闻媒体的独立性，特别是要保持对政治势力的独立性。只有保持独立性才能免受党派政见的干扰，才能尽可能地代表更大多数人的意志，缩小与全体社会意志的差距，防止与全体社会意志的背离，也才能更好地控制新闻的自利性。当阶级性意志扩大为全体社会意志的时候，比如当下中国的党的新闻事业，代表最广大人民的根本利益，自利性就无须控制甚至要强化了，因为新闻这个时候代表的阶级自利性就是公共性。

## 第三节　新闻的真相追寻与隐私保护相互制约

通常的新闻伦理研究都把隐私保护与新闻自由列为相对关系来考量，其理由是新闻自由会侵害个人隐私。本研究认为，自由是以不侵害他人的自由为限的，隐私是他人的自由，本不应在侵害之列，之所以可能被侵害是因为人类天生的求知欲望，而不是因为自由。新闻是追求真相的职业，追求真相才是新闻实践侵害个人隐私的内在驱动力。所以，把真相的追求与隐私的保护列为相对关系，对新闻正义的考量更切入本质，与新闻实践的联系也更紧密。

## 一、追寻真相是新闻的基本要求

新闻被称为寻求真相的职业，寻求真相是新闻记者的神圣使命。“新闻记者的职责与史家相同，就是不顾一切地寻找事实真相，所以他所贡献给读者的，不是政策、国策之类，而只是尽他们力量所能得到的事实真相。”[1]

但是，真相往往不是轻而易举可以达到的。“自从3000年前，柏拉图将生活比作投映在山洞墙壁上的影子以来，人类一直在与真相的不确定性搏斗。”[2]一方面，人类历史上的真相概念是变化发展的。柏拉图认为真相是存在于完美的世界的东西，既无法触及，也无法检验，只有对人类的才智来说才是可知的，他将“真实的事物”这个观念从事物的实际存在中抽离出来。中世纪的神学思想家相信，只有借助上帝、教会、国王、牧师才能探知真相。而在弥尔顿等自由主义思想家那里，真相是在“观点的公开市场”经过“自我修正过程”以后，逐渐浮现出来的。直到启蒙运动以后，人们才认识到真相掌握了事物的本质，真相能够被感知、可以运用经验去检验，而且不会因人而异。但是，今天更多的哲学思想正在拓展真相的概念，更多的人相信真相是相对的。

另一方面，不断发展的大众传媒使受众对真相的认识变得更为复杂。在面对面的交流中明白无误的事实，经过大众传媒的文字、声音、图像等符号转换成信息，向社会公众传播的时候，因为地域不同、文化背景不同而可能导致对事实的理解有别。特别是电视普及以后，我们感知的真相似乎变得越来越虚幻。眼见的画面告诉你这就是真实的

---

[1] 童兵：《比较新闻传播学》，北京：中国人民大学出版社，2002年版，第86页。
[2] [美]菲利普·帕特森、李·威尔金斯：《媒介伦理学：问题与案例》，李青藜译，北京：中国人民大学出版社，2006年版，第19—20页。

现场，但是传统社会“眼见为实”的信念，在信息社会并不可靠了，因为你看到的1分钟的画面，可能只是新闻记者花了1个小时筛选过后的事实信息。

显然，事实的真实并不一定就是真相，真相往往是事实背后的真理。真相，不仅是真实的存在，不仅是眼见为实的表象真实，而且是客观的反映，是实质的真实。那么，寻求真相的新闻职业，在实践中如何发现真相、传播真相呢？本研究认为，新闻寻求真相就要从新闻的真实性和客观性两个方面入手，找出真实的存在，做出客观的反映。

**新闻的真实性。**新闻是新近发生的能引起受众广泛关注的事实的信息。新闻源于事实，事实必须是真实存在的。“真实的新闻留给后代的是真实的记载，不真实的新闻留下的将是一部歪曲的历史”[1]。真实性是对新闻最基本的要求。

关于新闻真实性的内涵。新闻的真实性指的是“新闻报道中的每一个具体的事实必须合乎客观实际，即在新闻报道中的各个要素（when 时间，where 地点，who 人物，what 事件，why 起因，how 经过）都经得起推敲和核对”[2]。简单地说，真实性要求新闻报道要合乎客观事实，每一个具体事实包括事实的细节必须确凿无误；对于事实的概括也必须准确无疑，不夸大也不缩小，不以点带面，不以偏概全；甚至，这一事实与这一类事实的总体状况也是一致的。

新闻真实性还可以分别从“真”和“实”两个方面去认识，“真”是真相或真理，“实”是客观实际。一方面，新闻真实性的“真”是以“实”

---

[1] 蒋亚平、官建文、林荣强：《新闻失实论（上册）》，北京：中国新闻出版社，1986年版，第15页。

[2] 李良荣：《新闻学导论》，北京：高等教育出版社，2001年版，第127页。

为基础的，没有“实”的存在就无所谓“真”。理解起来很简单，新闻真实性的前提条件是新闻所反映的客观事实是存在的，如果没有这个前提条件，就没有新闻的真实性可言。另一方面，新闻真实性的“真”是对“实”的客观反映，这是新闻的“真”的真正内涵。新闻报道只有是对“实”的客观反映才能够说“真”。所以，我们可以说新闻真实性的检验标准只有一个，那就是主观反映是否与客观事实一致。

实际上，新闻报道的是事实的信息，是客观事实的反映，是客观事实的符号化的再现，这里的事实是客观存在的，不是凭空捏造的，是确切无误的，不是随意虚构的。新闻的真实性就是新闻报道的事实与客观事实相符合，这里的事实是第一位的，是新闻信息本身所依据的事实。从这个意义讲，新闻真实性是本体论的新闻真相。

关于新闻真实性的意义。真实是新闻的生命，是新闻的存在之本，也是新闻的力量所在。新闻的真实性对于新闻实践而言，其重要意义不言而喻。首先，新闻真实性塑造新闻公信力。公信力是新闻内在品格的综合表现，是新闻信息的可信程度和对受众的影响力。公信力似乎与真实性、客观性、专业主义等概念都有共通之处，但是最简单直观的理解，公信力的基本含义是来自公众信任的力量，所以真实性是公信力的源泉。确保了新闻的真实性，才能够有效提高新闻的威信，获得公民的信赖与支持，提高新闻的公信力。

其次，新闻真实性奠定新闻媒体影响力。在西方自由主义的政治经济制度下，新闻媒体作为私有企业是市场经济的一分子，是通过市场的手段解决生存问题的。即使在中国这样的社会主义市场经济条件下，自主经营也是大多数新闻媒体的生存之道，新闻媒体不可能不受到经济因素的制约。但是，新闻媒体为了直接的商业利益，不惜牺牲新闻的真实，以虚假新闻来迎合受众、欺骗受众，最终将导致公众对新闻媒体完全失去信心，新闻媒体最终将无法生存。美国报纸编辑协会一项检测信誉度的调查发现，公众对新闻媒体失去信任的主要原因就是新闻缺乏真实性。确保新闻的真实性，提高新闻报道的质量，树立公众对新闻媒体的信心，才能获得更多公众的认可，新闻媒体影响力才能持续扩大，才能在市场经济中生存得更好。

再次，新闻真实性保护新闻从业者。新闻从业者因素是保障新闻真实性的首要因素，因为新闻从业者是接触新闻的第一人，新闻传播是通过新闻从业者将新闻事实转换为信息之后传播的。因此，新闻从业者必须对真实性负责，否则新闻的真实性只能是纸上谈兵。新闻从业者是新闻真实性的首要保障，同时新闻真实性也是保护新闻从业者合法权益的重要条件。新闻从业者在从事新闻报道的过程中，由于其接触的新闻事实是纷繁复杂的，稍有不慎可能会触及某些利益集团或个人的切身利益，就会受到来自相关各方的压力，甚至遭受打击报复。只有确保新闻的真实性，才能使新闻从业者免受不实的陷害，才能有效地保护新闻从业者。

关于新闻真实性的相对性。新闻真实性对新闻而言是绝对命令，但新闻真实性并不是绝对的，而是相对的。或许可以质疑，既然是相对的真实就不是真实，但是新闻实践中能做的就是无限接近真实。

首先，相对于事实的发展过程而言，新闻真实性只是单个事实的真实，新闻要通过个体真实而接近整体真实。世界是一个不断发展变化的过程，新闻报道的事实，是不断发展过程中的事实，新闻报道的过程就是对这个事实的认知过程。事实发展的程度直接决定了新闻真实性达到的程度，事实发展到什么样的程度，新闻的真实性就达到什么样的程度。因此，新闻真实性取决于事实的发展过程，是相对于事实而言的真实性，从这个意义上说，新闻真实性是相对的真实性。

对于单个事实的报道，做到与客观事实相符合，就是新闻的个体真实。对整个事实的完整而系统的报道，做到与客观事实的过程及全貌相符，就是新闻的整体真实。新闻真实性原则，要求新闻实践中努力通过个体真实追求整体真实。马克思为此提出了著名的“**报纸的有机运动**”理论。所谓报纸的有机运动就是新闻从业者从事情发展的不同角度根据事情发展的顺序进行报道的总和。“在报纸的有机运动下，全部的事实就会完整地被揭示出来。”[1]“只要报刊生气勃勃地采取行动，全部事实就会被解释出来。这是因为，虽然事情的整体最初只是以有时有意、有时无意的，同时分别强调各种单个观点的形式显现出来的，但是归根到底，报纸的这种工作本身还是为它的工作人员准备了材料，让他把材料组成一个整体。这样，报纸就通过分工一步一步地掌握全部的事实。这里所采用的方式不是让某一个人去做全部的工作，而是由许多人分头去做一小部分工作。”[2]马克思告诉我们的是，新闻真实是从每一个个体真实一步一步地达到整体真实的。在现实的新闻实践中，只重个体真实，不求整体真实的情况很常见。比如，某些西方媒体热衷于中国问题的报道，但是只关注中国的灾难、腐败等负面情况，不关注中国社会的进步和积极的情况，尽管他们每一次对中国问题的报道可能是真实的，但总体上对于中国问题的报道是不真实的。

其次，相对于事实的全貌而言，新闻真实性只是新闻从业者呈现的表象真实，新闻要通过表象真实而接近实质真实。从客观实际存在的事实到新闻报道的事实信息，这其中经过了一系列中间环节的处理，这些中间环节主要是新闻从业者的选择与加工。由于不同新闻从业者

---

[1]《马克思恩格斯全集》（第1卷），北京：人民出版社，1975年版，第22页。

[2]《马克思恩格斯全集》（第1卷），北京：人民出版社，1975年版，第358页。

的价值观、知识结构、认识能力等各方面的差异，在新闻的报道角度、表现形式、报道时机等方面的选择也存在一定的差异，因此，不同新闻从业者所反映和呈现出来的新闻事实不尽相同。简而言之，受新闻从业者主观和客观因素的影响，社会公众所感知的新闻事实仅仅是新闻从业者所呈现的事实，很可能只是事实的表象而不是事实的实质。相对于原原本本的客观事实本身，新闻信息呈现的事实是经过新闻从业者加工的事实，从这个意义上说，新闻的真实性也是相对的真实性。

表象的真实是孤立的、表面的，而实质的真实是联系的、深入的，往往是事实背后的真相，是事实背后的关系和原因。当然，实质的真实不能等同于本质真实，本质真实是所谓的反映事物的规律，是抽象的，那是主观主义的新闻观。新闻真实性原则要求，不仅要从事实的总体上去把握真实性，而且要从事实的联系中把握真实性，我们追求的新闻真实性，就是要努力从新闻的表象真实接近实质真实。实质的真实，不仅要求新闻呈现原原本本的客观事实本身，报道的事实与实际存在的事实完全一致，没有出入，而且要求呈现事实背后的各种因素的相互联系及其因果关系，力求更全面地反映事实的本来面貌。在现实的新闻实践中，只重表象真实而忽略实质真实的情况并不鲜见。比如，我们间或报道拆迁导致的自焚事件、爆炸事件，却难以看到报道为什么拆迁导致这么多极端事件，难以看到报道拆迁安置办法不合理、土地流转制度不合理等深层次原因。

**新闻的客观性。**新闻是对真实存在的事实的客观报道，新闻以客观事实为本源，按事实的本来面目去反映，我们因此说新闻是客观的。客观性是新闻的重要原则，也是新闻的基本特性。

关于新闻客观性的内涵。客观性是新闻实践中被反复强调的要求，但是对新闻客观性的理解并不一致，可以说是一种报道立场，也可以说是一种操作方式。

台湾地区学者彭家发认为新闻客观性的含义包括以下几个方面内容："记者在搜集和呈现新闻作品时，概以事实为主：无偏私，也无党派立场，展现的是正确真实的报道；对于新闻事件，只做各方的公平的证人，平衡处理各方意见；新闻工作不受成见和情绪影响，将个人态度的涉入减至最小，事实和意见分开；所提供的资讯都属于中立而非评论性；所提供的讯息是各项可查证的事实的总和。"[1]

大陆新闻学者展江在谈到央视新闻频道的编辑方针时提出"奉行新闻与宣传分离、事实与评论分离两个基本原则，回归国际通行的'客观报道'理念，要义如下：1. 坚持用事实说话；2. 忠于事实；3. 正确性与可靠的消息来源；4. 平衡处理信息；5. 反对报道偏见。"[2] 彭家发和展江都将新闻客观性看做是一种操作方式。

而大陆学者郭镇之则是从西方新闻从业者的专业主义角度看待客观性，认为"客观性是一种使新闻工作者将事实隔离于观点、从而避免个人偏见的规定或机制，它要求新闻工作者站在中立的立场上，以客观性的方法报道新闻、反映观点"[3]。这里将新闻客观性看作是一种中立的立场。

综合对新闻客观性的各种论述，本研究倾向于这样看待新闻客观性：新闻客观性指新闻报道的内容和报道的表现方式是客观的，是按照事物的本来面目去反映的，是不以个人或者媒体组织的主观意志而

[1] 彭家发：《新闻客观性原理》，台北：三民书局，1994 年版，第 41 页。

[2] 展江、陈俊彦：《中央电视台新闻频道设计构想》，《中国青年政治学院学报》，2003 年第 2 期，第 97 页。

[3] 郭镇之：《舆论监督与西方新闻工作者的专业主义》，《国际新闻界》，1999 年第 5 期，第 35 页。

改变的基本特性。或者说，新闻客观性就是拒绝个人或组织的偏见影响他们对新闻事实的选择、处理、评价，以独立公正的立场去认识事实并反映事实。从这个意义上讲，新闻客观性是认识论的新闻真相。

关于新闻客观性与真实性。新闻的客观性与真实性，是两个看似接近的概念，也确实存在交叉重叠的地方。新闻的真实性是新闻报道的事实必须确切无误，合乎客观实际；新闻的客观性是新闻报道尊重客观事实，并且按照事物的本来面目去反映。都以事实为本源，这是二者共同之处。新闻客观性以真实性为基础，没有新闻的真实性，也就没有新闻的客观性；新闻真实性依赖客观性去表现，不客观的新闻也是不真实的新闻。

但是，新闻客观性与真实性也存在明显的区别。新闻的真实性从事实本身的角度出发，强调事实的准确性；而新闻的客观性从人的角度出发，强调人的立场的公正性。由此可见，新闻客观性更加注重的是人对事实的认知态度。新闻客观性要求，新闻从业者不以个人或者媒体组织的主观意志，而影响他们报道的事实或报道的方式方法。“要求采编人员采取政治上敌对阵营的中立论点，可以容许他们精细地检验争议中的各方面意见；由是，重要论题得以有最广泛、公正的报道。记者的意见，或解释上的一己表白，则仅限于社论、专栏及其他背景性稿件中出现。”[1]

关于新闻客观性的原则。新闻客观性要求按照事实的本来面目客观地反映事实，在反映事实的过程中拒绝个人偏见的影响。如何拒绝个人偏见的影响呢？中立、平衡、公正，是新闻从业者在实践中需要坚持的客观性原则，也是新闻客观性的保障。

---

[1] 彭家发：《新闻客观性原理》，台北：三民书局，1994 年版，第 65 页。

首先，根据中立原则要求，新闻从业者在新闻实践中对新闻所涉及的各方不偏不倚，保持独立的立场和态度。换言之，新闻从业者要抛开自己的价值观，抛开自己的喜好或者厌恶，将其所掌握的事实信息如实地公之于世，不能够先入为主。或者说，在没有任何选择标准之时，新闻从业者对于所有的观点、新闻所涉及的所有人物或组织要一视同仁地对待。因此，在具体的新闻报道中，新闻从业者一般不直接站出来表达观点，而是用事实说话，主要提供事实性信息。

其次，根据平衡原则要求，新闻从业者在新闻实践中对新闻报道涉及各方给予公平表达的机会。这样，各方的意见都得以表达，各方意见的认可度由公众自己去判断。新闻最主要的目的是传播信息，并且是传播真实全面的信息，并不是支持一方表达而限制另一方表达，各方表达自由的权利得到同等尊重，各方的表达机会平等。平衡原则是新闻实践中极为重要的原则。美国合众社（1907 年）的创办人爱德华·怀利斯·斯克里普斯（Edward Wyllis Scripps）曾说："在争论中，你不要带有倾向性或者站在某方面。你不可能做到总是完全客观，但你必须永远力争把争论双方的观点都反映出来。"[1]

再次，根据公正原则要求，新闻从业者和新闻媒体站在公正的立场，做争取中立、平衡、完整的报道。在日常应用中，公正、中立、平衡三者的意思经常会被混淆，或者会互相替换。但是实际上三者的意思各有区别，中立是在没有任何选择标准之下，对于所有的观点、新闻所涉及的所有人或组织都要一视同仁地对待；平衡是要给新闻报道涉及的各方以公平表达的机会；而公正则是站在公正的立场，做争取中立、

[1] 吴麟：《报道的平衡与全面》，http://www.oursee.com/html/2005-5-11/2005511171841.asp.

平衡、完整的报道。从比较中可以看出，公正的立场是包含了中立和平衡的意蕴，中立是强调程序公正，平衡则是强调分配的公正。事实上，客观、公正在新闻学里也是合并使用的。

## 二、保护隐私是个人的基本权利

隐私古来有之，人类最早以兽皮、树叶遮羞，这就是隐私的起源。隐私的产生与发展是与人类文明的发展紧密联系的，隐私的内涵随着人类文明程度的提高而不断扩展。原始社会时期人类过着群居生活，隐私仅仅限于人类自身的特殊部位以及两性生活；奴隶社会和封建社会时期，隐私的内涵逐渐从人体特殊部位及两性生活扩展到个人的生活方面；近现代社会，特别是工业革命以后，社会分工越来越细，社会交往越来越广，“鸡犬之声相闻，老死不相往来”的封闭时代一去不返，个人私生活领域需要保护，也越来越受到重视。

今天，个人隐私的需要已经发展成为隐私权利的保护，得到了社会的普遍认同，西方社会对此尤其重视。大众传媒快速发展，让隐私和公开之间的界限变得越来越模糊，隐私权保护因此变得更加复杂、更加困难，社会对隐私权保护的要求也显得更加迫切。

**隐私与隐私权。**隐私是一种个人需要，我们每个人都需要隐私来保护和发展一种自我感觉。没有隐私，就不可能有文明的生活。隐私权是个人的基本权利，是个人对自己隐私的控制和免于社会干扰的权利，是社会对个人隐私的保护。隐私是一个古老的话题，而隐私权则是近代社会大众传媒发展之后提出的法律概念，隐私是隐私权的客体。

关于隐私的含义及其内容。隐私在中文的语境里似乎是一个贬义词，好像意味着有什么不光彩的东西要隐藏起来。而在英文的语境中，隐私（Privacy）不包含任何贬义的意思，甚至是一个很有尊严的概念。隐私到底是什么？显然不是一个容易统一认识的问题。比如，有学者认为“隐私，又称私人生活秘密或私生活秘密，是指私人生活安宁不受他人非法干扰，私人信息保密不受他人非法收集，刺探和公开”[1]；也有学者认为“隐私是个人不愿为他人所知晓和干预的私人生活”[2]。国外对隐私的理解更是五花八门，国内介绍较多的主要是美国学者的一些观点，比如：美国乔治·华盛顿大学教授阿米泰·艾兹奥尼（Amitai Etzioni）在《隐私范围》一书中指出，“隐私的意思是法律和社会承认每个人都有权利在自己周围筑起屏障，使外界无法看到、听到，或了解你在做什么。”[3]菲利普·帕特森 (Philip Patterson) 等在《媒介伦理学：问题与案例》一书中，从秘密与隐私的区别的角度解释隐私：“秘密可以被定义为故意隐蔽信息，以防他人获知、拥有、使用或揭露。秘密确保信息不出现在任何公众视野中。隐私并不意味着信息永远不会出现在公众视野中，而是指个人可以对公开哪些信息以及向谁公开进行控制。”[4]

尽管学者们对隐私的理解不完全一致，但是对于隐私的具体内容还是有基本的共识。这些共识应该包括三个方面的内容：“（1）私人信息，是有关个人的一切情报资料和资讯，诸如姓名、肖像、家庭住址、家庭电话号码、收入、病患、经历、生理缺陷、残疾情况等；（2）私人生活，是一切个人的，与公共利益无关的活动，如私人活动、家庭生活、社会交往、夫妻性生活等；（3）私人领域，是指个人的隐秘范围，如

[1] 张新宝：《隐私权的法律保护》，北京：群众出版社，2004 年版，第 7 页。

[2] 王利明、杨立新：《人格权与新闻侵权》，北京：中国方正出版社，1995 年版，第 415 页。

[3] 转引自洪伟：《大众传媒与人格权保护》，上海：上海三联书店，2005 年版，第 152 页。

[4] [美] 菲利普·帕特森、李·威尔金斯：《媒介伦理学：问题与案例》，李青藜译，北京：中国人民大学出版社，2006 年版，第 135 页。

卧室、领地、身体的隐蔽部位、旅客行李、学生的书包、日记、通信等。”[1]凡属于以上三个方面的内容，都是个人隐私的范畴。随着社会的进步和文明程度的提高，隐私的内容还会逐渐扩大。

关于隐私权的概念及其特征。隐私作为一种法律意义的权利首次被提出，是在1890年的美国。两位法学家路易斯·D·布兰代斯（Louis D.Brandeis）和塞缪尔·沃伦(Samuel Warren)“在哈佛大学的《法学评论》上发表了一篇题为《隐私权》的文章，并在该文中使用了‘隐私权’一词，被公认为隐私权概念的首次出现。”[2]此后100多年来，隐私权的保护不仅成为学者们的研究课题，而且被许多国家的法律逐步确认为一项独立的民事权利。时至今日，隐私权已经成为民主国家的一项基本的公民权利，也是一项最为重要的权利，因为它是与公民个人的人格尊严紧密相关的。

尽管隐私权已纳入了许多国家的法律保护范围，但是隐私权尚无统一的定义。根据对相关文献的梳理，目前关于隐私权的概念主要有信息秘密说、独处权说、私生活自由说、私密关系自治说等四种说法。信息秘密说认为，隐私权就是保护个人的信息秘密，使其免受公开、传播的权利。“隐私就是保护一个人在其不愿意的情况下不被其他人接近或者接触，无论是实际的身体接近或接触，还是对个人信息的接触。”[3]独处权说认为，隐私权就是一种独处不受他人或者社会干扰的权利。私生活自由说认为，隐私权就是个人有绝对权力支配自己的私生活不

[1] 洪伟：《大众传媒与人格权保护》，上海：上海三联书店，2005年版，第152—153页。

[2] 韩晨旭：《刍议隐私权与知情权》，《重庆邮电学院学报（社会科学版）》，2004年第5期，第128页。

[3] [美]阿丽塔·L·艾伦、理查德·C·托克音顿：《美国隐私法：学说、判例与立法》，冯建妹、石宏、郝倩译，北京：中国民主法制出版社，2004年版，第13页。

受他人或者社会干扰的权利。“说简单些，就是公民按自己的意愿支配自己的隐私。”[1] 这种支配意味着可以自由地隐瞒自己的隐私，也可以自由地披露自己的隐私。私密关系自治说认为，“隐私权不过是法律赋予个人的一种是否允许他人对私人事务知晓或干涉的选择权”[2]。

实际上，隐私权从法理上说是一种纯粹体现为精神利益的人格权，在性质上讲是一种绝对权。但是，隐私权的最初提出是与大众传媒的影响相关的。1890 年的美国正是黄色新闻泛滥的时候，大众传媒对于私人生活的侵犯已经到了忍无可忍的程度，两位法学家提出“隐私权”的概念是作为一种不被打扰的权利，是一种消极的保护。今天对隐私权的认识，早已不是免打扰的消极权利，而是对自我信息的主动控制权，是一种积极的权利主张。

综合各家之说，本研究认为，隐私权就是权利主体对于自己私人领域一切事务的绝对支配、保护使其免受侵害的权利。私人领域的事务是指这个领域的事务与社会、与他人都没有利益关系或者利益冲突，这其中包括了私人信息、私人生活、私人领域等多个方面的内容。

隐私权作为一项积极的个人权利，有三个方面的明显特征：第一，绝对性。隐私权涉及的范围仅仅是与社会、与他人完全没有利益关系的私人领域，个人作为一个独立的主体，对自身私人领域具有绝对的控制权，这是不容置疑的。因此，个人的隐私权只涉及个人的私人领域，与社会、与他人毫无关系，任何人、任何力量都不能加以干涉，隐私权也就具有绝对性。第二，可被放弃性。隐私权是一种可以被放弃的权利，权利主体可以自愿披露自己的隐私，允许社会、他人的力量进入自己的

---

[1] 陈慧：《浅谈隐私权及其法律保护》，《黑河学刊》，2004 第 4 期，第 79 页。

[2] 中国政法大学民商法教研室：《民商法纵论》，北京：中国法制出版社，2000 年版，第 198 页。

私人领域。正因为隐私权具有绝对性，个人对自身的隐私权也具有绝对控制权，因此放弃隐私权也是绝对不能被干涉的。第三，限制性。隐私权只涉及与社会、与他人无关的私人领域，这就是对隐私权最大的限制，它仅仅存在于私人领域。一旦这种权利的范围扩大到社会领域，与社会公共利益或者社会他人利益联系到一起，就不能作为隐私而存在。

**隐私保护的意义。**隐私保护是人们精神需求的重要部分，体现了人格尊严的价值，是人的个性发展的需要。我们每个人都需要一个私人的时间和空间，去释放自己的身体和心理，真正体现自我获得尊重。“当我们的隐私被非法地暴露于公众面前时，我们的自尊也被摧残了，我们与他人之间的关系也受到了损害，这就是法律为什么要保护隐私的原因。”[1]

首先，隐私保护满足人的个性发展需要。隐私保护是满足人的自然属性的需要，是为人的自然发展开辟空间。爱德华·布斯坦（Edward. J.Bloustein）说过：“当一个人被迫无时无刻都要与他人分享他的生活，而其需要、想法、欲望、幻想以至爱好等都一一受到公众的审视，他的独特个性和做人的尊严已被剥夺。这样的一个人与群众融为一体。他的意见由于会公之于众，所以大都难脱传统的窠臼；他的情感由于会公开展露于他人面前，所以大都欠缺个人独有的热诚，与其他人的情感并无二致。这样的一个人虽然有知觉，但是随时可被替换；他不是一个独立的个体”[2]。可见，隐私的保护是人成为独立个体的条件。

显然，人作为独立个体都需要自我发展，隐私保护正是人的个性

---

[1] 转引自张新宝：《名誉权的法律保护》，北京：中国政法大学出版社，1997年版，第10页。

[2] E. J. Bloustein ,Privacy as an Aspect of Human Dignity :An Answer to Dean Prosser, (1964) 39 NYULR 962,1003.

发展的需要。人的自然属性中有独处的需要，需要与其他人分开，处于一个只属于自己的时间和空间之内，隐私保护正是对这种需求的保护。满足这样一种需求，设置个人与他人、人与社会的屏障，构建只属于个人的时间和空间，就是为人的个性发展创造条件。人的个性发展“需要空间和时间进行保护性的试验和检验，需要空间在思想和行动上做好不怕被嘲笑或惩罚的准备，需要时间赢得在公开观点前进行修正的机会”[1]。隐私的保护就是为人的个性发展提供了这样的时间和空间。如果世间人人均无隐私可言，完完全全暴露于众目睽睽之下，那么人人都会选择从众即按照社会主流去行动和思考，这样的个人肯定没有个性可言，这样的社会也将毫无生机。换言之，社会中所有的个人都不用去思考，也就不会去创新，社会就不可能进步了。“完全在公共领域、在其他人在场的空间里度过自己的一生，正如我们或许会说的，是浮泛的，尽管像这样度过的一生保持了它的可视性，但它却失去了从某个较黑暗的地方跃升至人的视界之内的性质，如果它不想失去其非常实在的、非主观意义上的深度的话，这个黑暗的地方就必须一直隐藏起来。”[2]这个“黑暗的地方”就是隐私，这是人的发展的必需品。

其次，隐私保护体现对人格尊严的维护与尊重。人之为“人”，就要有对人格尊严的尊重与维护。隐私保护正是体现了对人格尊严的尊重和维护，“西方文明在界定个体性时认为包括了免受特定型态侵犯的权利。个人独处的范围和是否放弃独处是包含在个人的自由和尊严的本质中，是我们文明中这些概念内涵的一部分。若一个人的住宅可

[1] [美] 阿丽塔·L·艾伦、理查德·C·托克音顿：《美国隐私法：学说、判例与立法》，冯建妹、石宏、郝倩译，北京：中国民主法制出版社，2004 年版，第 53 页。

[2] [德] 古斯塔夫·拉德布鲁赫：《法律智慧警句集》，舒国滢译，北京：中国法制出版社 2001 年版，第 18 页。

以被他人随意闯入，一个人的婚姻或家庭的细节可以被他人随意监视，则他将不是完全的人，欠缺完全的人性尊严。可以任意侵犯他人即可以成为他人的主宰。事实上，侵犯是暴君主要的武器。我认为在侵犯的案件中不法的重点并非对于故意造成精神上的痛苦，而是对于人性尊严的打击，对于个人人格的伤害。监视、窃听和未经同意侵入他人住宅，可能会导致痛苦和困窘，但这些不是造成这类行为不法的原因。不法的原因是它们贬低了个体，而不论有无造成精神伤害。”[1]

隐私保护对人格尊严的尊重和维护，首先体现在人的绝对主体地位。人之为“人”，因为人是一个独立的主体，人不是工具，人的尊严是不可被践踏的。隐私保护的提出体现了人对自己的私人信息、私人空间、私人时间、私人事务的绝对支配，体现了人是自身的主体，是自身的主宰。隐私保护对人格尊严的尊重和维护，其次体现在人的自由地位。自由是作为人存在的基本条件，是保障人的尊严的重要筹码，是人格尊严的内在要求。人只有自由才能成为独立的主体，才能够按照自己的意愿去行动。隐私保护正是排除其他干扰，让人能够自由控制自己。在个人私密的空间和时间之中，人能够自由选择生存方式、选择行为动作，自由服从自己的安排，保持自身的个性，体现人的尊严。隐私保护对人格尊严的尊重和维护，还体现在人与人之间的平等。对隐私的保护是在自己与他人、自己与社会之间设置屏障，保护自身的私人领域。这也就意味着，他人无法干预自己的私人领域，自己也不能够去干涉他人的私人领域。“最贫穷的人在他的茅屋里也可以对抗国王。茅屋可能是摇摇欲坠的；它的屋顶可能会晃动；风可能会进来，

[1] E. J. Bloustein ,Privacy as an Aspect of Human Dignity :An Answer to Dean Prosser, (1964) 39 NYULR 962,973.

雨也会进来。但英国国王却不能进来，国王的所有权力也不能跨过这破屋的门槛。”[1] 这就更形象地说明了，隐私保护对人格尊严的尊重和维护体现了人与人之间的平等。

再次，隐私保护有利于个人和社会的和谐。隐私权只保护属于个人领域的利益，是个人的权利，标志着个人与社会区别的范畴。正如托马斯·埃默森（Thomas Emerson）教授所说，“隐私权的概念试图区别个人与集体、自我与社会。它努力确保个人的圈圈，在这里个人是单个的人而不是集体的一员。这个圈子里他可以想自己的事，有自己的秘密，有自己的生活，仅披露自己想让外界知道的事件。个人隐私权，简单地说，就是在集体生活之外，建立一个不受社会生活规则制约的范围。”[2] 而隐私保护就是保护了个人这样一个圈子，这是社会对个人的保护，也是社会为个人生活划出了神圣的界限。

人是社会的人，是组成社会的细胞，千千万万的人组成一个社会，离开了社会，个人也将不能成其为人，个人用自己的行动来促进社会的发展；社会是个人的社会，离开了个人，社会只能是无意义的存在，社会的存在是为了个人的生存和发展创造条件和机会。因此，隐私保护为个人生活划出的神圣界限，是社会为个人发展创造条件，同时是个人为自己的发展主张权利，也是以个人的行为促进社会的和谐。从这个意义上说，隐私保护有利于促进个人和社会的和谐发展。

随着社会的进步，特别是信息技术的高速发展，隐私保护变得越

---

[1] 秦立彦：《面对国家的个人——自由主义的社会政治哲学》，济南：泰山出版社，1998 年版，第 27 页。

[2] [美] 克利福德·G·克里斯蒂安、马克·法克勒、金·B·罗特佐尔等著：《媒介公正：道德伦理问题真的不证自明吗？》，蔡文美等译，北京：华夏出版社，2000 年版，第 114—115 页。

来越复杂和困难。一方面，社会个人对隐私保护的认识越来越高，隐私保护的范围越来越大；另一方面，大众传媒和信息技术的发展使个人的隐私空间和时间变得越来越小，侵犯个人隐私的情况越来越多。由于文化传统和社会制度的差异，中国社会对隐私的尊重和保护，远不如欧美社会那样重视。我们日常生活中免不了这样的侵犯或被侵犯：私人空间、私人时间、私人事务、私人领域，与他人、与社会，扯不清理还乱。有时候意识到隐私侵犯，也只是道德失范，很少能够达到法律制裁的地步。事实上，和谐社会的建设，个人与社会的和谐发展，都以隐私保护为重要的前提。没有隐私保护，个人生活就没有安全感，整个社会的秩序也将因此出现紊乱。加强对隐私的保护，保障私人信息、私人生活、私人领域的安全，才能促进个人与社会的和谐发展。

总之，隐私保护是个人个性发展、人格尊严维护、社会和谐的重要保障。但是隐私保护的意义远不止这些，它对个人、对国家、对社会乃至对于整个人类世界都具有不可或缺的价值，“隐私与我们成为‘人’、并在成为人的时候保持有某种尊严的能力相联系。只有相互尊重隐私的公民才能美其名曰自己拥有神圣的尊严。”[1]隐私是现代文明的产物，是社会进步的表现，也是现代社会发展的必然要求。

### 三、追寻真相与保护隐私的冲突及新闻正义

发现真相、传播真相是新闻的内在要求，新闻通过发现并传播真相，满足社会公众的知情权。但是，新闻实践中寻求真相的过程，总会与新闻事实的关联人发生联系，就有自觉或不自觉地侵害他人利益的可

---

[1] [美] 菲利普·帕特森、李·威尔金斯：《媒介伦理学：问题与案例》，李青藜译，北京：中国人民大学出版社，2006 年版，第 133 页。

能，就有侵犯他人隐私的可能。事实上，隐私权保护最初也是在新闻无节制地侵害私人生活的背景下提出的，新闻传媒和新闻从业者是最常见的隐私侵权的主体，虽然任何自然人和法人都可能成为侵犯他人隐私权的主体。新闻以追求真相为特征，要求信息越公开越好、越充分越好，而隐私是对信息的自我控制，要求不被干扰，要求保密。可以说，保护隐私是对真相追寻的制约，追寻真相也是对隐私保护的制约，二者显然存在冲突。如何在二者之间找到平衡，做到既不侵犯隐私权，又不损害真相的发现与传播，这是新闻实践经常需要解决的问题，也是新闻正义的追求。

**知情权对隐私权的侵害。**知情权有广义的知情权和狭义的知情权之分。“广义的知情权泛指自然人知悉、获取信息的自由与权利；狭义的知情权仅指自然人知悉、获取官方信息的自由与权利。在一般情况下，知情权是指广义的知情权。”[1] 知情权作为公民个人的一项法律上的权利，是建立在政府信息透明的基础上的，是对政府公权力的一种平衡力量。比如公众有权知道某个化工项目可能给他们生活带来的影响，政府有义务及时公布公众关注的环保信息。本研究所称的知情权是一般意义上的广义的知情权，是指个人拥有合法的权利去获取社会信息，新闻正是承担着这样的职能，并为社会公众提供社会异动的消息和日常生活的服务信息。

正如隐私权源自隐私需要一样，知情权源自知情需要。人作为社会中的个体，需要了解自己身处其中的社会信息、社会关系、社会不断变动的状况，以满足自己知情的欲望，找到自己生活的感觉，指导自己人生的规划与发展。比如，某条医保政策调整的新闻，某个励志

---

[1] 杨立新：《人身权法论》，北京：人民法院出版社，2002 年版，第 679 页。

故事，某个公益活动。也可能需要一些无关个人和社会发展的信息，仅仅是为了娱乐生活而提供谈资或笑料。比如，某件奇闻逸事，某个娱乐明星的艳照。但是，问题就出在这里：个人往往会混淆知情需要与知情欲望，我们可能想知道某些信息，但实际上这些信息不是我们真正的需要，比如，谁与谁相好，谁与谁睡觉。

而新闻传媒和新闻从业者往往把知情欲望当作知情需要，从而当作知情权。新闻从业者断定公众有权利获知某一事实或某一信息，实际上是他们认为公众需要这样的信息；而公众只是想知道某一事实或某一信息，也会被认为是公众需要这样的信息。事实上，人类有一种窥视秘密的天然兴趣，知情欲望追求的往往是被保护起来难以获知的信息，这是隐私；知情需要则要求把别人希望保密的信息公开，这是公开隐私。这样，社会公众与新闻传媒共同推波助澜，混淆了知情欲望、知情需要和知情权，最终让隐私迎合了知情欲望，其实质就是以知情权的名义侵害隐私权。

**追寻真相与保护隐私的冲突及其表现。**知情权对隐私权的侵害，正是知情权与隐私权冲突的主要表现。知情权与隐私权的冲突，实际上就是寻求真相与保护隐私的冲突。新闻寻求真相是新闻职业的内在需要，要求尽可能充分把握事实，全面了解信息，发现真相，传播真相；保护隐私的要求是保护私人信息、私人生活和私人领域不受外界干扰，不被外界知晓。新闻寻求真相是为了满足社会公众对世界变化的了解和对现实生活服务信息的需要，是为了公众享有充分的知情权；而隐私保护是为了满足人的个性发展、维护人格尊严的需求，是为了人的发展而创造神圣的私人空间。一个意味着社会公众想知晓，另一个意味着个人想隐瞒；一个为了公众知情权，一个为了保护私人空间；一个力求扩大信息公开的范围，缩小私人信息的控制范围；一个力求减少社会的干扰，扩大私人信息保护的范围。寻求真相与保护隐私的冲突是不言而喻的，如此不同的两个目标或者要求，置于同一个具体的新闻实践中，冲突总是难免的。

在新闻实践中，知情权与隐私权的冲突，或者说寻求真相与保护隐私的冲突，存在着隐私保护妨碍真相追寻的情况，但主要还是寻求真相对保护隐私的侵害。或者说，寻求真相与保护隐私的冲突，在新闻实践中主要表现为新闻对隐私的侵害，这是二者冲突的主要特点。

新闻实践活动对隐私的侵害主要表现在两个方面：采访手段侵害隐私和新闻报道内容侵害隐私。采访手段侵害个人隐私，主要是在新闻活动中采用隐性采访的方式获取新闻从而侵害个人隐私。隐性采访包括暗访、偷拍偷录、窃听以及卧底采访、“钓鱼”采访等多种方式，通常是新闻从业者不公开身份、不暴露采访意图甚至隐瞒身份和意图去接近新闻源，获取信息。在新闻媒体走向市场的过程中，为了获取不容易获知的信息而取悦受众，隐性采访的手段将会越来越多地被运用：镜头侵害，采用隐蔽的方式进行拍摄从而侵害个人隐私；跟踪侵害，尾随不知情的被报道人跟踪掌握信息从而侵害其隐私；窃听侵害，使用现代科技手段对被报道人的言行进行监控从而侵害其隐私；私宅侵害，未经许可进入被报道人的住宅或进入办公室等公共场所的私人场合进行采访，直接侵害其隐私；文件侵害，对于被报道人的私人信件、邮件、私人文件资料等私自查阅，直接侵害其隐私。

新闻报道内容侵害个人隐私，主要是指新闻报道披露了未经许可的私人信息、私人生活与私人领域等隐私内容，这些内容就是隐私权保护的内容。一般来说，隐私权保护的内容主要包括四个方面：个人生活的安宁、个人情报的保密、个人名誉的维护、个人姓名与肖像的使用。在新闻实践中，新闻报道内容侵害个人隐私的情况主要有：报道内容涉及隐私，即未经个人同意私自披露个人的财产、婚姻、疾病史、生理缺陷等情况；报道内容的指向性，即新闻报道出现的内容如住址、性别、特征等足以辨认出某个具体个人；报道材料不真实，即使用一些虚构的、杜撰的材料造成对个人隐私的侵害；报道给人错误的印象，即报道所使用的材料、语言给人以错误的印象，破坏了他人的名誉，从而侵害个人隐私。

实际上，对隐私权的侵害是新闻侵权行为中最常见的一类侵权行为。由于新闻具有时效性的特点，特别是具有类似复印机和扩音器的放大作用，使得新闻对隐私的侵害会加速放大侵害的后果：第一，传播迅速性。新闻的时效性，要求第一时间发布信息。信息技术的快速进步和发展，更是给新闻传播插上了飞翔的翅膀，今天的网络传播速度几乎与新闻事件的发展速度是同步的。新闻速度之快，无时不在。所以，一旦隐私被侵害变成新闻事实的真相，就会迅速被传播出去。第二，影响广泛性。一方面，新闻活动范围广泛，几乎是社会生活中的所有领域，新闻活动范围之广，如影随形。另一方面，新闻传播范围相当广泛，无论报纸、广播、电视等传统媒体，还是网络这样的新兴媒体，都拥有数量庞大的受众。新闻影响之广，无处不在。所以，隐私处处面临着被新闻传播活动侵害的可能，而且隐私一旦被侵害，变成新闻的真相被传播，就会造成相当广泛的影响。第三，影响深刻性。新闻影响范围广泛及传播迅速，特别是新闻传播过程中通过图片、声音、视频等符号形式不断强化某种刻板成见，容易使受众接受并加深印象。所以，一旦隐私被侵害变成新闻真相，影响就会深入人心。

特别需要说明的是，信息技术和网络媒体的发展，对隐私的侵害、对隐私权的威胁更加严重。虽然网络技术和网络媒体大大增强了人们获取、传播、使用信息的能力，但是，迅速膨胀的网络空间将把私人的隐私空间挤得无处安放，网络信息迅速的、公开的、大范围的、不易控制的流动，使得个人隐私更容易被置于网络监视之下。正如美国全国公共电台的约翰·麦克切尼（John McChesney）所担忧的一样："信息高速公路已经变成了信息间谍公路了吗？"[1] 未来世界将被一"网"打尽，网络把世界塑造成一个全球电子村落，人类的隐私在这个村落找到安身之所将越来越困难重重。

**新闻正义在冲突中寻找平衡。**新闻是追寻真相的职业，新闻的直接目标就是把世界的真相特别是社会异动的真相传达给社会公众，满足公众对世界变化的了解，满足公众的知情需要和权利，寻求真相是新闻的题中应有之义。新闻正义是重要的新闻价值也是新闻价值的向度，因此，把新闻实践导向寻求真相的实践，是新闻正义的基本价值取向。同时，隐私权是得到当今世界普遍公认的个人的基本权利，保护隐私是对人性自由和人格尊严的尊重，是人类文明进步的重要标志，也是一项基本的社会伦理要求。新闻正义是比基本的社会伦理要求更高的伦理要求，是比基本的新闻伦理更高的理想追求，人类所有理想和追求的终极意义都是人的自由与发展，是人的幸福，因此，尊重隐私，保护社会个体的隐私权，是新闻正义的基本主张。简单地说，新闻正义既支持新闻寻求真相，又主张保护个人隐私。如何在真相与隐私的冲突之中寻找平衡，是新闻正义要解决的问题。

那么，新闻正义如何去寻找这个平衡呢？要从真相与隐私冲突背后的关系中去寻找。实际上，寻求真相与保护隐私的冲突，标志着人的社会性与个体性的矛盾，反映了人和社会的对立统一关系。人作为

---

[1] [美] 乔尔·鲁蒂诺、安东尼·格雷博什：《媒体与信息伦理学》，霍政欣、罗赞、陈莉、曹海风译，北京：北京大学出版社，2009 年版，第 285 页。

个体的人，需要保持自己的独立空间，需要保守自己的秘密，希望不被社会所淹没；人作为社会的人，需要了解社会信息，需要了解社会真相，需要社会交往，希望不被社会所抛弃。新闻实践是大众传媒的社会传播活动，传播的是社会信息，显然不可能不涉及社会之中的具体个人的信息。如果隐私的保护无限扩大，把私人信息全部保护起来，新闻没有存在的可能；如果隐私的保护无限缩小，私人信息、私人生活、私人领域可以任意进入，人就失去了尊严，人类社会没有存在的意义。所以，为隐私保护划定基本界限，或者为隐私保护设定基本原则，可以作为新闻正义在冲突中寻找的平衡。

绝对的平衡，或者绝对的界限和绝对的原则是不存在的，司法实践和新闻实践中大体上有一些基本的共识，这些共识包括以下几个隐私侵权的排除原则[1]：一是当事人同意原则，这意味着当事人放弃隐私，同意公开，新闻传播对当事人隐私内容进行报道或评论不构成隐私权侵害。二是公共利益原则，与社会公共利益攸关的事项或者出于社会公共利益需要必须公开的事项，不受隐私权保护，因为公民有克减私权利维护公共利益的义务。三是公众合理知情欲望原则，参照社会习俗与公德，报道符合社会主流道德准则、符合公众正常的心理期待和健康的欲望的私人信息，可以成为新闻侵权的豁免事由。四是公众人物隐私权适当减损原则，公众人物的隐私范围要比普通社会公众窄，因为公众人物与公共生活或公共利益密切相关，社会公众有权知情并监督公共生活。但是不少新闻从业者心中深植了“公众人物无隐私”的意识，实际上忽视了公众人物作为人的尊严，这是不恰当的。

[1] 参见洪伟：《大众传媒与人格权保护》，上海：上海三联书店，2005年版，第215—232页。

以上原则大致上为隐私保护划定一个界限，至少提供了参照，特别是当事人同意原则实际上为寻求真相与保护隐私的冲突划出一个明确的界限。新闻正义作为社会正义，具有秩序和谐之美的意蕴，在保护隐私与寻求真相中找到平衡，就是促进社会的和谐，彰显社会正义。

# 第五章 新闻正义的实现途径

人们胸怀着正义的理想投身社会实践，追求正义是为了实现正义。但是正义作为一种理想，是一种观念存在，或者说是一种力求达到却无法达到的境界。新闻正义能不能实现或者到底在多大程度上能够实现，是新闻正义研究最终要回答的问题。

新闻正义如果作为一个追求过程，那么可以理解为两个方面的努力，一方面是努力促成新闻的正义，也就是新闻自身的正义，这里的基本要求是确保新闻的真实性和客观性，这在某种程度上只是形式上的要求，还要在此基础上努力达到新闻传播的信息内容本身是正义的，也就是新闻内容本身诉求的价值是正义的价值，这才有实质上的意义。另一方面，新闻正义要努力促进社会正义，这是从新闻传播对社会的影响或新闻传播的社会效果上来讲的，新闻正义作为社会正义，既是社会正义的重要内容，又是社会正义实现的手段。作为手段的新闻正义就要为作为目的的社会正义服务。所以，新闻正义在多大程度上能够实现的问题，是新闻程序正义和实质正义、目的正义与手段正义的统一程度问题。此外，新闻正义的实现程度，还与人们对新闻正义的认识程度密切相关，当前的社会中存在着一种后现代性话语对现代性观念解构的思潮，两种语境中的正义观念可能差别很大甚至相左，这会影响人们对新闻正义的认识，也会影响新闻为社会正义服务的效果。

新闻正义的实现，如果体现为力量推动的话，那么就是两种力量：一种是内力，就是源自新闻自身的力量，即新闻自律，包括新闻从业者、新闻媒体和新闻行业的自律，都是来自新闻自身对正义的推动力。另一种是外力，就是源自新闻从业者及其组织以外的引导、约束或控制，即他律。当然，这种内外力的作用是相对的。新闻媒体的自律对于新闻媒体而言是内力，而对于新闻从业者而言，就是外力，是他律。新闻自律和社会的他律构成实现新闻正义的两条主要途径，似乎并没有第三条道路。

## 第一节　与新闻正义的实现关联的概念

新闻的程序正义与实质正义、新闻的手段正义与目的正义，这两组概念（当然还有延伸的概念，比如完善的程序正义和不完善的程序正义），是为了区别说明新闻正义在多大程度上能够实现而准备的。现代性与后现代性两种语境中的新闻正义，关系到人们对新闻正义的理解，也与新闻正义的实现程度相关。所以，这里需要辨析的三组概念都是与新闻正义的实现关联的概念。

### 一、新闻的实质正义与程序正义的统一

新闻正义作为社会正义，和社会正义一样包含着程序正义与实质正义两个方面。程序正义和实质正义应该统一于一个真实的新闻正义之中，而按照罗尔斯对纯粹程序正义的分析去理解，新闻的程序正义是优先于实质正义的。

**实质正义与程序正义及其关系。**罗尔斯在《正义论》中深入探讨了实质正义与程序正义的概念。他认为实质正义本质上是一个社会的结构问题，是一个社会合理分配权利和义务的基本原则。同时，他还通过与形式正义的对比论述了实质正义的概念，认为实质正义就是社会制度本身的正义，就是能体现两个正义原则（平等自由原则和差异原则）的社会制度自身，而形式正义则是对体现两个正义原则的社会制度的坚持和平等的管理。

“让我们也设想这种正义观从整体上被这个社会接受，制度由法

官和别的官员公正一致地管理着。这就是说，类似情况得到类似处理，有关的同异都由既定规范来鉴别。制度确定的正确规范被一贯地坚持，并由当局恰当地给予解释。这种对法律制度的公正一致的管理，不管它们的实质性原则是什么，我们都可以把它们称之为形式的正义。”[1]我们照此去理解罗尔斯的程序正义和实质正义，如果将正义视为某种平等，那么程序正义就意味着制度和法律方面的管理要能够平等地以同样的方式适用于所有的人们，是对原则的坚持和体系的服从。而实质正义则是人类对于事实平等与结果平等的价值诉求。

罗尔斯似乎特别强调程序正义。他还通过完善的程序正义与不完善的程序正义的比较来阐述纯粹程序正义。完善的程序正义是我们知道什么结果是正义的，同时又有一套办法可以达到这个结果，“关键的是有一个决定什么结果是正义的独立标准，和一种保证达到这一结果的程序。”[2]显然，完善的程序正义在现实的世界里是很少见的。而“不完善的程序正义的基本标志是：当有一种判断正确结果的独立标准时，却没有可以保证达到它的程序。”[3]不完善的程序正义的意思是，我们知道什么结果是正义的，但是没有一个办法可以达到这个结果。与这两种程序正义对照，纯粹程序正义“不存在对正当结果的独立标准，而是存在一种正确的或公平的程序，这种程序若被人们恰当地遵守，其结果也会是正确的或公平的，无论它们可能会是一些什么样的

---

[1] [美]约翰·罗尔斯：《正义论》，何怀宏、何包钢、廖申白译，北京：中国社会科学出版社，1988年版，第58页。

[2] [美]约翰·罗尔斯：《正义论》，何怀宏、何包钢、廖申白译，北京：中国社会科学出版社，1988年版，第86页。

[3] [美]约翰·罗尔斯：《正义论》，何怀宏、何包钢、廖申白译，北京：中国社会科学出版社，1988年版，第86页。

结果。”[1]这就意味着，纯粹程序正义的特点在于，我们不知道什么样的结果是正义的，但是我们有一套正义程序，只要遵循这套程序，就可以达到正义的结果。正如公平的赌博，只要每个参与者都遵循赌博的程序，任何可能的结果都是公平的，至少不是不公平的。

事实上，伦理学上通常是按照罗尔斯这个意义去理解实质正义与程序正义的。按照《伦理学小辞典》的解释，实质正义和程序正义是“社会正义两个重要方面。实质正义是正义的内容，标识的是社会基本权利——义务关系的现实及社会财富的基本分配方式。程序正义是正义的形式，标识的是制度化、程序化及这种制度化、程序化对于所有对象的无例外性。”[2]从纯粹程序正义出发，对于社会正义而言，程序正义是优先于实质正义的，实质正义与程序正义统一于一个真实的社会正义之中，因为程序正义是实质正义的手段，实质正义是程序正义的灵魂；没有程序正义的实质正义是不能确保的，没有实质正义的程序正义是流于形式的。

**新闻的实质正义与程序正义。**新闻正义作为社会正义，同样包含着实质正义和程序正义两个方面。新闻的实质正义是新闻正义的内容，标识着对新闻的具体内容和新闻社会效果评价的正义的价值诉求。新闻的实质正义一方面体现为新闻内容本身的正义，新闻媒体作为社会公器，扮演的是社会公共角色，行使的是社会公共的传播权力，应该以增进社会公共利益为目标，以对社会负责任的态度参与新闻实践活动。具体到新闻信息传播的内容取舍上，判断标准应该包含着自由、平等、民主、法治、人权、公益等社会正义的价值观。新闻的实质正义另一方面体现

[1] [美]约翰·罗尔斯：《正义论》，何怀宏、何包钢、廖申白译，北京：中国社会科学出版社，1988年版，第86页。

[2] 朱贻庭：《伦理学小辞典》，上海：上海辞书出版社，2004年版，第276页。

为新闻社会效果评价的正义，新闻的社会影响是巨大的，但是这种影响可能是正面的，也可能是负面的，正面的影响有益于社会形成良善的社会风气、和谐的社会秩序，有利于社会的进步与发展；而负面的影响则危害社会良俗，助长社会不正之风，甚至阻碍社会的进步与发展。实现新闻的实质正义，新闻对社会产生的影响应该是正面的积极的影响，应该有助于彰显自由、平等之类的正义的社会价值，有助于激励人们去追求社会正义的理想。新闻达到了正义的社会效果，才能得到社会给予的正义的评价。当然，新闻的社会效果的正义性要求，并不意味着新闻只能传播正面的内容而不能传播负面的内容，相反，对社会的假、丑、恶的无情揭露，有利于促进社会对真、善、美的追求，从而达成正义的社会效果，所以舆论监督新闻正是新闻实质正义的内容。

新闻的程序正义是新闻正义的形式，是指新闻实践中有一套程序，或者一套方法论体系，这套程序或体系可以保证新闻信息在传播过程中达到正义的结果。新闻的程序正义一方面表现为新闻实践中坚持正义的原则，这些原则主要包括新闻业务中常常响在耳边的提醒：真实、准确和客观、公正。前者是新闻的真实性原则，是对把握新闻事实的要求；后者是新闻的客观性原则，是在把握新闻事实过程中的人的立场或方法。在新闻信息的建构过程中坚持这些原则，是新闻达到正义结果的前提。简而言之，新闻事实本身客观存在着，新闻的这两个原则可以促使新闻把事实的真相传达出来。新闻的程序正义另一方面表现为新闻实践活动符合正义的行为准则或规范，这些行为准则或规范主要指新闻行业的操作规程、职业道德规范，也包括新闻媒体内部的记者手册、编辑手册。这些行为准则或规范指导新闻从业者规范新闻实践中的行为，朝着实现社会正义的目标去行动；更主要的是指导新闻从业者树立正义的价值观念，自觉地为了社会正义的理想去行动。

由于新闻价值观的多样性，我们不能假定某一种统一的新闻价值观是否正义，或者我们无法设定何种新闻价值观才是正义的，但是当下中国的现实社会里，可以认为维护人民利益、维护国家统一、促进社会和谐发展的新闻价值观，能够在更普遍的意义上达成正义。

从罗尔斯的纯粹程序正义的角度去理解，在新闻正义的两个方面中，新闻的程序正义是要高于新闻的实质正义的，新闻的程序正义优先于实质正义。如果为了获取新闻素材而采用了不道德甚至违法的方式，违反了程序正义，即使新闻内容本身是正义的，或者新闻产生了较好的效果，这样的行为也是不正义的。因为缺乏新闻程序正义保证的实质正义，在很大程度上依靠新闻从业者个人的道德约束而非制度规范来实现，带有很大的偶然性与随意性，也就意味着随时有可能因为人为或偶然的因素而变成实质不正义。按照这个观点，在舆论监督新闻中常见的隐性采访方式是不应该提倡的。相反，如果通过新闻程序正义的方式而获得的新闻信息，即使其传播效果不正义，因为经过了一个普遍认可与接受的正义程序，其结果也是可以接受的。因为，经过新闻的程序正义而得到的结果，已经尽可能地避免了人为因素的干扰，至少可以促进新闻实质正义的实现。

## 二、新闻的目的正义与手段正义的统一

目的与手段是一对古老的哲学范畴，目的与手段对立统一地存在于事物之中，二者之间的区别与联系，可以同理推演于新闻的目的正义与手段正义之中。

**新闻目的正义与手段正义的内涵。**目的与手段，是一对反映人们在认识世界、改造世界过程中的主观与客观之间关系的哲学范畴。马克思认为：“劳动过程结束时得到的结果，在这个过程开始时就

已经在劳动者的表象中存在着，即已经观念地存在着。他不仅使自然物发生形式变化，同时他还在自然物中实现自己的目的，这个目的是他所知道，是作为规律决定着他的活动的方式和方法的，他必须使他的意志服从这个目的。”[1]按照马克思这段话去理解，目的就是指主体根据实际情况和主观需要而提出的一种行动目标，是观念地存在于主体头脑中的实践结果。而手段指的是实践的内在规定，是主体为了达成一定的目的而作用于客体的中介之总和。换言之，目的是主体想要达成的某种意愿，手段就是主体为了达成这种意愿而采用的方式和方法。

新闻是本源于事实的，事实是客观实在的，新闻事实本身正义与否也是客观存在的，所以新闻正义的关键不在于事实本身，而在于新闻信息传播者、接受者在传受信息的过程中投入了自己的主观意念。或者说，新闻是主体投射在事实信息本体上而折射出的某种反应。从这个意义上说，新闻正义与其说是新闻的正义，不如说是新闻传播活动中的人的正义。

新闻的目的正义是新闻实践活动要达到的正义的目的，是观念地存在于新闻传播过程中的人的脑海里的新闻传播结果。新闻的目的正义意味着新闻从业者应该真实、客观地发现新闻事实，真实客观地传播新闻信息，致力于维护社会公共利益，致力于实现社会公平正义的理想目标。新闻的手段正义是新闻从业者为了实现新闻维护社会公共利益、追求社会正义的目的，在新闻事实信息的获取、建构、传送过程中采取的方式和方法。新闻的手段正义意味着新闻从业者应该采取公平合理的方式去采访、编辑、刊播新闻，而不得采取违法和违反道

[1] [德] 马克思：《资本论》（第 1 卷），北京：人民出版社，1975 年版，第 202 页。

德的手段。相对于新闻的实质正义与程序正义而言，新闻的目的正义与手段正义更强烈地指向具体的每一次或每一项新闻实践活动。

**新闻的目的正义与手段正义的关系。**目的与手段是对立统一地存在于事物之中的。一方面，目的与手段相互区别、相互对立，二者各以其独立的形态存在，目的就是目的，手段就是手段。另一方面，目的与手段又是相互联系、相互依存的，没有无目的的手段，也没有无手段的目的。目的是手段要达成的目的，手段是为了目的实现的手段。目的与手段各以对方的存在作为自身存在的前提，从而共处于纷繁复杂的事物与社会实际生活中。

新闻目的与新闻手段的关系同样如此。一定条件下，二者具有独立的形态，新闻目的与新闻手段泾渭分明。同时，新闻目的与新闻手段又相互联系、相互依存。新闻目的是新闻手段要达成的目的，新闻手段是为了实现新闻目的而采用的方式与方法。

这里，可以借用“脏手理论”分析新闻的目的正义与手段正义问题。“脏手理论”的提出源自法国哲学家让—保罗·萨特（Jean—Paul Sartre，1905—1980 年）的一个剧本《肮脏的手》（1949 年）。所谓“脏手”指涉的问题是：某些在道德上不允许私人而为的行为，如果由拥有公权力的人来行使，在道德上是否可行的、必要的甚至应当的？萨特之前的意大利哲学家马基雅维利对此的回答是肯定的。他认为，“君主如果可能的话，他还是不要背离善良之道，但是如果必需的话，他就要懂得怎样走上为非作恶之途”。[1] 在马基雅维利看来，君主的利益是至高无上的，君主应当保持良善的品质，但是在必要的情况下，是可以“走上为非作恶之途”的。换言之，为了某种目的，是可以牺牲

[1] [意大利] 马基雅维里：《君主论》，潘汉典译，北京：商务印书馆，1985 年版，第 85 页。

手段的正义性的。“脏手理论”后来在政治哲学领域得到进一步发展，扩展到一般公共领域：为了维护公共利益——这种目的无疑是正义的，是否可以采用不正义的手段？

“脏手理论”用于新闻正义分析，也会提出同样的问题：为了实现正义的新闻目的，是否可以采用不正义的新闻手段？

新闻正义的这个问题可以分解为两个问题：第一，新闻目的是否可以为新闻手段辩护？在目的论的功利主义者看来，如果一件事带来的福利大于这件事带来的痛苦，那么这件事就是值得的。因为功利主义强调最大多数人的最大福利，看重的是结果，只要结果是善的，就可以忽略达到目的的手段。在目前中国的新闻实践中，由于大众传媒的竞争日益激烈，满足受众的知情需要和知情欲望成为日益走向市场的新闻媒体的必然选择，隐匿身份、暗访偷拍等隐性采访成为舆论监督新闻普遍采用的采访方式，中央电视台的《焦点访谈》、《新闻观察》等调查性新闻栏目通过暗访曝光了诸如黑煤窑、黑心棉等社会的黑暗面，引起了社会的高度关注、深刻反思和积极行动，带来了较好的社会效果。从目的的角度来看，其结果是善的。功利主义的观点认为这样的暗访是值得的。而在义务论者看来，正义优先于善，即使为了正义的目的，也不能行使不正义的手段。因为义务论认为，行为的价值不是由行为的后果决定的，而是由行为本身是否应该是否正当决定的，甚至与行为的后果无关。因此，隐性采访采用的隐匿身份、偷拍偷录等方式获取新闻素材是不正义的，是不值得提倡的；而伪装成违法者（如吸毒者）去拍录违法行为从而获取新闻素材，更是不道德甚至是违法的手段，是要坚决反对的。而且，新闻舆论监督的隐性采访手段，如果是以一种违法行为去揭露另一种违法行为，以一种不道德行为去揭露另一种不道德行为，以一种不正义的行为去揭露另一种不正义的行为，在逻辑上也是荒谬的。

第二，新闻正义由谁来主张？在暗访这样的隐性采访中，新闻从业者主张有权利自由采访，公民则主张有权利自由地选择接受或者不接受采访。事实上，新闻记者采用暗访的方式去采访，已经预先认定了事实，也就是已经有了主观上的价值判断。或者说，有了观念在先，然后再找论据来支持这个观念。这样的行为是否正义，不同的人显然有不同的看法。在具体的新闻实践中，虽然绝大多数人接受新闻正义的理念，也承认新闻需要正义，但是新闻正义的理念在不同的人心里有不同的理解，因此不同的人的新闻正义主张会存在差异。因为，不同的利益主体在主张正义时往往会从各自的自身利益出发。比如，关于强制拆迁的新闻，从政府的角度说，为了保持社会的持续发展——假定这是政府的真实目的而不是为了维护某一利益集团的利益——牺牲一小部分人的利益是值得的，新闻媒体应当将视线投在和谐发展的层面上，才是正义的；而对于拆迁户来说，对政府而言的小部分人的利益是对其自身而言的最大利益，在利益受损者看来，强拆就是不正义的。所以说，由于不同主体的新闻正义主张不同，对新闻的目的正义与手段正义之间关系的看法也会不同。

那么，究竟如何看待新闻的目的正义和手段正义呢？本研究认为，新闻正义是新闻目的正义和手段正义的统一，新闻正义的实现是新闻目的正义的实现和手段正义的实现的统一。新闻正义应该遵循社会正义的原则，社会正义是社会的人的正义，人是目的，不是手段，实现社会正义的最终目标也是以人为本。所以，从以人为本的角度来理解和处理新闻目的正义和手段正义，是有其合理性的。换言之，无论是抱有何种新闻目的、采用何种新闻手段，都应该在保证人的基本权利的前提下去权衡。当前中国的新闻实践中，为了新闻目的的正义性而采取不正义的手段的行为越来越多，而且往往还可以取得较好的社会效果。但是，新闻正义终究是新闻目的正义和手段正义的统一，一个正义的新闻必须同时具有正义的目的和正义的手段。对于现实生活中那些采用了不正义的手段来达成正义的目的，并取得较好社会效果的行为，姑且认定为“可容忍的不正义”。

## 三、现代性和后现代性新闻正义的联系与区别

哈贝马斯在《现代性：一项未完成的计划》中，引入德国学者姚斯（H·R·Jauss）从词源学上关于现代的解释，认为现代（modern）一词首次使用在五世纪末，意指现在或当代。现代只是一个历史的时间划分的概念，而现代性是使现代作为现代成为可能的本性，主要的特点是人的主体性和理性。后现代性是对现代性的批判，其典型论述是多元性。现代性语境和后现代性语境具有不同的理论体系和逻辑结构，新闻正义在两种语境中因此具有不同的表现。

**现代性和后现代性。**现代性一般指涉各种经济的、政治的、社会的以及文化的转型。正如马克斯·韦伯（Max Weber，1864—1920年）等思想家和阿诺尔德·J·汤因比（Arnold J Toynbee，1889—1975年）等历史学家所阐述的那样，现代是一个历史断代术语，指紧随欧洲中世纪或封建主义时代而来的那个时代，而现代性包含特定的时空属性，可以简单地说是近代西方文明的特性，既指自启蒙运动以来至今的西方历史时期，又包含着自由、平等等价值诉求，民主、法治等社会制度的规范意味和理性至上的科学精神，还包含着全球化的发展趋势。在一些人看来，现代性与传统社会相对立，它具有革新、新奇和不断变动的特点。从笛卡尔起，贯穿着整个启蒙运动及其后继者，所有关于现代性的话语都推崇理性，把它视为知识与社会进步的源泉，视为

真理之所在和系统性知识之基础。人们深信理性有能力发现适当的理论与实践规范，依据这些规范，思想体系和行动体系就会建立，社会就会进步发展。这种启蒙运动的设计在法国、美国以及其他一些国家的民主革命中发挥了作用，这些革命推翻了封建社会，建立了一种体现理性和社会进步的、公正平等的社会秩序。

不过，现代性的建构也给许多人带来了苦难和不幸，这些受害者包括受资本主义工业化压迫的农民、无产者和工匠，被排斥在公共生活圈之外的妇女，以及在帝国主义的殖民过程中被灭绝了的那些种族。现代性还生产了一整套规诫性制度、实践和话语，从而使它的统治和控制模式合法化。启蒙的辩证法所描述的正是这种理性向其对立面转化，以及现代性的解放允诺掩盖其压迫与统治形式的过程。虽然，现代性的捍卫者比如哈贝马斯仍然声称现代性是一项未完成的谋划，有着未充分实现的潜能，拥有克服其自身局限和破坏性后果的资源。

后现代性在对现代性的反思与批判中生长而成。后现代主义理论家们宣称：在当代高科技信息化社会中，新近出现的变化和转型过程正在产生一个新的后现代社会。这个新社会的倡导者认为，后现代性时代构成了一个新奇的历史阶段和一种崭新的社会文化形式，需要用新的概念和理论去阐述。后现代主义的理论家如博德里拉（Baudrillard）、利奥塔（Lyotard）、哈维（Harvey）等声称，诸如计算机和媒体技术、新的知识形式以及社会经济制度的变化等，正在产生着一种后现代社会形式，博德里拉和利奥塔把这些发展解释为信息、知识和技术的崭新类型，而杰姆逊（Jameson）和哈维等则把后现代说成是资本主义在更高阶段上的发展，其特征是资本在全球范围更深层次上的渗透和均质化。这些过程同时也产生了更进一步的文化碎裂、时空经验改变以及经验和文化的新形式，这些条件为后现代性理论提供了社会经济基础和文化基础。

作为一种哲学思想，后现代性的本质在于反思、批判现代性。与现代性所强调的理性主义、普遍主义、中心主义、确定性、权威性相比，后现代性以断裂、多元、破碎、散漫性等范畴表现出来的不确定性、碎片性、反本质主义、反普遍主义、反中心化、反权威化等特性对现代性进行了解构。

**现代性和后现代性新闻正义的联系与区别。**在不同的历史时期，会产生不同的社会思潮，这种社会思潮又会引领社会的走向以及人们对事物的普遍看法。当前，后现代主义思潮蓬勃发展，现代主义仍然是社会的主流思潮，因此，将两种语境中的新闻正义截然分开是不可能的，也是不必要的。

就两种语境中新闻正义的相同点而言，两种语境中的新闻正义有相同的基础和相同的终极追求。新闻正义的基础指的是新闻的内容应该真实准确、客观公正，无论是在现代性语境还是后现代性语境中，新闻内容的真实准确和客观公正是一切新闻正义的基础。新闻正义的终极追求是一种社会正义的实现，一种共同善的达成，无论是现代性语境还是后现代性语境中，新闻正义秉承着维护社会公共利益、促进社会进步发展的社会责任，同样追求一种社会共同善，同样追求正义的社会理想。其实，可以将现代性和后现代性视为两种路径，两种路径都从新闻事实出发，在实现新闻正义的过程中相互交叉，最终交汇于同一个终点：一种社会共同善。

对于区别两种不同语境的新闻正义而言，需要分析的主要是二者的不同之处。这里，从新闻的参与主体、公民话语权和新闻媒介载体三个层面上的区别，说明后现代性对现代性理解的新闻正义的改变。

首先，从以新闻从业者为中心到公民作为传播主体共同参与，新闻参与主体从现代性语境的中心主义、专业主义转向后现代性语境中的多元化。后现代性通过对现代性所强调的理性主义、中心主义等观念的解构而存在，这样的解构在新闻传播实践中集中体现为新闻从业者的传播主体地位的动摇。传统意义上的新闻传播即使是从以传播者为中心发展到以接受者为中心，传播行为的主体始终是新闻从业者。随着新闻事业发展成为一种专门的职业，新闻从业者成为新闻事业的专业工作者，成为技术的掌握者和传播渠道的实际控制者，而普通公民因为技术的壁垒和信息设备的限制，很难参与到传播的主体行列中去，也很少参与到传播的主体行列中去。公民在新闻中的主体地位因此迟迟得不到发挥，影响了公民参与社会事务管理和社会生活的积极性，而且这样的新闻正义更多地寄托在专业的新闻从业者身上，更多地依赖于他们的专业素养、职业道德和个人美德，其他公民只是新闻正义的旁观者，无处使力。

正如后现代主义理论家所声称的那样，高科技媒体社会中新近出现的变化与转型正在产生一个后现代社会，也正在解构传统媒体的传播主体结构。随着信息技术的普及，特别是传播设备的普及，公民参与新闻传播活动的主体意识开始觉醒，更多公民主动参与到新闻传播中去，扮演着过去由专业的新闻从业者扮演的传播者角色。一个新的新闻传播主体正在形成：公民记者；一个新的新闻概念已经出现：公民新闻。

公民新闻是由公民自发进行的一种新闻传播活动，也可称之为来自业余新闻工作者的第一手新闻报道，指的是作为非专业新闻工作者的公民，通过大众媒体或个人通信工具，向社会传播自己获得的信息。公民新闻的出现是对传统媒体“传——受”模式的挑战甚至颠覆。随着社会的发展与进步，公民追求自由、平等、民主、理性的诉求增强，对民主本质的理解不断深入，因此参与国家和社会事务管理的意愿也越来越强烈。同时，不同的社会阶层也发展出多元化的社会诉求。公民作为新闻信息传播的受众，改变传统的接受方式，采用一种更加主动、积极的方式参与到新闻传播过程之中，从过去的单向度的接受者变成双向度的传播——接受者。可以说，公民压抑已久的多元化诉求通过公民新闻这个载体得到了解放，也在更大的范围和更高的程度上推动了新闻正义的发展。

其次，从新闻媒体掌握话语主动权到公民话语权的加强，话语权力从现代性语境中的权威性转向后现代性语境中的去中心化和反权威性。话语“在日常用语中，指的是口头上的沟通、谈话与对话。在各类学科中，话语是分析概念，或是理论方法”。[1] 而在后现代性语境中，话语除了是沟通交流的工具、分析概念和理论方法之外，还是一种目的，即为了研究我们所处的后现代社会。在话语理论的视角下，参与对话的双方呈现出结构性的关系：平等与对抗一体两面。这就意味着一种去中心化，后现代性语境中的新闻传播过程，不再是由新闻媒体单方面操控的信息传播过程，而是一个包括新闻媒体、公民、政府在内的新闻传播体系。在这个体系中，各方主体具有平等的地位，没有谁居于权威的地位，他们通过协商和辩论，在公共理性的指导下达成共识，从而形成新闻正义。

“所有的参加者都必须具有：（1）均等的机会来选择并实行言说行为；（2）承担对话角色的有效均等机会去提出话语并使之永恒化，

[1] [英] 安德鲁·海伍德：《政治学核心概念》，吴勇译，天津：天津人民出版社，2008 年版，第 108 页。

去提出问题，制造问题，给出对陈述、说明、解释和判断赞成或反对的理由；（3）相同的机会去表达态度、感受、目的等，以及去命令，去反对，允许或禁止等等。”[1]“他要求对话的参与者本质上是平等的，”[2]以保证将那些违背基本话语规则的人排除在对话之外。在这样的对话中，公民的话语得到了平等的表达机会，新闻正义的要求得到了体现。这里也可以借鉴戴维·伊斯顿（David Easton）的政治系统来描述，政治系统被视为一种为社会规定有价值物的权威性分配（或强制性决定）并且予以实施的行为或互动行为，政治系统与环境形成互动联系，并因此形成一种“输入—输出”的系统模式。从这种系统模式分析新闻传播，新闻传播系统的输入者包括新闻从业者、公民和政府及其他社会组织，他们在新闻体系内部平等对抗，进行酝酿、辩论，最终输出新闻正义。

第三，从报纸、广播、电视等传统大众媒体到网络空间，新闻媒介载体从现代语境中的理性规范转向后现代性语境中的散漫和不确定性。“Cyberspace”（网络空间）一词源于加拿大作家威廉·吉布森（W·Gibson）出版的一本科幻小说《神经浪游者》（1984年），描述了一个神经移植术的漫游者经历的虚拟空间。今天，网络的虚拟空间已经把现实的世界变成了一个电子信息的地球村，网络空间已成为一个现实社会生活中广泛使用的词汇，泛指基于全球计算机网络化的，由人、信息源、机器相互连接而构成的一种社会交往的虚拟空间。网络空间的发展给新闻媒介载体带来了天翻地覆的变化，不仅为公民参与新闻

[1]［美］查尔斯·J·福克斯、休·米勒：《后现代公共行政——话语指向》，楚艳红等译，北京：中国人民大学出版社，2002年版，第114页。

[2]［美］查尔斯·J·福克斯、休·米勒：《后现代公共行政——话语指向》，楚艳红等译，北京：中国人民大学出版社，2002年版，第113页。

传播活动提供了新的有效途径，而且改变了新闻传播的一些固有特点。正如美国通信信息技术专家拉里·斯马尔（Larry Smarr）认为的那样，网络空间的发展是自古登堡印刷术以来所发生的最根本的变化，这种相互连接的网络基本上是时空的破坏者，把距离和时间缩小到零。

斯马尔的观点阐明了网络空间的一个特点，即传统意义上的时空界限逐渐模糊，新闻的时效性和互动性得到了完美体现。及时性几乎变成了即时性，可以随时发布，也可以随时接受；互动性使传统的大众媒体的单向传播变成了网上的即时参与、即时反馈的互动交流。网络空间还有一个更重要的特点，媒体中介已经不是新闻中心，新闻中心已经四处分散。因为任何公民都可以参与到新闻传播中来，不需要记者证，你就是公民记者；不需要媒体，网络空间就是你的媒体。甚至你就是媒体，或者叫作自媒体：你开了一个微博或者注册一个微信公众号，拥有 1 万“粉丝”，你就是一本内部刊物；拥有 10 万粉丝，你就是一本杂志；拥有 20 万粉丝，你就一张报纸；如果拥有 100 万粉丝，你就是一家很有影响的电视台了。总之，网络空间的发展使得公民参与新闻传播的积极性和能力空前提高，新闻正义也将变得更加不可确定。比如，传统大众媒体的社会责任担当，在网络空间的即时互动之中可能会变得破碎不堪，也可能会变得更加坚定有力；新闻从业者的专业主义精神包含的正义的价值诉求，因为网络空间的虚拟世界模糊了现实的道德约束，可能在一些网络新闻传播者中荡然无存，也可能在一些网络新闻的传播者中高高张扬。

无论如何，实现新闻正义是一种社会理想追求，也是对某种社会共同善的追求，无论是现代性语境中还是后现代性语境中的新闻正义，追求不能停歇！

# 第二节 新闻自律

新闻自律是伴随着职业化而来的自我约束，靠个人的良心、道德的压力和同业自律机构的批评共同促成。“自律，在很多行业和领域里是指通过自身行为管理使行业得到发展和让制度得以实施，最终目的是为了提高给消费者、权利者的服务。”[1] “新闻自律是指将新闻职业道德内化于新闻从业人员的品格、习性和意识之中，使其在新闻传播过程中能用新闻职业道德规范自觉地约束、调节自己的行为。”[2] 本研究认为，新闻自律是新闻职业道德内化为新闻实践的自觉行动，新闻实践行为合乎职业道德是基本的要求，合乎社会正义是更高的要求。因此，新闻正义的实现首先有赖于新闻自律的觉悟程度，新闻自律是新闻正义实现的首要途径。

## 一、新闻自律培育职业道德共识

新闻自律是一项艰巨的任务，同时也是一项不可放弃必须担当的任务。随着历史的发展和进步，社会从精英等级制度逐渐走向平等多元化的现代民主制度，现代伦理学的核心关注也从关注自我追求至善转向关注追求社会的公平正义。而新闻职业道德对新闻实践的道德考察关注更多的是新闻对他人和社会产生的影响，它反映的是社会对新

---

[1] 陈力丹:《自由与责任: 国际社会新闻自律研究》, 开封: 河南大学出版社, 2006 年版, 第 10 页。

[2] 印继红:《新闻人格缺失现象透视》，中南大学学位论文，2007 年，第 27 页。

闻职业的期望以及新闻职业与社会之间的关系，调节的是各方之间的利益关系特别是公共利益与个人利益或组织利益之间的关系，还要体现新闻实践独有的行为特征，这一系列的内容共同构成新闻的职业认知。“现代社会有重叠的共识，是合理的价值多元的社会，一方面承认和接受多元的事实，乃至于承认多元在道德上的正当性：另一方面又坚持仍然有一种超越于自我之上的普遍的东西。”[1] 现代社会的新闻伦理首先致力于达成规范共识，这种规范共识首先应当是职业道德的共识。这种职业道德共识为新闻从业者和新闻媒体设置了一定的道德底线，设置了基本的行为规范，以此作为新闻实践的道德指南。

**新闻自律是培育新闻人格的重要手段。**新闻人格是指新闻从业者的职业道德以及新闻媒体的道德倾向。新闻工作的特殊性决定了新闻从业者需要高尚的职业道德素养，新闻媒体需要向着社会共同善的道德倾向。新闻从业者和新闻媒体有什么样的新闻人格，新闻报道就有什么样的品格。新闻人格从某种程度上来说比个人人格更为重要。一个人的个人品格影响的是自身或者自身周边小范围的环境，但是新闻人格影响的是整个新闻行业乃至整个社会的环境。新闻实践中发生的不少道德失范的案例，其原因是多种多样的，但主要原因大多数可以归结为新闻人格的缺失。

新闻自律就是要培育和形成新闻职业道德共识，培育和构建良善而正义的新闻人格。新闻自律的目的就是通过自律促进新闻从业者和新闻媒体遵守新闻职业道德，促进新闻实践向善行动，促进新闻行业和谐有序发展。新闻自律的职责就是培育新闻从业者的良好的职业操

---

[1] [美] 威廉·弗兰克纳：《伦理学》，关键译，北京：生活·读书·新知三联书店，1987 年版，第 59 页。

守，提高新闻媒体的社会责任意识，促使新闻行业服务于公众、服务于社会，最终促进新闻职能的有效发挥和社会正义的实现。由此可见，新闻自律是新闻职业道德建设的重点内容，也是实现新闻正义的有效途径。特别是在中国尚没有《新闻法》规约新闻实践的现实境遇中，新闻自律显得尤为重要。

新闻自律包括了三个方面的内容，即新闻从业者自律、新闻媒体自律以及新闻行业自律。新闻从业者自律主要是新闻从业者在道德上的自我约束；新闻媒体自律主要是新闻媒体通过自行制订的规章制度等进行自我管理；新闻行业自律是一种行业的自我管理，主要是通过新闻行业的行为守则、职业规范等来管理新闻活动，使新闻从业者和新闻媒体在新闻实践中的行为符合国家的法律法规，符合新闻职业道德，符合社会公德。

## 二、新闻从业者自律

新闻从业者自律着眼于新闻实践中的基本主体的自我约束。新闻实践活动是人的社会实践活动，人是生产力中最活跃的因素，也是新闻实践中最活跃的因素，新闻从业者是新闻实践活动中最主要的人的因素，新闻从业者自律是新闻自律的基础。

**新闻从业者自律原则：实事求是。**实事求是，要求新闻从业者从事实出发，从实际出发，以事实为依据，以社会公众的现实需要为基础，客观公正的反映事实真相。新闻从业者坚持实事求是，才能达成新闻真实性和客观性的基本要求，实现新闻的基本善。所以，实事求是是绝对命令，是对新闻从业者的业务要求，更是对新闻从业者的道德要求，是新闻从业者自律应该坚持的基本原则。

实事求是，首先要从事实出发，从实际出发。新闻的本源是事实，一切新闻都要来源于事实，都要以事实为依据，不能杜撰虚构、胡编乱造、弄虚作假。坚持这个原则，要求新闻从业者应当树立起“绝对事实”的观念，杜绝、摒弃一切违背客观事实依据的新闻信息，这是从事实出发。新闻做到以事实为依据是必要的，但是还不充分，还要做到新闻反映事实的信息与事实的实际情况相符合，一是一，不夸大，不缩小，不肆意渲染，不隐匿回避。坚持这个原则，要求新闻从业者唯实，以符合实际为准则，而不是以个别领导的意志或者以往的经验为准则，这是从实际出发。比如，中国新闻从业者最熟悉的苏联卫国战争时期的造假记者“客里空”，[1] 总是阴魂不散，不时在市场经济的中国新闻界兴风作浪。个别新闻从业者从市场逻辑出发，为了取悦受众或者取悦领导，不惜弄虚作假，凭个人臆想编造新闻；不顾实际情况，随意曲解事实或夸大事实，人为炒作新闻。究其原因，这是新闻从业者没有坚持自律的原则。

实事求是，其次要忠于真理，追求真理。忠于真理，就要服从真理，坚持真理。只有尊重事实才能服从真理，尊重事实是服从真理的前提条件；尊重事实，也是为了坚持真理，坚持真理是尊重事实的目的，是尊重事实的重要保障。新闻是追寻真相的职业，真理往往掌握着事实背后的真相。新闻从业者具有强烈的忠于真理的勇气，才会孜孜不倦地追寻事实的真相。新闻担当着维护社会公共利益和促进社会进步发展的责任，肩负着追求社会正义的理想，只有这种责任和理想深植于新闻从业者的良心深处，才能化作为正义而行动的源源不断的动力。

---

[1] “客里空”是苏联剧作家科涅楚克的话剧《前线》中的一个战地记者的名字，中文音译为“客里空”，俄文意为“乱嚷的人”、“好吹嘘的人”或“饶舌者”。在剧中，客里空被塑造成一个捕风捉影、编造新闻的记者形象。中国新闻界把类似这种采访作风或记者形象也称为“客里空”。

忠于真理，追求真理，是新闻从业者自律原则的超越性的体现。比如，那些在战争中视死如归的记者，在灾难中临危不惧的记者，在和谐社会建设中为老百姓伸张正义、揭露社会黑暗与丑恶的记者，都是新闻从业者严于自律追求主体超越的体现。事实上，在新闻实践活动中，往往会遇到难以预料的困难，往往会碰到来自各种势力的阻碍，新闻从业者坚持自律的原则，才能够以忠于真理的执着和追求真理的勇气，为了社会和公众的利益，为了社会正义的理想，不惧困难，排除阻碍，勇往直前。

**新闻从业者自律机制。**新闻从业者自律机制，是一种依赖于新闻从业者个人良心的机制。良心使然，个人担当起道德义务，理解并自愿行动，从而确保这个机制的运行。这个自律机制的内容，也就是个人担当的道德义务的内容。新闻从业者自律担当的道德义务，主要包括以下三个方面的内容。

第一，真实准确、客观公正。真实准确、客观公正是新闻从业者挂在嘴边的职业要求，也是新闻从业者写在心里的道德义务。真实、准确，表达的是新闻的真实性；客观、公正表达的是新闻的客观性；真实性和客观性共同为新闻追寻真相把关。因此，真实性和客观性是新闻报道的基本要求，是新闻传播活动实现其社会功能的前提，也是新闻正义得以可能的基本前提。

新闻报道真实准确，是指新闻如实地反映事实，如实地报道事实，完全符合事实的本来面目。新闻的真实性是新闻本源于事实的特性决定的，是新闻自身规律的要求。真实，是新闻的生命所系；真实，是新闻的力量之源。“这个国家不正是大家的国家吗？我们用真实架一座桥，让言说者不空谈，让主事者不麻木，让刚烈者不偏激，让脆弱者不沉沦。”[1]在新闻实践中，达到新闻真实性要求并不是一件信手拈来、轻而易举的事，究其原因，有新闻事实本身存在的认识困难，也有人的认识能力的局限，还有来自社会的干扰、阻碍甚至压力。但是，新闻真实性是新闻的内在要求，可以看作是新闻媒体对社会的承诺，或者是新闻从业者、新闻媒体和社会公众的无纸契约，是一个必须坚守的诺言。从这个意义上讲，真实性可以视为对新闻从业者的道德规约，新闻从业者把真实性作为一种职业理想、一种道德境界去追求，才能更好地履行真实性的道德义务。所以，“新闻真实性从根本上讲是一个自律问题，是一个良知问题，是一个职业伦理问题。事实表明，在很多情况下，新闻真实性不是技术问题，不是能力问题，完全是一个伦理问题，也即是新闻从业者如何自觉遵守新闻职业道德的问题。从某种意义上说，新闻真实性就是记者的良心。”[2]

新闻报道客观公正，是指新闻从业者在新闻报道中保持客观公正性，不偏不倚，无私无畏，平衡中立地提供新闻信息。“客观性尽管被看成是一种可望而不可即的理想和难于实现的神话，它们的确有助于形成一种独特的新闻精神和维护一种健康的新闻伦理。”[3]客观性报道作为一种理念和报道方式，发展于美国，奉献于世界，已经成为一种世界范围的新闻的主导原则，而且衍生出一套包括五个W（when时间，where地点，who人物，what事件，why起因）、引述当事人的话、不采取立场等在内的具体操作规范。客观性在新闻实践中被强调与肯定，

---

[1] 《南方周末》2004年的新年献词。转引自陈绚：《大众传播伦理案例教程》，北京：中国人民大学出版社，2010年版，第75页。

[2] 陈绚：《大众传播伦理案例教程》，北京：中国人民大学出版社，2010年版，第77页。

[3] [美]利昂·纳尔逊·弗林特：《报纸的良知：新闻事业的原则与问题》，萧严译，北京：中国人民大学出版社，2005年版，导言第8页。

其深层原因在于人与人平等交往的内在需要，只有“公平的态度、公开地报道、公正地呈现，才能真正促进交往的社会化，推动需要的扩大。”[1]如果新闻报道中反映一些信息而隐匿另一些信息，引用一个人的话而忽略对立的另一个人的话，人与人的交往就会失去自由与平等。所以，“客观性原则的价值，就在于通过公开地报道、公正地呈现使人们拥有民主、自由、平等的理想，拥有探求事实真相的求真求实的理性精神。”[2]新闻从业者应该负有这样的道德义务：维护民主、自由、平等在新闻实践中的价值。

第二，忠于职守、勤奋敬业。新闻传播是公众获取信息的重要渠道，担负着传播思想和观念、反映公众意见、引导社会舆论、服务社会生活的使命。新闻传播效果的好坏不仅关系到新闻使命的完成与否，而且关系到社会的稳定、和谐、有序地发展，关系到社会公众普遍的幸福生活。而新闻从业者是关系到新闻传播效果的一个关键环节。

新闻履行其职能，完成其使命，发挥其作用，要求新闻从业者忠于职守。新闻传播是一种社会实践活动，对社会公众的思想和行为有着直接或者间接的影响，可以说新闻是引导社会舆论、影响社会公众思想和行为的有力工具。只有具有强烈社会责任感的人去使用这个工具，才能够保证这个工具用于道德的目的，用于正义的目的。换言之，只有有道德之人从事新闻工作才能保证新闻职能的有效履行、新闻社会价值的有效实现。事实上，人担当责任并不是因为他天生就有道德，人变得有道德则是因为他担当责任。所以，新闻从业者忠于职守，就是要勇于承担社会责任，将社会责任放在第一位，并化为出自良心的

[1] 陈绚：《大众传播伦理案例教程》，北京：中国人民大学出版社，2010年版，第81页。
[2] 陈绚：《大众传播伦理案例教程》，北京：中国人民大学出版社，2010年版，第81页。

行动，以此自律，从而自觉地服务于社会公众，服务于社会公共利益，服务于社会和谐进步与发展。

新闻履行其职能，完成其使命，发挥其作用，还要求新闻从业者勤奋敬业。著名记者范长江在《记者工作随想》中说过，一个记者，如果能为一个伟大的立项而工作，那是很值得鞠躬尽瘁，死而后已的。这句话正是说明了作为一个具有强烈社会责任感，一个为社会公共利益服务的记者，勤奋敬业是很值得的，同时也是很有必要的。勤奋敬业，首先要具有强烈的敬业精神，要把新闻工作看成是一种高尚的职业，把新闻当作是一项值得自己奉献毕生精力去完成和追求的事业。勤奋敬业，还要具有勤奋工作的态度，新闻的特点决定新闻工作是一项辛劳的工作，随时待命，随喊随到，连续奋战，是这项工作的特点。不怕苦，不怕累，不懈怠，每项工作都要尽到勤勉的义务，才能不辱使命。

第三，维护公益、追求正义。维护社会的公共利益是新闻的本职所在，这是新闻的公共性特征决定的。新闻从业者选择了新闻这个公共性的职业，就意味着道义上认同在职业行为中维护社会的公共利益，而且隐含着一种对社会公众的承诺：我将遵守我认同的这个规则。对于新闻从业者而言，维护社会公共利益，一方面要求在新闻价值的权衡中以公共利益作为出发点和落脚点，以此作为标准之一，去判断一个新闻事实是否具有新闻价值，具有多大的新闻价值，而不以个人的欲望、喜好和利益作为选择标准。另一方面要求新闻从业者个人清正廉洁，在新闻实践中抵制金钱的诱惑，克服享乐主义，不因公徇私，不因一己私利损害公共利益。从某种意义上说，后一种道德义务更具体。有偿新闻和“有偿不闻”，就是新闻从业者将新闻完完全全当作是一种吃饭的工具或者是一种谋取个人利益的工具，违背了维护公共利益的道德义务而导致的结果。有偿新闻，是利用传播的公共权力索、拿、卡、要，为某些个人或者组织进行有偿服务；“有偿不闻”，是向某些利害关系人或组织索取“封口费”，因为私利而放弃传播的公共权力和道德义务。

维护社会公共利益是社会正义的具体内容之一，而社会正义远不止这些具体内容，它是更高的道义和更大的社会理想，包含着人类大同社会的梦想，包含着自由、平等、和谐等共同的价值诉求。追求正义是新闻媒体的力量所在，也是新闻从业者的道德向度所在。追求社会正义，在中国的新闻实践中突出地表现为舆论监督。老百姓碰到不公平的事情，有冤，有屈，有纠纷，不找司法部门，不找行政部门，费尽心思找新闻媒体。“不找法律找媒体”成为中国特色的新闻现象。在新闻实践中，新闻从业者通过一个热线电话、一封读者来信、一次群众来访，深入调查，倾听社会不平的呼声，感受社会不善的苦痛，以对道德义务敬重的态度和情感，表达对受害者的帮助、弱者的同情和对不法者的道义审判、不义者的舆论批判。所谓铁肩担道义，新闻从业者的价值，正是在对社会正义的呼唤和强烈追求中得以体现和张扬。

### 三、新闻媒体自律

或许有人会说，新闻的职能是由新闻从业者来履行的，与新闻媒体本身的道德属性无关。其实不然，所有的新闻从业者都是从属于新闻媒体的，其职业行为是在媒体组织框架之内规定的，新闻职能的履行离不开新闻媒体。新闻媒体可以理解为一种人格化的组织，这个组织在新闻正义的实现中承担着比个人更重的道德义务。新闻媒体自律着眼于对组织内部人员的监督与考评以及对媒体自身行为的自我管理与约束。

**新闻媒体自律原则：为最广大的社会公众服务。**新闻信息以联结千家万户，为最大多数人的利益鼓与呼。新闻要代表最大多数人的利益，所以为自身定下这个自律原则：为最广大的社会公众服务。这是在更普遍的意义上说的。而在中国，新闻媒体都是党的新闻媒体，中国共产党是代表最广大人民群众的根本利益的党，它的宗旨是：全心全意为人民服务。所以，为最广大的社会公众服务就是全心全意为人民服务。“全心全意地为人民服务，一刻也不脱离群众；一切从人民的利益出发，而不是从个人或者小集团的利益出发；向人民负责和向党的领导机关负责的一致性；这些就是我们的出发点。”[1] 毛泽东 1965 年 9 月 15 日为中央广播事业局题词：“努力办好广播，为中国人民和全世界人民服务。”也是要求新闻媒体全心全意为人民服务。

坚持为最广大的社会公众服务，首先要坚持社会效益至上。新闻媒体比新闻从业者个人担当着更大的为公益服务的义务。新闻媒体服务社会的使命与自身的赢利功能共生共存由来已久。在西方社会，私有制的新闻媒体一直把追逐利润、服务公众和免受政府控制作为理想的生存状态。而在中国，公有制的新闻媒体虽然视社会效益为生存之本，但现实的生存之道是在市场上谋出路。当社会效益与新闻媒体自身的经济利益发生冲突的时候，新闻媒体的自律应该成为道义的力量，支持社会利益至上，而不屈服于商业利益和政治势力的压迫。

坚持为最广大的社会公众服务，还要积极为人民代言。通常意义上，讲到新闻的功能或职责时，往往会列举传播信息、提供交流、引导舆论等等，这主要是从新闻的社会功用而言的。而在新闻历史上和在现实的新闻实践中，更多时候可以认为新闻媒体“拥有两个职责：一是

[1]《毛泽东选集》（第三卷），北京：人民出版社，1991 年第 2 版，第 1094—1095 页。

社会良知，是人民的代言人，二是赢利企业的职责，目的完成第一个职责。”[1] 新闻媒体坚持自律原则，就要自我约束使第二个职责始终服从于和服务于第一个职责。新闻媒体担当社会良知，社会良知使新闻媒体勇于为人民代言，乐于为人民代言。为人民代言，就要为人民说话，说人民的话。人民的意见无处表达，新闻媒体就要代表人民把他们的意见表达出来。新闻媒体的意见要代表最大多数人的利益，要把最大多数社会公众关心的问题、情况和建议传递给政府。事实上，新闻媒体在人民与政府之间架起沟通的桥梁，也可以代表人民监督政府公开透明地行政。为人民说话，在西方是新闻媒体引以为自豪的“第四权力”的合法性的根源，因此不仅可以监督政府行政，还可以监督立法权和司法权的实际运用。

**新闻媒体自律机制。**新闻媒体自律机制是依赖于媒体对社会义务的敬重的机制，新闻媒体作为一种人格化的组织，与新闻从业者一样具有良善之心，一样具有对义务的敬重之心。道德自觉使然，新闻媒体自愿担当社会义务，自己服从自己的道德法则，从而确保自律机制的运行。新闻媒体自律机制的内容，也就是新闻媒体担当的道德义务的内容，主要包括以下两个具体方面。

第一，团结协作、公平竞争。不同的新闻媒体由于媒介性质不同，分工和定位不同，其新闻传播的形式和特点也必然存在差异。但是所有新闻媒体都是为了履行新闻职能、有效发挥新闻作用而存在的，都是为社会服务、为社会公众服务而存在的。从这个角度来看，所有的新闻媒体都是社会公众的组织，都是社会公器，其任务和职能具有一

[1] 商娜红：《制度视野中的媒介伦理：职业主义与英美新闻自律》，济南：山东人民出版社，2006 年版，第 182 页。

定的共性。因此，不同的新闻媒体都应当把自己看作是整个社会新闻传播系统的一个分子，都要全心全意为最广大的社会公众服务，为维护社会公共利益、促进社会进步与发展的共同目标而相互配合，团结协作，共同努力。

为了发挥自身的特点，形成自身的优势，争取对自身有利的发展机会，不同的新闻媒体在新闻实践中的竞争是不可避免的，也是新闻事业发展必不可少的。竞争是必然的，也是必要的，但更重要的是，竞争必须是公平的。公平蕴含着这样的意义：公开平等地担当社会角色，公开平等地享有权利，公开平等地履行义务。公平竞争意味着社会共同体内的所有新闻媒体享有同样的新闻自由，享有平等的获取信息的机会，享有同样的出版发行和播送权利，同时应当担负着相同的使命，都为社会服务，都为社会公众服务，而不能你抢我夺，尔虞我诈，不择手段，相互攻击。

其实，报纸、广播、电视、网络等不同介质的媒体各具特长和优势，同一介质的媒体也有不同的定位和特点，只有相互配合、团结协作，把各自的优势组合到一起，整个新闻传播体系才能够发挥更大的作用。新闻媒体的团结协作与公平竞争，就是竞争与共生不断交替互动。不同介质的媒体之间，同一介质的媒体之间，都要树立共生共荣的互动竞争观，寻求建立“在合作中竞争，在竞争中合作”的新型竞合关系。为了发展免不了竞争，但竞争的目的是为了互惠共赢，这是比你死我活更讲道义的法则。

第二，完善制度，加强监督。相对于新闻从业者的良心而言，新闻媒体的自律应该有更强的道德自觉性。这种道德自觉性，体现在新闻媒体更服从道德法则，其自我约束与自我管理，比新闻从业者个人的自我约束与自我管理更有服从意识，更有强制力量。这种道德自觉性，更主要地体现在新闻媒体通过制定内部制度对新闻从业者实施监督管理，从而强化新闻从业者和新闻媒体的自律。

从完善制度的角度来看，新闻媒体的运行都有一套内部制度，这些制度是新闻媒体自律看得见的道德法则，新闻媒体组织内部每个成员都有服从的义务。制度是一个科学的体系，有规范的要求，有考评的导向，有犯规的惩罚，新闻媒体的制度至少应该包括新闻业务技术规范、采编各岗位的考核评价、对新闻从业者失范或不当行为的惩治等内容。制度体系具有相对的稳定性，同时也是一个不断完善的过程，新闻媒体的内部制度要根据变化的新闻实践，及时地修订补充与完善，使之更切合新闻实践的实际和新闻自律的要求。特别是要完善新闻从业者的资格准入和退出制度，对新闻从业者不仅要从专业技术上把关，更要从道德品质上严格把关，吸纳具有社会责任感和正义感的人员参与到新闻队伍中来，拒斥和清退以权谋私投机取巧的人员，从人的因素上促进新闻媒体的自律，促进社会责任担当和新闻正义追求。

从加强监督的角度来看，新闻媒体本来是社会舆论监督的工具，监督社会的良性运行，而作为新闻自律的监督主要意义在于自我克服、自我修正和自我完善。一方面要通过内部制度监督新闻从业者，加强内部监督的机构建设和制度建设，完善内部监督体系，让新闻从业者在合乎媒体责任、合乎社会正义的规约之内开展职业活动。另一方面要自觉地接受社会监督，接受社会公众对新闻传播内容和行为的监督。由于客观条件的困难和认识的局限，新闻传播内容出现失实甚至错误的情况是在所难免的；由于人的复杂性和社会的复杂性，新闻传播活动中的媒体行为出现失范甚至不当或不义的情况也是可能的。存在不是问题，问题在于要勇于接受社会监督，正确面对社会监督，勇于承认错误，积极改正错误。这方面有很多好的有影响的范例，比如享有世界声誉的《纽约时报》，一直坚持刊登更正，前一天的内容错误、技术差错，第二天都在固定的版面更正并致歉；中国的媒体现在也刊登监督电话，进行重要的差错更正。这都是新闻媒体更自觉自律的表现。

## 四、新闻行业自律

新闻自律，仅靠个人的良心是远远不够的，仅靠新闻媒体的自律也是有限的，新闻自律最终的问题是要通过一种非政府的行为，找到一个新闻从业者和新闻媒体都能尽责遵循规范的可行性手段。这个手段在更普遍的范围内可行和有效，就是新闻行业自律。

**新闻行业自律原则：用正确的舆论引导人。**刘少奇曾经对报纸的导向作用和意义有过深刻的阐述：“报纸办得好，就能够引导人民向好的方向走，引导人民前进，引导人民团结，引导人民走向真理。如果搞得不好，也可能散布落后的东西，错误的东西，而且会引导他们分裂，引导他们斗争，引导他们互相摩擦。因此，新闻事业，新闻工作，它的影响是最大的，不是平常的一件事情。你们工作做得好，就很好；做得不好，就很不好，就要受历史的惩罚。”[1]事实上，新闻行业区别于其他行业的一个重要特点，就在于新闻具有强大的话语功能，话语功能的社会化实现，就是舆论力量。舆论力量引导得当，对社会的进步与发展的积极作用和正面效果是巨大的；引导不当，对社会的消极影响和负面效果也同样是巨大的。所以，用正确的舆论引导人，可以作为新闻行业自律的基本原则。

新闻不断地报道社会生活中不断变化着的事件、现象，这些事件和现象是社会公众的情绪、意见和思想的表达，代表着某种普遍程度的

---

[1]《中国共产党工作文件汇编》（下册），北京：新华出版社，1980年版，第249页。

社会心理，社会舆论就是这种社会心理的载体。社会舆论的内容是混乱不清的，对与错、好与坏，需要辨别与引导。正确的舆论在不同的时间、地点和条件下有不同的表现。面对社会阶层的分化与冲突，利于社会和谐的舆论是正确的舆论；面对人们的生活需要与社会物质贫乏的矛盾，有利于提高效率和经济发展的舆论是正确的舆论；面对国家分裂，维护统一的舆论是正确的舆论；等等。但是，正确的舆论有基本的特质：它是主张更大多数人的公共利益和社会正义的舆论。也可以说，正确的舆论是符合“三个代表”的舆论：代表先进生产力的发展要求，代表先进文化的发展方向，代表最广大人民群众的根本利益。

新闻的基本功能是报道事实，引导舆论。用正确的舆论引导人，就是在混乱的舆论中努力把握好舆论的方向，使社会舆论朝着符合最大多数人的利益、符合社会正义的方向发展，从而引导人们加入正确的舆论之中，并且投身到正确舆论主张的社会实践之中。

**新闻行业自律机制。**新闻行业自律机制不是靠个人良心和媒体自觉而运行的，而主要是靠行业的自我管理来运行的。新闻行业的自我管理，主要是利用职业行为规约、职业道德准则来促进新闻行业的行为规范。加强新闻行业自律可以主要从以下两个方面着手。

第一，典型引路，制度监督。榜样的力量是无穷的。通过新闻媒体的集中推介，树立典型，从而引导社会公众追求典型蕴含的社会价值，这是中国新闻界运用娴熟的手法。新闻的行业自律也可以借用这个手法，树立新闻工作的典型，既包括典型的新闻媒体，也包括典型的新闻从业者，发挥典型的示范作用，引导新闻从业者和新闻媒体学习典型，争当典型，从而促进新闻行业形成良善的、正义的行业风气，达成新闻自律的目的。事实上，在丰富的新闻实践中，总有忠于职守默默奉献的记者编辑，总有仗义执言匡扶正义的记者编辑，总有追求理想无私无畏的记者编辑；总有维护社会公益的媒体，总有铁肩担道义的媒体，总有为人民代言的媒体。把他们的事迹推介出来，把他们的形象树立起来，让更多的同行学习，让更多的同行景仰和向往，就能形成榜样的力量。这是道德的力量，这是促进新闻行业自律最直接的力量。

榜样的力量是一种示范的效应，更持久的发挥作用还在于建立完善可行的行业行为规范和职业道德准则，以此规约、监督新闻从业者和新闻媒体的职业行为。就当前中国新闻界的实际情况而言，中华全国新闻工作者协会1991年1月通过了《中国新闻工作者职业道德准则》，此后于1994年和1997年经过两次修订，主要从全心全意为人民服务，坚持正确的舆论导向，遵守宪法、法律和纪律，维护新闻的真实性，保持清正廉洁的作风、发扬团结协作精神等六个方面，对新闻从业者提出了自律的要求。但是这个准则能够真正监督到新闻媒体，监督到新闻从业者，还需要一些配套办法，比如，一个向全社会公开的平台，公开新闻从业者和新闻媒体的失范行为、失信行为、不当行为、不义行为，保证新闻实践中的组织和个人都处于公开的监督之下。为社会对新闻的监督创造条件，就是鞭策新闻行业去自律。

第二，加强新闻专业主义建设。“所谓专业主义，是包括一套关于知识分子的社会功能的信念，是一系列规范知识分子工作的职业伦理，是一种服从于政治和经济权力之外的更高权威的精神，是一种服务公众的自觉态度。”[1]新闻专业主义包括一套不成文的新闻理念、媒体运行制度安排和操作方式，但是没有正式统一的规则与理念。根据新闻专业主义的独立担当和新闻自由的理念，在新闻媒体运行制度上，通常是采编部门独立于经营之外的，新闻采编有不受出资人干涉的自

[1] 喻国明：《面对“拐点”的思考》，紫金网，2003年6月7日。

由；在业务操作上，通常是新闻与评论截然分开，反对新闻的倾向性，新闻报道的主导原则是客观性原则。

加强新闻专业主义建设，是加强当前中国新闻行业自律的有效途径之一。首先要加强新闻专业主义精神的培育。新闻专业主义精神的培育要求新闻从业者有强烈的求知欲，乐于并善于吸收新事物，接纳新元素，要求新闻媒体有热烈的学习氛围。新闻从业者在从事新闻活动的过程中不断学习，吸纳新知识，打破传统观念的束缚，促进新闻实践活动不断创新，进而促进新闻事业的进步与发展。其次要加强新闻专业主义的准则和信条的建设。新闻专业主义需要一套完善的专业准则和道德信条，当前中国已经出台了较为完善的新闻职业道德准则，新闻行业的自律体系也进一步完善。可以在现有的新闻职业道德准则以及新闻行业自律体系的基础之上，根据新闻行业现实的情况加以改进和完善，建立更符合新闻专业主义理念的新闻媒体运行机制、新闻业务操作规范和新闻职业道德准则。

## 第三节　新闻的他律

他律，是由“他”和“律”组成。“他”是一个会意字，由“人”和“也”两部分组成。“也”意为“向前后左右延伸”。“人”与“也”联合起来表示“自己前后左右的人”。因此，“他”表示的是旁边的人或别人。所谓“律”，即约束之意。据《尔雅·释诂》记载，在秦汉时期，“律”与“法”二字同义，都有常规、均布、划一的语义。据《说文解字》解释，“律，均布也。” 所谓均布，就是“范天下之不一而归于一”，即天下应该一致遵循的规则。“均布”是古代调音律的工具，把“律”解释为均布，说明“律”有规范人们行为的作用，是普遍的规范。所以，从词源和字面上理解，他律的本意就是接受他人约束、接受他人监督。

## 一、他律是来自他者的约束

他律是相对于自律而言的，所以有必要说明“他”的指向性意义。“他”是与“我”相对的，是一个主体性的概念，直接体现在“我者”与“他者”的关系上。可以说，关于“他者”以及“我者”与“他者”关系的问题，是社会本体论研究中的第一哲学话题。在黑格尔看来，自我从来不是孤立存在的，自我只有通过他者才能达于自身。他深刻地认识到，自我意识源于他者的承认，这不是一种个体的反思行为，而是来自与他者的关系。埃德蒙德·胡塞尔（Edmund Husserl，1859—1938 年）在《笛卡尔式的沉思》之“第五沉思”中，阐述了“他——我”构成论。胡塞尔认为，他者是作为自我的意向性变形而出现的。在意向性中，他者的存在就成了为我的存在，并且按照它的合法内容，它在其充实的内容中就得到了解释。在萨特看来，他者在本质上作为限制“我”的自由、与“我”的自由对抗并否定“我”的自由的身份而出现。而在埃马纽埃尔·列维纳斯（Emmanuel Levinas，1906—1995 年）看来，他者的面貌并不否定我的自由，而只是审问它而已。不管怎么说，可以认为，“他者”问题实质上关涉的是指向性问题，或者说“他者”的存在是以“我者”的存在为前提的。

他律是来自他者的约束，这里包含两个层次的问题：第一，为什么需要他律？这就需要联系自律来分析。正如罗伯特·沃尔夫（Robert Paul Wolff）所说：“人对自己的行为负有责任，这是道德哲学最基本的假设。”[1]“由于负责任的人会做出道德决定并以命令的形式向自己表达这些决定，我们可以说他是在为自己制定法律，或者说他在自为立法。简言之，他是自律的。”[2]自律所依靠的是人内心为自己所立的“法”，是一种依靠人的内心力量对人的一种约束。在现实生活中，由于自律本身具有主观性较强的局限，容易使约束力量弱小，对行为约束的实际效果可能大打折扣，甚至起不到约束的作用。正如黑格尔认为的那样，单有主体自身的意志内部的自我规定还只是形式的道德，只有进一步通过家庭、市民社会和国家这些客观的实体性的伦理关系规定，即进入他律，才能成为真实的道德。因此，在自律之外需要一种他律，作为自律的一种有效支撑的力量。第二，他律的作用是如何实现的？或者，他律是通过什么力量发生作用的？首先，他律是一种带有强制性的力量。与自律是基于人的内心的一种主动力量不同，他律则是基于某种规则或约定的强制性的外在力量。“他律”可以从名词意义和动词意义上来理解。从名词意义上，他律是一种独立于人的内心之外的规则和制度，是一种得到人的普遍认可的契约。从动词意义上，他律则体现为强制力，一种强迫主体服从既定规则的力量。其次，他律是一种触发性的力量。这意味着他律并不会主动对人做出“强制”，只有当人触犯了既定的规则或契约后，才会受到相应的惩罚。

简而言之，自律是一种由内而外的力量，他律是一种由外而内的力量。只有将自律与他律紧密联系在一起，共同作用，才能形成有效的力量，形成使人向善的积极力量。

---

[1] [美] 罗伯特·沃尔夫：《为无政府主义申辩》，毛兴贵译，南京：江苏人民出版社，2006 年版，第 10 页。

[2] [美] 罗伯特·沃尔夫：《为无政府主义申辩》，毛兴贵译，南京：江苏人民出版社，2006 年版，第 12 页。

新闻正义作为社会正义，是社会正义的一部分，是人类千百年来不懈追求的社会共同善的一部分，新闻正义所包含的自由平等的价值诉求是社会正义的核心价值诉求；新闻正义同时也是实现社会正义的重要工具，新闻引导舆论的强大功能是引导社会公众向善和追求社会正义的有效途径，实现新闻正义是实现社会正义的重要手段。从这个意义上讲，新闻正义是工具性和价值性的统一。因此，新闻正义的实现，既要通过自律的内在手段，又要通过他律的外在手段，而且他律的手段要放在优先的地位。因为自律是他律的前提，而他律是自律的保证，更主要是因为他律比自律更具有强制的力量，更有保障性，更可靠。同时，自律与他律是相对的，是可以随着相对关系的变化而相互转化的。比如，新闻行业的自律，对于新闻行业自身和新闻行业整体而言是自律，而对于新闻从业者个人和新闻媒体而言，则是他律；新闻媒体的自律，对于新闻媒体机构或组织而言，是自我管理和约束，对于新闻从业者而言则是具有强制力量的内部制度和行为要求。只有通过新闻自律的内化力量与他律的强制外力共同作用，才能促进新闻实践朝着新闻正义的轨迹发展。这里，从逻辑关系上将他律分为三个层次：道德他律、制度他律、法律他律，分别阐述。

## 二、新闻的道德他律

道德他律的基本含义是人或者道德主体赖以行动的标准或者动机，要受制于外在力量，受外在力量的支配和节制。道德他律是社会普遍认同的道德观念和行为规范体系对作为个体的人的约束和限制，这种受到约束与限制的道德他律性具体体现在以下三个方面：第一，在道德观念的来源层面上，道德具有他律性。恩格斯这样认为：人们自觉或不自觉地，归根到底总是从他们阶级地位所依据的实际关系中——

从他们进行生产和交换的经济关系中，吸取自己的道德观念。由此可见，道德不是与生俱来的，而是后天学习形成的。人在成长过程中，不断受到来自家庭、学校、社会的教育和教化，从而形成道德，从而把自身培养成有道德之人。第二，在道德规范的作用机制层面上，道德具有他律性。任何社会的道德观念与道德规范，都是通过宣传、教育等方式由外而内、由社会向个体的人灌输的。道德虽然不具有强制性，但是一个社会的舆论方向、价值判断会自然而然地形成一种约束力。第三，在道德调节的性质层面上，道德具有他律性。道德是以整体利益和宏观利益为指向的一种规范，道德必定会在某种程度上对道德主体做出限制，从而保障整体利益的实现。反过来，道德一旦形成，就会以自己所特有的方式反作用于作为个体的人和作为整体的人，从而对作为道德主体的人产生外在的影响。

总之，道德他律就是一种道德规范的外在约束力。在不同的规范伦理体系中，这种外在约束力的来源或根据可能会有区别，但是其核心都在于表明人在道德领域内没有绝对意义上的自由，而只有相对意义上的自由。作为道德主体的人必然要受到某种外力的作用，并在这种外力的作用下行动。

**调节社会利益与个体利益的关系。**社会正义是人类所追求的至高的善，新闻正义则是社会正义不可或缺的一部分，新闻正义的实现对于人类的幸福和人类生活的完满至关重要。因为，新闻正义除了对新闻传播内容的真实准确、客观公正的要求以外，新闻正义作为社会正义，维护的是整个社会的整体利益，是社会公众共同的利益，追求的是自由、平等、民主、法治等社会普遍认同的价值。但是，在新闻正义的现实要求和理想追求中，不可避免地会发生整体利益与行为主体的个人利益的冲突。道德他律的作用就体现在对个体的人的引导和教化，使得个体的人自觉服从道德规范的约束和节制，做出个体利益对整体利益或者社会公共利益的让步。从这个意义上讲，道德他律为新闻正义的实现提供了一条基于个人道德行为的途径。

道德规范本身即是社会存在的产物，是一定的社会关系和道德关系在人们的意识中的一种反映和具象。因此，要追寻道德他律的根据，不能用一种虚幻或纯感性的东西去界定，而应当从道德的现实基础上去寻找道德规范的他律性。换言之，所谓道德他律性，只是客观的社会道德关系与社会道德要求，对参与社会道德实践中的人的一种约束或节制。而这种约束或节制对道德主体来说，是一种必然性的、不可抗拒的力量。因此，在很大程度上可以说，一个试图过正常社会生活的人只能在顺应这种必然性力量的前提下，取得个人道德生活的相对自由。

在马克思主义理论中，一切道德规范都是基于集体主义原则推定的。集体主义一方面强调个人利益与集体利益的统一，强调要尊重和保护个人的正当利益；但另一方面又强调集体利益至上，强调个人利益对集体利益的让步。因此，道德规范的他律性在这里就成为集体利益对个人利益的约束与节制的反映，它的具体作用体现为：使那些意欲摆脱集体利益、追求个人利益的成员，重新调整个人的价值目标，将个人利益与集体利益统一在一起。

在新闻实践中，无论是新闻从业者或是新闻媒体甚至新闻行业，都存在着个人的利益、新闻媒体组织的利益甚至新闻行业的利益，相对于新闻正义追求的社会公共利益而言，这些都是个体的私利。如何把握个人利益与社会公共利益的关系，是新闻正义应该解决的问题。从社会存在的角度来理解道德他律性，可以将道德他律性理解为社会或集体的理性，理性的实质从道德上讲就在于人把握欲望的能力。这种能力通过对个人意向与欲望的调节，将集体的道德取向用道德规范的形式明确下来，使之成为个人所受的约束力量。对于新闻正义而言，道德他律虽然体现了社会对个人的某种调整和控制，但是道德的整体利益指向使得这种调整和控制成为可能，甚至成为必然。换言之，道德他律使新闻正义调整个体利益与社会整体利益的关系并使个体利益服从社会利益成为可能。

**促成道德主体完善道德人格。**道德他律，对道德主体而言，既是一种外在的节制，也是道德主体内心敬畏的一种法则。对于道德他律可以从两个层面来理解：一是道德主体的活动受到他人的制约，而不是完全自主的调节。人是一切社会关系的总和，其行为活动必然要受社会关系的制约。对于新闻从业者来说，其职业的特殊性使得他们在遵循普通的道德规范的同时，必须遵循特殊的指涉新闻及新闻正义的道德规范。二是指道德主体受外在条件和环境的制约，必然受某种规范的支配，并在这种规范支配下行动，从而使自由必然成为道德上的相对自由。

道德是在一定社会生活中，自发形成的一种调整人与社会、人与人之间相互关系的规范的总和。道德是关于善与恶、美与丑、是与非、公正与偏私、正义与非正义等方面的观念和规范，因此具有非正式化、非理性化的特征。道德的活动过程主要依靠人们对事物的价值倾向和判断，由人们因利益而产生的动机，以及社会长期培养形成的惯性、信念等因素来推动。换言之，道德依靠自律的作用，道德主体借助对道德规范的认同，为自身立法，将被动的服从变为主动自觉的指导与约束。这种从被动服从到主动约束的过程，就是他律的强制性发生作用而促使道德主体完善道德人格的过程。特别是在道德主体尚未形成完善的道德人格时，依靠外部规范对道德主体进行约束，具有基础性的作用。

实际上，道德他律机制也就是促使道德主体形成道德人格的机制。道德他律机制是指为社会体系所认可，为社会大多数成员所接受，能够有效地发挥制约人们的行动、调节社会关系以及维护社会秩序的道德理念和道德规范的制度和体系。道德他律机制能够将引导与约束、提倡与反对有机地结合起来，在此基础上，对人的权责利做出明确规定，使得人伦关系和道德活动趋向正式化、正规化，从而改变道德的非正式化、非理性化、软约束的特征。这样，道德就可以形成他律力量，使得个体的道德人格升华，养成个人高尚的道德情操。

道德他律在道德主体形成和完善道德人格的过程中发挥了强制性的作用，正是道德他律的强制性作用使自律成为可能。但是，自律终究只是一种软约束，一个外部的硬约束加以规制，才能形成更自觉更有效的道德力量。在新闻实践中，新闻正义的追求与实现，寄望于新闻从业者的良心或新闻媒体的社会良知，是必需的，但又是远远不够的。良心是最不可靠的东西，因为良心只是源于做一个好人的需要，只是一种对社会道德的态度与情感，是无形的感觉。良心也是最可靠的东西，因为有做一个好人的良善的愿望，有一种对社会道德的敬重，如果通过道德他律的规制，把这种敬重的情感内化为道德人格，就会形成自觉的约束与控制，这就是一种无形的力量。所以，新闻正义的追求与实现，需要内在的道德自律和外在的道德他律相结合，只有二者结合，共同作用，才能促成道德主体道德人格的形成和完善。

### 三、新闻的制度他律

道德他律是对道德主体的一种约束和限制，这里的道德主体是作为个体的人。但是，由个体的人所组成的集体则一般不存在道德上的主体。当然，不排除当一个集体作为一个人格化的组织，其行为存在着某种程度的道德意义。换言之，在一个集体中，没有一个单独的个人可以作为道德他律的主体。那么，对集体以及集体中的个人要如何实行他律呢？这就涉及制度他律的问题。

**制度他律源于人的自利本性。**制度他律的产生有其深刻的实践根源，这就是人的自利本性需要外在制度和规范的约束。关于人性善恶的问题，古今中外都有争论，但是现在较为普遍地认同：人类具有自利、自我保护和趋利避害的本性。作为一种生物性的存在，生存是人类最基本的需要，只有在维持了生存的基础上，人类才有精力、有能力从事其他的活动。而为了满足生存的需要，人必然需要一定的物质条件。同时，作为一种社会性的存在，人不会仅仅满足于生存，还会运用自己的智慧和才能尽可能地使自己生活得更好，并且竭力避免受到任何伤害，这就是人的自利本性的体现。马克思也认为，人的一切追求都同他们自身的利益有关，人的思想一旦离开了利益便会出丑。从这个意义上说，人的自利本性是无可厚非的，在人际交往中每个人的利益要求都应该受到尊重。其实，在道德评价的层面上，作为行为动机的自利，其实质是中性的，非善非恶，非对非错，非高非卑。正如中国经济学家茅于轼所说："人是自利的生物实在是人类社会的大幸。由此，人类才有了创建大同世界的理想。"[1]事实上，正是因为自利性，才能找到利益的均衡点，才有契约的基础，才能形成社会关系。美国作家、哲学家安·兰德（Any Rand，1905—1982年）认为，自利是人的道德生存的本质，"道德的目的是阐释适合于人类的价值和利益；人关心自己的利益，这是道德生存的本质；人必然受益于自己的道德行为。"[2]

---

[1] 茅于轼：《中国人的道德前景》，广州：暨南大学出版社，2008年版，第3页。

[2] [美]安·兰德：《自私的德性》，焦晓菊译，北京：华夏出版社，2007年版，第4页。

但是反过来，个人的自利不能侵害他人的正当利益。为了自身的利益侵犯他人的利益就不是自利，而是损人利己的自私了。

但是在现实生活中，在自利本性的驱使下，人有时会只顾眼前利益，忽视长远利益；只顾局部利益，忽视整体利益。而且，由个人组成的集体或社会共同体，也会由于集体共同的自利性，为了眼前利益而忽视长远利益，为了集体利益而忽视社会共同利益。在冲突化的利益选择中如何抉择，拷问的不仅仅是人的本性，也不仅仅是道德法则，还有制度的安排等其他的外在力量。因为，道德他律具有强制性，强制调整个人在冲突中的个体利益与社会共同利益之间的选择，这种作用表现在塑造个人的道德人格，这是对个人而言的，是有限的。而制度是共同的约定，制度他律更具有规范的力量，更能有效地作用于个人组成的集体组织或社会共同体。所以，依靠制度他律的力量，更能强制集体或社会共同体及其成员来约束或修正个人及集体的行为取向。

**制度他律通过制度规约与制度设计发生作用。**道德通过自律与他律两种方式发生作用，调节人的行为。道德自律是指不受外界约束、根据伦理规范内化而成的良心、为追求道德本身的目的而自觉地约束和调节自身的行为。道德他律则是指通过外在的道德规范来调节个体的行动，他律通过制度的作用可以逐渐转化成自律。这里可以以儿童道德观念的形成过程作为说明。婴儿对伦理关系一无所知，最早对婴儿产生影响的无疑就是父母。父母的要求，特别是父母的奖惩会对婴儿产生深刻影响，并逐渐成为一种外在的言行要求。随着年龄的增长和经验的积累，便逐渐形成了自我意识和习惯。在这里，父母的奖惩就是制度他律，儿童的自我意识与习惯就是自律。由此可见，制度他律是通过制度监督个人（或人格化的集体组织）的行为，并对那些不为制度许可的行为进行惩罚，从而规劝、引导人们自觉向善。这是制度他律发生作用的方式之一。

"制度实质上就是个人或社会对有关的某些关系或某些作用的一般思想习惯；而生活方式所构成的是某一时期或社会发展的某一阶段通行的制度的综合。"[1] 制度既不是单纯的自发的秩序，也不是纯粹意义上的理性建构，而是在主体实践活动中的自然演绎与理性建构的统一。制度他律作为一种强制执行的律令，其出发点和落脚点都在于作为个体的人（或人格化的组织）上，因此，制度的他律具体体现在制度对人的作用上，换言之，制度他律是通过制度的设计和安排来实现对人的约束和控制。由此可见，制度他律的实质就是一种制度伦理。

制度伦理"就是指制度的合理性，即对制度的正当、合理与否的认识与评判。更进一步讲，就是指制度包含什么样的价值和依据什么样的价值标准来评价制度。"[2] 这个定义包括两个方面的含义：其一是制度自身所蕴含的价值或者价值追求；其二是对制度正当与否、合理与否进行的评价。价值与评价是一组不可分割的概念，或者说它们的分离只能存在于抽象的思维中。制度所包含的价值为评价的标准奠定了基础，这也是主体对制度进行评价的伦理依据。而对制度的评价则进一步揭示了制度所包含的价值，为制度的发展指明了道路。在这个意义上，作为社会的规范形态，作为主体合目的性的活动结果而存在的制度必然包含着价值的判断，也就必然产生评价的问题。正如苏联时期著名哲学家彼·尼·费多谢耶夫 (B · H · Feiduoxieyefu) 所说："合目的性的关系就具有鲜明的价值和评价性质。"[3]

制度伦理包含着对制度诉求的价值判断，体现的是对这些价值是

[1] [美] 凡勃伦：《有闲阶级论》，蔡受百译，北京：商务印书馆，1983 年版，第 139 页。
[2] 施惠玲：《制度伦理研究论纲》，北京：北京师范大学出版社，2003 年版，第 25 页。
[3] 转引自袁贵仁：《价值学引论》，北京：北京师范大学出版社，1991 年版，第 177 页。

否正当、是否合理的评价。由于任何价值都天然的带有伦理属性，因此，制度的价值评价很大程度上等同于制度的伦理评价。制度伦理的评价方式多种多样，基本上可归结为两类：一是主体评价，二是客体评价。主体评价又可分为个体主体评价和社会主体评价。前者是一种普遍的方式，受个体的理解能力、心态、社会地位等多种因素限制，是社会主体评价的基础和源泉；而后者是由社会权威部门或机构对制度做整体和宏观的评价，具有指导性和较强的说服性。客体评价，指的是从制度本身出发进行的评价，主要是从形式正义和实质正义等层面来进行。制度伦理评价可以使主体在实践中反思，通过评价结果形成一种约束力，这是制度他律发生作用更重要的方式。一种良善的制度会引导人们向善和向着社会正义行动，而一种恶的制度会把人的行为引向相反的方向。

对于新闻正义的追求和新闻正义的实现而言，制度他律的作用主要体现在两个方面：一方面通过制度规约，许可某些行为，限制和禁止另外一些行为，并对限制和禁止的行为发生给予惩罚，从而规劝、引导新闻从业者和新闻媒体向着正义去行动；另一方面通过制度设计或安排，蕴含某种正义的价值或价值追求，比如新闻的真实性和客观性要求，比如新闻的自由、平等、公益的追求，使得接受制度他律的新闻从业者和新闻媒体产生某种正义的倾向，进而做出正义的行为。或者说，新闻从业者或新闻媒体通过对制度的服从，就可以做出某一行为是否正义的价值判断，按照制度既定的价值观和判断标准去行动，就是正义的行为。

### 四、新闻的法律他律

“法”在古汉语中写作“灋”。据《说文解字》解释：“灋，刑也。平之如水。从水，廌所以触不直者去之，从去。”用现代汉语来说，“灋”是由“水、廌、去”三部分组成的。水象征公平，无论容器如何，水都能保持水平，取其“公正无私”之意。“廌”是传说中的一种独角的神兽，善于判断和辨别是非曲直。又据《说文解字》解释：“去，人相违也。”“去”字的甲骨文由“弓”、“矢”二字组成。古代人们以捕猎为生，会经常因为猎物的归属问题而发生争执，判断的方法就是查看弓与矢上的印记，如果一致就是“夷”，不一致就表示为“去”。可见，“法”的本意是公正无私、公平一致的尺度。而“律”与“法”同义，《唐律疏议》明确指出：“法亦律也，故谓之律。”法律是同义复合词。现代意义上的法律，是社会层面的规则，调整社会中人与人之间关系的规范，以正义作为其存在的基础，以国家强制力保证实施作为其存在的手段。

**法律是社会正义的最后屏障。**法律他律是依靠法律的国家强制力对作为主体的人的行为加以约束和限制，使行为的选择合乎法律的规范。简而言之，法律他律就是接受法律的约束与监督。法律规范是人的行为底线，让人知道什么是能做的、什么是不能做的。一旦人的行为越过了法律的底线，就会受到法律的强力制裁。也可以认为，法律是最低的道德，是规定人的行为正当性的最低标准。如果说道德建设的目标是“圣人”，那么法律建设的目标就是“凡人”。法律规定了个人的权利与责任，道德则是对这种权利与责任的自觉提升。法律对那些“缺德”但不“犯法”的行为无能为力，对人性、人情的理解和感悟也远不如道德复杂和深刻，因此必须作为也只能作为维系社会道德水准的最后保障。正因为如此，遵守法律比遵守道德要简单得多。正如美国哈佛商学院教授林恩·夏普·佩因（Lynn Sarp Paine）所说：“法律不能激发人们追求卓越，它不是榜样行为的准则，甚至不是良好行为的准则。”[1]

法律他律是与道德他律、制度他律既相互联系又相互区别的范畴。法律他律与道德他律相比，道德的作用不像法律那样刚性，但是都对主体的个人或组织具有强制性，违反了道德就可能导致社会成员的排斥和抵制，而违反了法律就必然会受到惩罚与制裁。法律他律与制度他律相比，前者具有国家强制力的保障，其执行力度强，而后者更多的是团体组织或机构采用一些消极性的惩罚措施，最多只能将个体驱逐出组织。将道德他律、制度他律、法律他律放在同一结构中进行分析，可以发现，三者的作用机制都是以既有的规则和制度去限定作为主体的人的价值判断和行为选择，但是其作用的范围和惩罚力度是不同的。从作用范围上讲，道德他律、制度他律、法律他律呈现依次递减的趋势，道德他律的作用范围最大，法律他律的作用范围最小；从惩罚力度上讲，道德他律、制度他律、法律他律呈现依次递增的趋势，道德他律的惩罚力度最弱，法律他律的惩罚力度最强。

在新闻实践中，新闻从业者首先是作为人而存在的，在人的主体性上必须遵循既有的准则与规范，这就是道德他律的作用范围。道德立法对新闻从业者的行为产生了限制。当然，这种道德他律更大程度上是依靠人的自我反省、自我剖析来体现的，其惩罚力度的大小取决于个人的意识。其次，新闻从业者作为新闻媒体或新闻行业的成员，同样受到制度的约束，这就是制度他律的作用的范围。新闻媒体或新闻行业组织根据新闻实践的实际情况和道德要求，制定与新闻职业行为相匹配的一些规章制度，这些规章制度只在个体的人以新闻从业者的身份存在的时候才起作用。但是，制度他律的惩罚力度要强于道德

[1] 转引自周祖城：《管理与伦理》，北京：清华大学出版社，2000 年版，第 64 页。

他律，制度他律的令行禁止往往伴随着工资、福利、晋升等个人切身利益，对行为主体有较强的约束力。此外，新闻从业者作为社会成员，要受到法律的约束，而法律他律是最低限度的道德，只规定了全体社会成员必须共同遵守的规则，相对于道德他律和制度他律，其作用的范围最小。但是，法律他律的强制性最强，一旦违反法律，行为人必然受到相应的惩罚与制裁。这就是法律作为社会正义最后一道屏障的原因所在。

**法律他律对新闻正义的积极作用。**法律他律具有双向性的作用，一方面它规定了令行禁止的条约，违法必究，这是从消极意义上说的作用。另一方面，法律还强力地保障了行为人的权利，在法律范围内享有充分的行为自由，这是从积极意义上说的作用，也是更值得重视的法律作用。在新闻实践中，法律的积极作用在于从根本上保障了新闻从业者、新闻媒体及其新闻传播活动的权利。法律为新闻从业者、新闻媒体和新闻行业划定了边界，并保证他们在既定范围内的权利。实际上，新闻从业者正当利益受损的事件在新闻实践中时有发生，新闻从业者作为新闻正义的主要实践者和重要推动力量，如果自身的正当利益和合法权利得不到保护，又何谈去推动社会正义的实现?

强化法律他律的作用，一个必要的前提是法律体系完备健全。与西方国家较为成熟的新闻立法相比，中国到目前为止还没有一部专门的《新闻法》。当然，没有专门的新闻法并不意味着没有相关的法律规范，宪法明确规定了保护言论自由和出版自由，已颁布的诸多其他法律如《民法通则》《广告法》《著作权法》等，也有相应的条款适用于新闻从业者的权利保护。

西方新闻记者以“无冕之王”自居，自视为揭露社会真相、维护社会正义的斗士。不可否认，作为一个优秀的新闻记者，需要这种铁肩担道义的精神。但是，如果记者以居高临下的王者思维主导自己的行为，甚至用功利主义的理论来辩护，认为自己为了社会公众的利益，或者为了某个正义的目的，可以放弃某些社会道德原则甚至可以凌驾于法律之上，罔顾法律，恣意妄为，那就越过了法律为社会正义设置的最后一道屏障，是以新闻正义的名义对社会正义的践踏，这是法律不允许的，也是新闻正义不允许的。

# 结语：新闻正义无限可能

新闻正义作为一种理论研究，在阐明了基本内涵、分析了理论源流、考察了多维关系并且清晰了实现途径之后，似乎已经告一段落，可以就此打住了。但是，新闻正义是一种现实的实践追问，也是一种超越的理想追求，对于新闻正义的研究应该是实事求是又激情超越的，总有些感觉意犹未尽，总有些问题欲罢不能。当一种关于新闻正义的研究宣称可以告诉人们实现新闻正义的途径在哪里的时候，一个直截了当的反问似乎无法回避：依照这条路径能够实现新闻正义吗？如果能够实现，新闻正义达成以后的新闻实践到底是什么样子？如果不能实现，新闻正义值得追问与追寻吗？新闻正义实现的可能与限度又在哪里？

实际上，人们对世界的认识往往可以分为三个层面去感知、理解和描述：应然、实然、必然。对新闻正义的认识也是这样。在应然的层面上，新闻正义是理想的状态，是一种超越现实的追求，是人们心中期许的样子；在实然的层面上，新闻正义是在各种社会矛盾和关系中的正义选择，是直面新闻实践中的不正义行为和现象而努力向善，是现实的新闻实践中的样子；在必然的层面上，新闻正义是按照社会发展的规律和正义的指向必将达到的境界，是经过现实的选择和努力可以达到的样子。

新闻正义是一种理想追求。这种理想观念地存在着，高高飘扬着，是超越现实的准则，是正义的可能性。如果这种理想能够实现，新闻实践应该是这个样子：新闻内容上是符合社会正义的，包含着自由、平等、博爱、民主、法治等社会正义的价值诉求，为社会正义说话，说正义的话；新闻的表现形式上是真实准确、客观公正的，包含着真实的事实信息和公正的表达立场，不虚不妄，不偏不倚；新闻从业者都是有德之人，是怀揣着正义的理想、坚守着正义的追求、投身到正义的新闻事业中去的。

新闻正义是一种现实困境。在新闻实践中，正义作为新闻价值的向度，在衡量和选择新闻事实的时候，在评价新闻的社会效果的时候，不可避免地受到现实条件的局限。新闻从业者和新闻媒体的自利性倾向为新闻对公共利益的维护设置了障碍；新闻自由的实现以担当社会责任作为前提条件，新闻责任的担当给新闻自由的追求附带了社会义务；保护个人隐私是对追寻新闻真相的限制，追寻新闻真相可能成为侵害隐私的动力等等。凡此种种限制条件，形成了现实社会中新闻正义不断突破又无力突破的困境。

新闻正义是一种必然选择。新闻正义作为一种实践准则，指导着新闻实践朝着正义的指向努力，宣传正义理念，反映正义行为，参与正义行动，日复一日，一点一滴，这种努力必将推动新闻正义的逐步实现。新闻从业者、新闻媒体和新闻行业的自律，新闻的道德、制度和法律的他律，为新闻正义的实现设置了正义的程序，使新闻的实质正义的实现成为可能。这种可能性是一种必然的趋向，也是新闻实践的必然选择。正是由于新闻实践的努力和社会正义的推动，这种趋向不断接近新闻正义的理想，无限接近新闻正义的理想。

事物的发展方向是从应然走向必然的，应然是人们应该去追求的理想，需要孜孜以求，需要付出，需要创造；必然则是现实的发展和历史的选择，需要循序渐进，需要引导，需要推动。新闻正义的实现也是这样的。新闻正义的问题是在新闻实践中提出来的，人们最初的新闻实践几乎没有正义的意识，随着经济、政治和社会的发展，特别是社会正义观念的进步和新闻实践的扩展，人们对于新闻正义的认识逐渐从不自觉的感知走向自觉的追求。不仅是新闻媒体和新闻从业者自觉践行和追求新闻正义，而且社会公众也开始热情关注、热心参与、理性地推动新闻正义。正是因为有了新闻实践的发展，有了新闻从业者和社会公众的推动，就必然有了无限接近新闻正义的理想的可能，即使新闻正义是一个永远无法完全达到的目标。

似乎还是没有直截了当地回答前面那个直截了当的反问。尽管提出这样的反问是顺理成章的，但是回答这个反问显然不是随意可为的。事实上，新闻正义不是一蹴而就的，不管是研究还是实践，都没有一条明摆着的捷径或通途，它是一个值得追问的实践准则，也是一个值得追求的社会理想，也许永远无法真正实现，但是只要不懈地追求，就有实现的无限可能。正如“康德说过，哲学是不能教的，意思是说，哲学不是像数学、物理学这样的又一门学科，不能将它作为客观的知识来讲授和学习。”[1]新闻正义同样不是一套客观的知识系统，不是通过传授就可以收获的；也不是一套具体的职业道德指南，不是指明了

[1] 张汝伦：《现代西方哲学十五讲》，北京：北京大学出版社，2003年版，第404页。

途径就可以到达的。它需要人们走进新闻正义的问题本身，带着问题去思考，带着问题去研究，带着问题去行动。新闻正义是正义者的追求，新闻正义的理想是梦开始的地方，这里只对正义者开放。梦想无限，新闻正义的可能性无限！

# 参考文献

## 一、著作类

[1] 慈继伟．正义的两面性 [M]. 北京：生活·读书·新知三联书店，2001.
[2] 陈桂兰．新闻职业道德案例评析 [M]. 北京：高等教育出版社，2001.
[3] 陈志红．相对性知识——理性沉思录 [M]. 广州：广东人民出版社，2002.
[4] 陈力丹．马克思主义新闻思想概论 [M]. 上海：复旦大学出版社，2003.
[5] 陈力丹．世界新闻传播史 [M]. 上海：上海交通大学出版社，2003.
[6] 陈力丹．自由与责任：国际社会新闻自律研究 [M]. 开封：河南大学出版社，2006.
[7] 陈绚．大众传播伦理案例教程 [M]. 北京：北京中国人民大学出版社，2010.
[8] 程炼．伦理学导论 [M]. 北京：北京大学出版社，2008.
[9] 冯友兰著．涂又光译．中国哲学简史 [M]. 北京：北京大学出版社，1996.
[10] 辜晓进．走进美国大报 [M]. 广州：南方日报出版社，2004.
[11] 郝雨，王艳玲．新闻学概论 [M]. 上海：上海大学出版社，2003.
[12] 何怀宏．良心与正义的探求 [M]. 哈尔滨：黑龙江人民出版社，2004.
[13] 何霜梅．正义与社群——社群主义对以罗尔斯为首的新自由主义的批判 [M]. 北京：人民出版社，2009.
[14] 胡正荣．新闻理论教程 [M]. 北京：中国广播电视出版社，2001.
[15] 胡兴荣．新闻哲学 [M]. 北京：新华出版社，2004.
[16] 洪伟．大众传媒与人格权保护 [M]. 上海：上海三联书店，2005.
[17] 蒋亚平，官建文，林荣强．新闻失实论（上册）[M]. 北京：中国新闻出版社，1986.
[18] 刘家林．中国新闻通史（上下册）[M]. 武汉：武汉大学出版社，1995.
[19] 李卓君．新闻理论纲要 [M]. 武汉：武汉大学出版社，1995.
[20] 李良荣．新闻学导论 [M]. 北京：高等教育出版社，2001.

[21] 蓝鸿文，郑保卫 . 新闻伦理学简明教程 [M]. 北京：北京中国人民大学出版社，2001.
[22] 茅于轼 . 中国人的道德前景 [M]. 广州：暨南大学出版社，2008.
[23] 彭家发 . 新闻客观性原理 [M]. 台北：三民书局，1994.
[24] 秦立彦 . 面对国家的个人——自由主义的社会政治哲学 [M]. 济南：泰山出版社，1998.
[25] 孙旭培 . 新闻学新论 [M]. 北京：社会科学文献出版社，1993.
[26] 施惠玲 . 制度伦理研究论纲 [M]. 北京：北京师范大学出版社，2003.
[27] 石元康 . 罗尔斯 [M]. 桂林：广西师范大学出版社，2004.
[28] 宋希仁 . 西方伦理思想史 [M]. 北京：中国人民大学出版社，2004.
[29] 商娜红 . 制度视野中的媒介伦理：职业主义与英美新闻自律 [M]. 济南：山东人民出版社，2006.
[30] 童兵 . 比较新闻传播学 [M]. 北京：中国人民大学出版社，2002.
[31] 唐亚明 . 走进英国大报 [M]. 广州：南方日报出版社，2004.
[32] 谭昆智，林炜双，杨丹丹等 . 传播学 [M]. 北京：清华大学出版社，2012.
[33] 吴高福 . 新闻学基本原理 [M]. 武汉：武汉大学出版社，1993.
[34] 王利明，杨立新 . 人格权与新闻侵权 [M]. 北京：中国方正出版社，1995.
[35] 王海明 . 新伦理学 [M]. 北京：商务印书馆，2001.
[36] 王梅芳 . 舆论监督与社会正义 [M]. 武汉：武汉大学出版社，2005.
[37] 万俊人 . 寻求普世伦理 [M]. 北京：北京大学出版社，2009.
[38] 魏永征，张咏华 . 西方传媒的法制、管理和自律 [M]. 北京：中国人民大学出版社，2003.
[39] 许正林 . 欧洲传播思想史 [M]. 北京：生活·读书·新知三联书店，2005.
[40] 袁贵仁 . 价值学引论 [M]. 北京：北京师范大学出版社，1991.
[41] 俞可平 . 政治与政治学 [M]. 北京：社会科学文献出版社，2003.
[42] 余国瑞 . 中国文化历程 [M]. 南京：东南大学出版社，2004.
[43] 姚大志 . 何谓正义：当代西方政治哲学研究 [M]. 北京：人民出版社，2007.
[44] 杨立新 . 人身权法论 [M]. 北京：人民法院出版社，2002.
[45] 杨保军 . 新闻道德论 [M]. 北京：北京中国人民大学出版社，2010.
[46] 赵敦华 . 西方哲学简史 [M]. 北京：北京大学出版社，2001.
[47] 朱贻庭 . 伦理学小辞典 [Z]. 上海：上海辞书出版社，2004.
[48] 张汝伦 . 现代西方哲学十五讲 [M]. 北京：北京大学出版社，2003.
[49] 张昆 . 简明世界新闻通史 [M]. 武汉：武汉大学出版社，1994.
[50] 张新宝 . 隐私权的法律保护 [M]. 北京：群众出版社，2004.

[51] 张军芳 . 报纸是“谁”——美国报纸社会史 [M]. 北京：中国传媒大学出版社，2008.
[52] 周鸿书 . 新闻伦理学论纲 [M]. 北京：新华出版社，1995.
[53] 周祖城 . 管理与伦理 [M]. 北京：清华大学出版社，2000.
[54] 中国政法大学民商法教研室 . 民商法纵论 [M]. 北京：中国法制出版社，2000.
[55] [ 古希腊 ] 亚里士多德著 . 廖申白译 . 尼各马可伦理学 [M]. 北京：商务印书馆，2003.
[56] [ 英 ] 亚当·斯密著 . 蒋自强，钦北愚，朱钟棣等译 . 道德情操论 [M]. 北京：商务印书馆，1997.
[57] [ 美 ] 亚历山大 · 米克尔约翰著 . 侯健译 . 表达自由的法律限度 [M]. 贵阳：贵州人民出版社，2003.
[58] [ 美 ]A. 麦金太尔著 . 宋继杰译 . 追寻美德 [M]. 南京：译林出版社，2003.
[59] [ 美 ] 安 · 兰德著 . 焦晓菊译 . 自私的德性 [M]. 北京：华夏出版社，2007.
[60] [ 英 ] 安德鲁 · 海伍德著 . 吴勇译 . 政治学核心概念 [M]. 天津：天津人民出版社，2008.
[61] [ 印 ] 阿马蒂亚 · 森著 . 王磊，李航译 . 正义的理念 [M]. 北京：中国人民大学出版社，2012.
[62] [ 美 ] 查尔斯 · 博哲斯著 . 符鸿令，朱光骊译 . 美国思想渊源——西方思想与美国观念的形成 [M]. 太原：山西人民出版社，1988.
[63] [ 美 ] 克利福德·G·克里斯蒂安，马克·法克勒，金·B·罗特佐尔等著 . 蔡文美等译 . 媒介公正：道德伦理问题真的不证自明吗？ [M]. 北京：华夏出版社，2000.
[64] [ 美 ] 查尔斯·J·福克斯，休·米勒著 . 楚艳红等译 . 后现代公共行政——话语指向 [M]. 北京：中国人民大学出版社，2002.
[65] [ 法 ] 克劳德—让 · 贝特朗 . 宋建新译 . 媒体职业道德规范与责任体系 [M]. 北京：商务印书馆，2006.
[66] [ 英 ]D · D · 拉斐尔著 . 邱仁宗译 . 道德哲学 [M]. 沈阳：辽宁教育出版社，1998.
[67] [ 美 ] 弗里德里希 · S · 西伯特，西奥多 · 彼德森，威尔伯 · 施拉姆著 . 戴鑫译 . 传媒的四种理论 [M]. 北京：中国人民大学出版社，2008.
[68] [ 西班牙 ] 费尔南多 · 萨瓦特尔著 . 于施洋译 . 伦理学的邀请——做个好人 [M]. 北京：北京大学出版社，2008.
[69] [ 德 ] 古斯塔夫 · 拉德布鲁赫著 . 舒国滢译 . 法律智慧警句集 [M]. 北京：中国法制出版社，2001.
[70] [ 德 ] 哈贝马斯著 . 曹卫东，王晓珏，刘北城等译 . 公共领域的结构转型 [M]. 上海：学林出版社，1999.

[71] [ 英 ] 休谟著．曾晓平译．道德原则研究 [M]. 北京：商务印书馆，2001.
[72] [ 美 ] 阿丽塔·L·艾伦，理查德·C·托克音顿著．冯建妹，石宏，郝倩译．美国隐私法：学说、判例与立法 [M]. 北京：民主法制出版社，2004.
[73] [ 英 ] 约翰·密尔著．许宝骙译．论自由 [M]. 北京：商务印书馆，1959.
[74] [ 美 ] 约翰·罗尔斯著．何怀宏，何包钢，廖申白译．正义论 [M]. 北京：中国社会科学出版社，1988.
[75] [ 美 ] 雅克·蒂洛，基思·克拉斯曼著．程立显，刘建等译．伦理学与生活 [M]. 北京：世界图书出版公司，2008.
[76] [ 美 ] 乔尔·鲁蒂诺，安东尼·格雷博什著．霍政欣，罗赞，陈莉等译．媒体与信息伦理学 [M]. 北京：北京大学出版，2009.
[77] [ 德 ] 康德．韩水法译．实践理性批判 [M]. 北京：商务印书馆，1999.
[78] [ 德 ] 康德．苗力田译．道德形而上学原理 [M]. 上海：上海人民出版社，2005.
[79] [ 英 ] 洛克著．叶启芳，瞿菊农译．政府论（下）[M]. 北京：商务印书馆，1964.
[80] [ 美 ] 利昂·纳尔逊·弗林特著．萧严译．报纸的良知：新闻事业的原则和问题案例讲义 [M]. 北京：中国人民大学出版社，2005.
[81] [ 英 ] 弥尔顿著．吴之椿译．论出版自由 [M]. 北京：商务印书馆，1958.
[82] [ 意大利 ] 马基雅维里著．潘汉典译．君主论 [M]. 北京：商务印书馆，1985.
[83] [ 加拿大 ] 马歇尔·麦克卢汉著．何道宽译．理解媒介——论人的延伸 [M]. 北京：商务印书馆，2000.
[84] [ 美 ] 迈克尔·埃默里，埃德温·埃默里，南希·L·罗伯茨著．展江译．美国新闻史：大众传播媒介解释史 [M]. 北京：中国人民大学出版社，2004.
[85] [ 英 ] 尼克·史蒂文森著．顾宜凡等译．媒介的转型——全球化、道德和伦理 [M]. 北京：北京大学出版社，2006.
[86] [ 古希腊 ] 柏拉图著．郭斌和，张竹明译．理想国 [M]. 北京：商务印书馆，1986.
[87] [ 美 ] 新闻自由委员会著．展江，王征，王涛译．一个自由而负责的新闻界 [M]. 北京：中国人民大学出版社，2004.
[88] [ 美 ] 菲利普·帕特森，李·威尔金斯著．李青藜译．媒介伦理学：问题与案例 [M]. 北京：中国人民大学出版社，2006.
[89] [ 法 ] 卢梭著．何兆武译．社会契约论 [M]. 北京：商务印书馆，1980.
[90] [ 美 ] 罗伯特·沃尔夫著．毛兴贵译．为无政府主义申辩 [M]. 南京：江苏人民出版社，2006.
[91] [ 荷兰 ] 斯宾诺莎著．贺麟译．伦理学 [M]. 北京：商务印书馆，1983.
[92] [ 法 ] 托克维尔著．董果良译．论美国的民主（上下卷）[M]. 北京：商务印书馆，1988.

[93] [ 意大利 ] 托马斯·阿奎那著 . 马清槐译 . 阿奎那政治著作选 [M]. 北京：商务印书馆，1963.
[94] 联合国教科文组织“国际交流问题研究委员会”. 多种声音一个世界 [M]. 北京：中国对外翻译出版公司，1981.
[95] [ 美 ] 凡勃伦著 . 蔡受百译 . 有闲阶级论 [M]. 北京：商务印书馆，1983.
[96] [ 美 ] 威廉·弗兰克纳著 . 关键译 . 伦理学 [M]. 北京：生活·读书·新知三联书店，1987.
[97] [ 美 ] 沃纳·赛佛林，小詹姆斯·坦卡德著 . 郭镇之等译 . 传播理论：起源方法与应用 [M]. 北京：华夏出版社，2000.
[98] [ 美 ] 威尔伯·施拉姆，威廉·波特著 . 何道宽译 . 传播学概论 [M]. 北京：中国人民大学出版社，2010.

## 二、文集类

[1] 中国共产党工作文件汇编 ( 下册 )[C]. 北京：新华出版社，1980.
[2] 中国新闻协会 . 新闻自由论集 [C]. 上海：文汇出版社，1988.
[3] 范长江文集 [C]. 北京：中国新闻出版社 1989.
[4] 毛泽东选集：第 3 卷 [C]. 北京：人民出版社，1991.
[5] 论语正义 . 诸子集成 [A]. 长沙：岳麓书社，1996.
[6] 王延光，李伟，高伟等 . 中国应用伦理学 2005—2006[C]. 银川：宁夏人民出版社，2006.
[7] [ 美 ] 沃尔特·李普曼，詹姆斯·赖斯顿著 . 展江译 . 新闻与正义Ⅲ：14 项普利策新闻奖获奖作品全译本 [C]. 北京：中国人民大学出版社，2009.

## 三、论文类

[1] 陈慧 . 浅谈隐私权及其法律保护 [J]. 黑河学刊，2004（4）.
[2] 郭镇之 . 舆论监督与西方新闻工作者的专业主义 [J]. 国际新闻界，1999（5）. [3] 郭兵，王小平 . 寻找司法与媒体的良性互动 [N]. 人民法院报，2003—12—29.
[4] 高学巍 . 波特图式视域中的新闻伦理冲突研究 [D]. 石家庄：河北大学，2008.
[5] 韩晨旭 . 刍议隐私权与知情权 [J]. 重庆邮电学院学报（社会科学版），2004（5）.
[6] 李昕 . 新闻学的核心：采访！采访！核实！核实！——美国斯坦福大学吴惠连教授与清华学子对话录 [J]. 新闻记者，2001（10）.
[7] 刘圣中 . 从私人性到公共性——论公共权力的属性和归宿 [J]. 东方论坛，2003（1）.
[8] 沈晓阳 . 基于责任的正义与基于正义的责任——兼论柏拉图与罗尔斯正义观的互补关系 [J]. 杭州师范学院学报：社会科学版，2005（3）.

[9] 王保树，邱本．经济法与社会公共性论纲 [J]. 法律科学（西北政法学院学报），2000（3）.
[10] 印继红．新闻人格缺失现象透视 [D]. 长沙：中南大学，2007.
[11] 袁靖华．媒介正义论：走向正义的传播理论与实践 [J]. 国际新闻界，2011（2）.
[12] 展江，陈俊彦．中央电视台新闻频道设计构想 [J]. 中国青年政治学院学报，2003（2）.
[13] 张红艳. 政府自利性对政策公共性的影响 [J]. 四川行政学院学报，2003（4）.
[14] 詹世友．公共领域·公共利益·公共性 [J]. 社会科学，2005（7）.
[15] 章敬平．论新闻自由 [D]. 苏州：苏州大学，2007.
[16] 朱清河．论新闻职业公共性的实现困境与途径 [J]. 南京师范大学学报，2009（4）.

## 四、外文类

[1] Alastair Hetherington.News,Newspaper and Televistion.England:Macmillan,1985.
[2] Clifford G.Christians,Mark Fackler,King B.Rotzoll,Kathy B.Mckee.Media Ethics:Cases and Moral Reasoning 5$^{th}$ed. USA:Addison—Wesley Education Publishers Inc,1998.
[3] Chris Frost. Media ethics of self—regulation,England: Peason Education Limited,2000.
[4] Edward.J.Bloustein. “Privacy as an Aspect of Human Dignity :An Answer to Dean Prosser”. NYULR962, 1964(39).
[5] Lule Jack. “News Values and Social Justice: U.S. News and the Brazilian Street Children”,The Howard Journal of Communications,1998(9).
[6] Philip Patterson, Lee Wilkins.Media Ethics:Issues and Cases,4$^{th}$ed. USA:the McGraw—Hill Companies Inc,2002.
[7] Scott M. Cutlip, Allen H. Center, Glen M. Broom. Effective Public Relations,6$^{th}$ed. Englewood Cliffs N.J.: Prentice Hall,1985.
[8] Tuchman Gaye.Making News: A Study in the Construction of Reality. USA:New York Free Press,1978.
[9] Tedford,Thomas L..Freedom Of Speech In The United States. USA:New York McGraw—Hill,1985.
[10] Voakes,Paul S.. “A Brief History of Public Journalism” DB/EBSCO,National Civic Review,2004,93(3).

# 后 记

长沙的夏天历来是难熬的，热而漫长，热得无缝可钻，长得遥遥无期。而这个夏天似乎过得太快了，我还没有从论文的思路中回过神来，时令已到秋分节气。

从6月中旬敲下博士论文的第一个字开始，我晨仰夜伏，夜以继日，不问人间往来，不知日月春秋，每天伏案思考与写作10个小时以上。写作进度赶着我往前走，而时间总是走在我前头，不知不觉消逝在我的键盘敲击之中。这样的坚持几近崩溃，熬到今夜。

即使是当年高考，我也没有经历过这样绷紧神经的煎熬。当我在键盘上为论文的初稿画上最后一个句号，长久以来的思考与困惑，久伏灯下的茫然与倦怠，仿佛瞬间蒸发，顿时如释重负，一身轻松。深夜两点躺在床上竟然睡意了无，脑际不时地闪过一篇文章、一篇作家路遥介绍他自己爬格子的日常生活情境的散文。为了创作长篇小说《平凡的世界》，他每天晚起晚睡，超然于现实的社会生活之外，沉浸于创作的人物与故事之中，经历了一次身体与精神的双重磨炼。记不清是何时何处读的这篇文章，但文章的标题留给我的印象是如此深刻，以致在熬夜写作时常常想起：《早晨，从中午开始》。多年以前读它时读不懂路遥经历的是怎样一种精神炼狱，因为我从来没有这样长时间地为写作坚持过。这个夏天让我切身感受了与路遥一样的思想炼狱，这个夏天的坚持让我完成了一次特别的精神旅程。

这三个多月的坚持只是这段旅程的最后冲刺，冲刺之前还有一段漫漫长路。关于新闻伦理的困惑是我攻读伦理学博士学位的最初动因，我大学本科和硕士研究生读的都是新闻学，又长期在新闻媒体从事新闻采编和报业经营工作，工作实践中经常遭遇一些所学无法回答的困惑。事实上，任何一个有良知的新闻记者或编辑都不可避免地会遇到伦理困境，比如如何面对利益集团或广告商的施压。这是新闻学回答不了的问题。“伦理学的目标是提供关于如何做人和怎样行事的学说。更具体地讲，伦理学关心道德价值和正确的行动。”[1]只有伦理学才能回答新闻的伦理困惑。我就这样选择了伦理学，于2006年9月慕名投奔长江学者、中南大学教授李建华门下，承蒙导师不弃，从此为我开启了新闻学与伦理学交叉研究的学问之门。论文的题目是在2007年11月博士研究生的中期考核之后，根据我的经历、兴趣和学术基础，在导师指导下选定的。我就在这个时候着手新闻正义研究的准备工作，其间的艰辛大于最初的预想。最大的困难在于我过去的学习经历缺乏哲学的训练，大量的伦理学经典需要研读；其次在于资料难求，国内关于正义的研究不少，与新闻结合的研究不多，关于新闻伦理的研究不少，关于新闻正义的专门研究不多，系统性的专门成果（比如新闻正义研究的专著）尽我所知尚未看到。

这期间，我曾试图联系国外的大学访学以补自己学养之不足。正当与挪威科技大学接洽之时，2008年1月，我供职的报社委我以重任，

[1] 程炼：《伦理学导论》，北京：北京大学出版社，2008年版，第1页。

为了不负信任，也为稻粱谋，我放弃了联系访学，在南方罕见的冰灾之际开始担任发行公司总经理，此后又担任广告负责人，直到2012年2月。对于报社而言，这两个岗位都是工作繁忙、压力巨大、责任重大的岗位。这期间，我每天忙于具体工作，无暇顾及此前的研究课题。我多么希望有整块的时间让我系统的思考与写作啊，可是时间对我太吝啬了。纵然如此，这一段负重前行的路上，博士学位论文像一块石头一直压在我心上，我不能忘记对新闻正义的牵挂。在夜深人静时点点滴滴的思考，零零碎碎的研读，断断续续的笔记，常常成为一种无助的精神煎熬。不过，正是因为这一段从新闻采编业务岗位转到报业经营管理岗位的经历，正是这一段负重的精神历练，让我在动笔写作之时对新闻正义有了更深的感触和思考。我所列的参考文献里100多本著作与论文集中，大多是我自己的书柜之藏，这是我这些年来或粗或细、或深或浅地开采过的思想源流。加上今年2月以来系统地参阅的其他文献，是他们的思想，汇成了滋养我的研究的营养，让我最后的冲刺不至于偃旗息鼓，尽管这是姗姗来迟的冲刺。

完稿时如释重负的轻松与满足之感已转瞬即逝，学生临考的惶恐又萦绕在心头：这样的成果对得起师长亲友的期待和关爱吗？没有他们的鼓励、支持和帮助，要完成我的学业简直是不可想象的事。“有一句脍炙人口的非洲谚语是这么说的：‘养育一个孩子需要全村子的力量。’在我看来，写作一本书同样也需要‘全村’的力量。”[1]这是一位美国伦理学者在其著作的谢词中写的话，我此刻感同身受。博士论文就是倾注我的心血而生的“孩子”，这个“孩子”得以面世，的

[1] [美] 阿伦·拉扎尔：《道歉》，王绍祥译，北京：商务印书馆，2008年版，第1页。转引自杨保军：《新闻道德论》，北京：中国人民大学出版社，2010年版，第383页。

确凝聚了我的学习之“村”的所有“村民”的关爱。纵有惶恐在心头，感激是此时最急切的表达，感激的话是此时发自内心最深处的话。

感谢导师李建华教授。他是我攻读博士学位的学习之“村”的“村长”，论文从选题到定稿，自始至终得到了导师的悉心指导，凝聚了导师的学识与智慧。他严肃的科学态度、严谨的治学精神、开阔的研究思路，为学的大师风范，值得我终生学习。导师学如其人，其人坦荡、直率、友善，充满了人情的挚爱和人生的智慧，洋溢着工作的激情和生活的热情，深深地感染着我，激励着我，将使我终身受益。学问之师是有期的，人生之师是无期的，这份师生情谊我将铭刻在心，伴我人生。

感谢中南大学公共管理学院院长左高山教授，在相聚的闲谈中，在办公室不经意的问候中，他以他的治学经验和学识见解，解答了我研究中的疑惑。感谢周恬老师，她不厌其烦地、甚至是有求必应地解答了我学习与研究中有关英语的疑问。感谢师兄刘学平，我的研究提纲得到了他有益的指导与建议，我在具体写作过程中的一些疑问得到了他的指点与解答。感谢袁超、吕同舟、江晓军三位硕士研究生，我多年收集的文献资料如一堆乱麻，他们帮助我做了大量的整理工作。

感谢罗军飞、曾暾、张善燚、周灵方、张莉、周五香、曾志伟等同学和朋友，他们在我求学之路上以不同的形式给了我启迪、支持、鼓励与帮助。这段友谊必将是我人生旅程中最值得珍视的友谊。

感谢我的妻子和孩子，她们陪伴我苦乐与共，无怨无悔。衷心地感谢妻子刘晋对家庭默默无闻的奉献，对我尽心尽意的理解与支持，否则就没有我在学业上努力前行的动力；也正是她长期以来承担家务、照顾孩子，让我了无家事牵挂，能够专心工作，专心学业，专心学术研究。

最后，我还想回答一个被同事、朋友不止一次提出的疑问：我从事的是这么具体而现实的工作，为什么这么执着于一个抽象而纯粹的学问？我的回答是：生命的存在离不开饮食男女，但不只是饮食男女，在个体的生命背后，还应该有更超然物外和更深刻的存在理由，这就是自我超越的价值。我不要怒放的生命，我的认真和执着只不过是一个超越自我的追求而已。所以，我要特别感谢含辛茹苦把我养育成人的父亲母亲！是他们赐予我生命，我要感谢生命赐予我的一切！

何芳明

2012年9月21日

# 补 记

这本著作基本上就是我的博士学位论文。

新闻正义是一个伦理学的问题，也是一个新闻学的问题；是一个基础的理论议题，也是一个难解的现实问题。我作为一个置身新闻业界十七年的媒体人，从业经历中经常遭遇道德困惑，经常面临正义追问，也经常做出无奈的选择。因为见证了新闻实践中太多的困惑和无奈，我选择了新闻正义作为我的博士研究课题。但是我攻读的专业是伦理学，我要申请的学位是哲学博士学位。所以，我必须从伦理学的视域对新闻正义进行学理性探究，我希望自己的研究应该面对新闻实践，而又超越具体而微的新闻实践，在更普遍的意义上对新闻实践中的某些问题进行比较深入的理论研究。现在呈现出来的这本著作是否实现了我的研究目标，是否达到了相应的学术水准，我实在不敢轻言其成，唯有期待专家学者和同道学人批评指教。

学术研究是一个探寻规律追求真理的过程。但是，人文社会科学研究相异于自然科学研究之处，在于人和社会的复杂性更甚于自然界，因此人文社会科学探寻的规律往往不像自然科学规律那样可以精确求证，往往需要跟随社会实践的发展去把握。新闻正义是一个现实的问题，也是一种理想的追求，甚至可以说是一个永远不能完全实现但可以无限接近的理想。在逐渐深入的研究过程中，我深感正义的追求对于新闻实践的可贵，如果在新闻实践中把正义作为行动准则，在新闻理论研究中把正义作为新闻价值去关注，将会形成一股正义的力量，推动新闻业不断朝着正义的方向发展。新闻正义作为一项人文社会科学的学术研究，需要孜孜以求的理论探索，更需要持之以恒的现实关注。作为一个曾经的新闻实践工作者和一个姗姗来迟的新闻学研究者，我愿意继续关注新闻实践中的正义问题，求真务实地去开展学术探索。

从博士论文评审、答辩到如今即将出版，我要诚心地记下这些令我感念的人和事。感谢中国人民大学、吉林大学和东南大学三位匿名评审专家，对我的博士学位论文均给予优秀的评价；感谢论文答辩委员会主席、清华大学万俊人教授及其他答辩委员会成员对我论文的肯定和建议，并给予我优秀成绩通过博士学位论文答辩。感谢湖南大学新闻传播与影视艺术学院院长、博士生导师彭祝斌教授和副院长、博士生导师向志强教授，因为他们对学术研究的倾心支持和对我个人的诚挚鼓励，这本学术著作才得以面世。

不知不觉中暑假结束了，这是我的第二暑假。我的人生在 2015 年 1 月改变了轨迹，我从新闻媒体来到高校从事新闻教学与研究工作，这是我的夙愿。感谢湖南大学成全我少年时的教师梦想，这所千年学府百年名校敞开胸怀接纳我这个半路上的学人，我将不忘初心专心致志于本职工作，以回报所有关心、帮助我的良师益友。

何芳明

2016 年 8 月 28 日